CURSO DE FORMACIÓN TEOLÓGICA EVANGÉLICA

1

Introducción a la Teología

Este curso de formación Teológica Evangélica

CURSO
DE FORMACIÓN
TEOLÓGICA
EVANGÉLICA

1

Introducción
a la Teología

José Grau

editorial clie

EDITORIAL CLIE
M.C.E. Horeb, E.R. n.º 2.910-SE/A
Ferrocarril, 8
08232 VILADECAVALLS (Barcelona) ESPAÑA
E-mail: libros@clie.es
Internet: http:// www.clie.es

INTRODUCCIÓN A LA TEOLOGÍA

CURSO DE FORMACIÓN TEOLÓGICA EVANGÉLICA V.1
Teología -1

Depósito legal: B-33278-2007 U.E.
ISBN: 978-84-7228-038-0

Impreso en Publidisa

Printed in Spain

Clasifíquese:
4 TEOLOGÍA
Teología Sistemática
CTC: 01-01-0004-03
Referencia: 22.02.41

INDICE DE MATERIAS

11

INTRODUCCION

«*La teología debe ser una contemplación de los misterios de Dios en un espíritu de oración*», ha escrito el pastor Pierre Courthial. *El quehacer teológico tiene que llevarse a cabo en una atmósfera de adoración.*

La teología viene después de la fe y su función consiste en explorar la Palabra de Dios que ha suscitado esta fe; la teología es, en cierto modo, una continuación de la plegaria, un acto de acción de gracias en el que, como escribiera Calvino, «conocemos a Dios y nos reconocemos en El».

Cierto que la teología entraña investigación, pero dado el objeto de su estudio no puede ser nunca un simple ejercicio de la razón, sino una tarea en la que participe todo nuestro ser y en la que al trabajo meramente intelectual siga la adoración en espíritu y en verdad, propia de quienes son estudiantes de la Verdad divina. La meditación teológica debe producir —y fomentar— el encuentro con Dios, la comunión renovada incesantemente con El; de ahí que sea ejercicio de la fe tanto como de la razón, un instrumento al servicio de la comunidad creyente.

Con su principio de la autoridad soberana de la Escritura —SOLA SCRIPTURA— la Reforma devolvió a la teología su verdadero centro inspirador. Por desgracia, vino luego el ingenuamente llamado «Siglo de las Luces», la pomposamente denominada «Ilustración» y la teología natural volvió por sus fueros. En el siglo XIX, la teología

15

quiso utilizar ciertos métodos tomados prestados de las ciencias profanas y prefirió a la teología bíblicamente entendida la cultura religiosa o la filosofía de la religión. La Revelación, la fe, y la adoración, parecieron superfluas y así se abocó en el más estéril de los «modernismos», el liberalismo teológico. Se trata, en el fondo, de una filosofía religiosa más que de una teología en el sentido arriba indicado, como resulta evidente del trabajo de Paul Tillich, por ejemplo.

La verdadera teología no es nunca mera teoría, o simple discurso, es siempre un don de Dios por su Palabra y su Espíritu; se trata de algo dinámico: la verdad de Dios, comunicada por su Revelación, que nos alcanza, nos penetra y nos renueva. Descubrir la verdad de Dios —ésta es, en el fondo, la misión de la teología— es encontrar, no simplemente conocer, a este mismo Dios. O dicho de otra manera, por el encuentro le conocemos y por el conocimiento le encontramos. Y no hay otra salida: tengo que dejarle decir lo que Él es, lo que quiere, lo que yo soy y lo que espera de mí. En este encuentro, Dios me habla de sí mismo y de mí. Me entero de su existencia y me es dado el sentido de la mía como criatura caída y como pecador restaurado. No, la verdadera teología no es nunca mera teoría; es como una llama que nos quema y nos ilumina, nos vivifica y nos transforma. Para que sea así la teología no puede ser otra cosa que una reflexión de los pensamientos de Dios, una escucha atenta de lo que Dios primero quiere decirnos en su Palabra. La teología evangélica va a la Palabra para sacar todo su contenido y para poder, luego, exponerlo de manera consistente, ordenada y didáctica.

La teología evangélica no puede ser más que una explicitación actual de la Revelación bíblica, un reflejo de la verdad revelada y eterna para las necesidades del pueblo de Dios en su peregrinaje histórico.

¿Es necesaria la Teología? Si hemos de crecer en la gracia y en el conocimiento de Cristo (2.ª Pedro 3:18) —y *resulta obvio que debemos anhelar este crecimiento— necesitamos de la Teología. Si somos embajadores en el nombre de Cristo (2.ª Corintios 5:19-20) —y la encomienda evangelizadora (Mateo 28:19-20) va dirigida a todos los cristianos— es evidente que tenemos necesidad de la Teología.*

Como embajadores en el nombre de Cristo, somos portadores del mensaje del Evangelio. Se impone un aprendizaje a fondo de este mensaje; un dominio profundo y amplio de la totalidad del mismo. Se exige, en suma, del embajador que conozca los documentos de los que es portador y portavoz. ¿Qué impresión causaría un diplomático que no estuviera familiarizado con el contenido de la encomienda oficial de su gobierno? ¿Qué embajada podría ejercer un tal funcionario? De la misma manera, es condición indispensable para el cristiano el conocer más y más la Sagrada Escritura en que llega hasta él el mensaje de su Señor.

La ignorancia es la madre de la superstición, no de la devoción. Seremos instrumentos idóneos en el servicio del Señor solamente en la medida en que sepamos manejar «la espada del Espíritu que es la Palabra de Dios» (Efesios 6:17).

A. H. Strong escribe: «Nada anula más completamente los esfuerzos del predicador que la confusión y la inconsistencia de sus declaraciones doctrinales. Precisamente su tarea consiste en reemplazar lo oscuro y lo erróneo de los conceptos de sus oyentes por lo que es claro, veraz y vívido. Pero, no podrá cumplir fielmente esta labor sin conocer los hechos de la Revelación divina, en su concatenación lógica, en sus relaciones como partes de un todo y un todo en partes diversas.... En la oratoria del púlpito, la simple cita de textos bíblicos y los llamamientos fervorosos no son suficientes. Detrás de la declamación debe haber un sistema ordenado de pensamiento bíblico. Cierto que debemos despertar los sentimientos de los oyentes, debemos conmover a las almas con el mensaje salvador, pero ello sólo se logra de manera eficaz y bíblica mediante el conocimiento de la verdad: «Que se arrepientan para conocer la verdad» (2.ª Timoteo 2:25). El predicador debe procurar las bases del sentimiento, produciendo una convicción inteligente; debe instruir antes de conmover. Si el objetivo de la predicación estriba en dar a conocer, primero, a Dios, presentar las realidades divinas y todo lo tocante a la salvación del hombre, y, en segundo lugar, hacer que este Dios sea conocido, entonces deducimos que el estudio de la Teología es absolutamente necesario para realizar con éxito el trabajo del púlpito. ¿Practicará medicina quien no haya estudiado fisiología? ¿Quién ejercerá la abogacía sino el que sepa jurisprudencia? El predicador necesita doctrina, para que no se vuelva un órgano estropeado, o un disco rayado, y para que no esté dando siempre la misma nota. John H. Newman solía decir: «El mal predicador es aquel que tiene que decir algo; el verdadero predicador es aquel que tiene algo que decir.»

A quienes opinan que la Teología acaso pueda ser conveniente pero no necesaria, el mismo teólogo responde: «Si todos los sistemas teológicos fueran destruidos hoy, mañana se levantarían otros en su lugar. Porque la sistematización teológica es una necesidad racional. Y tan inevitable es esta ley, que podemos comprobar fácilmente cómo aquellos que más desprecian a la Teología se han hecho, ellos mismos, una Teología para su gusto; una Teología que, generalmente, es bien pobre y confusa. La hostilidad a la Teología —cuando no se origina en el temor de que sirva como excusa para oscurecer la verdad de la Escritura— procede, a menudo, del libertinaje intelectual que no quiere someterse a fronteras, es decir, a los límites que impone todo sistema bíblico completo. Lo que se dice de la filosofía vale también para la Teología: «Burlarse de la filosofía es filosofar verdaderamente.» Los cristianos más fuertes en la fe son aquellos que han dominado más profundamente las grandes doctrinas bíblicas; las épocas gloriosas de la Iglesia son aquellas que han producido los sistemas teológicos más compactos y sistemáticos, índice y prueba de su estudio bíblico.... Hay un buen número de textos en la Biblia que presentan la verdad y el conocimiento de la misma estrechamente ligados y como el alimento para el alma (Jeremías 3:15; Mateo 4:4; 1.ª Corintios 3:1, 2; Hebreos 5:14). La madurez cristiana se apoya sobre la verdad cristiana (1.ª Corintios 3:10-15). Talbot Chalmers dijo: «Cierto que la doctrina sin la piedad es como un árbol sin frutos; pero la piedad sin la doctrina es como un árbol sin raíces.» El carácter cristiano es un fruto que crece solamente del árbol de la doctrina cristiana. No podremos disfrutar por mucho tiempo de los frutos de la fe si no cuidamos las raíces del árbol y mucho menos si arrancamos el árbol del suelo donde hundía sus raíces. La inestabilidad doctrinal produce verdaderas catástrofes en la Iglesia y debilita su testimonio hasta convertirlo en inoperante. «El cambio constante de credo —escribía Spurgeon— es el camino más seguro para la perdición. Si trasplantamos un árbol dos o tres veces al año, no habrá necesidad de que preparemos grandes espacios para almacenar sus frutos.... No tendremos grandes predicadores si no tenemos grandes teólogos. No surgen grandes predicadores de mediocres estudiantes; el predicador que haya de conmover a las almas de manera auténtica no será el que es superficial en sus estudios.»

«El Espíritu Santo —prosigue Strong— nos invita a la comparación y a la armonización de las diferentes partes de la Escritura (1.ª Corintios 2:13), a delinear todo lo que conduce al testimonio de Cristo (Colosenses 1:27), a predicar la Palabra en toda su plenitud tanto como en sus diferentes partes y sus debidas proporciones (2.ª Timoteo 4:2). Los pastores de las iglesias han sido llamados no sólo a pastorear sino a enseñar también, puesto que se les llama maestros (Efesios 4:11); los que presiden deben ser aptos para la enseñanza (2.ª Timoteo 3:2), capaces de exponer la Palabra de verdad (2.ª Timoteo 2:15) porque todo siervo de Dios debe ser «retenedor de la Palabra fiel tal como ha sido enseñada, para que también pueda exhor-

tar con sana enseñanza y convencer a los que contradicen»
(Tito 1:9).[1]

La cita, aunque larga, vale la pena. Existe una pre-
vención, entre algunos hermanos de nuestras iglesias evangélicas en España y Latinoamérica, en contra de la Teología. Ello se debe, seguramente, a que este vocablo siempre ha ido —en el subconsciente del cristiano evangélico
hispano— asociado al nombre de algún pensador no demasiado ortodoxo y se supone que la Teología, en lugar de
ser la ciencia de Dios, es casi la ciencia del diablo. Mas
ya es hora de que nuestro pueblo evangélico de habla
hispana llegue a su mayoría de edad espiritual. La compleja hora que nos toca vivir nos impone, cuando menos,
esta exigencia.

Por otra parte, cuidado, no nos ocurra a nosotros los
protestantes hispánicos, lo que le pasó al personaje de la
comedia de Molière, «El burgués gentilhombre», quien
cuando se enteró de que había dos posibles maneras de
hablar —la prosa y la poesía— preguntó extrañado: «Entonces, ¿es que yo he estado hablando en prosa sin saberlo
toda mi vida?»

Lo malo de hacer teología sin saberlo —como observa
Strong en la cita apuntada— es que suele ser muy mala.
Y queramos o no, estamos haciendo teología cada vez que
abrimos la boca para hablar acerca de nuestra fe y de la
Biblia.

No queremos significar que nuestros púlpitos tengan
que convertirse en cátedras de Teología. No, no es esto.
Como explicaba el Prof. Howard Osgood: «Un credo (y lo
mismo vale para la Teología) es como la columna vertebral. Un hombre no tiene necesidad de estar pensando
siempre en su columna vertebral; no debe tenerla en cuenta siempre. Pero tiene que tener una columna vertebral;
la necesita ineludiblemente y, a ser posible, bien recta y

---

1. A. H. Strong, *Systematic Theology*, pp. 16-19.

fuerte; de lo contrario no podrá andar, se curvará, se tambaleará. Un cristiano sin credo (y sin Teología) vacilará igualmente y se arrastrará siempre dando tumbos.»

El intento de esta serie de obras que forman el Curso de Formación Teológica Evangélica estriba en enderezar un poco nuestro testimonio para ver de hacerlo más eficaz y más idóneo para la gloria de Dios.

Creo que fue Calvino quien dijo que la gran originalidad en Teología consistía en no pretender ser original. Puedo asegurar al lector que no ha habido en mí, al escribir este libro, pretensiones de originalidad. Salvo la ordenación del material y alguna que otra reflexión propia aquí y allí, he intentado seguir fiel a la línea de las grandes obras de la Teología evangélica sujetas a la Palabra de Dios y al aliento de su Espíritu, con el solo propósito de ofrecer a mis hermanos en la fe y también a los de fuera que inquieren por la misma, un compendio de sólida verdad bíblica, avalada por la experiencia y la inteligencia de los santos siervos de Dios que, a lo largo de los siglos, se han dado a la tarea sublime y amorosa de indagar en la Palabra del Señor. Si se encuentran más cosas mías de las que yo mismo supongo, ello será sin mi intención y acaso deba dar disculpas, a no ser que mis lectores juzguen con benevolencia tales aportaciones, fruto casi siempre de mi preocupación por proyectar este acervo común a las circunstancias y a las necesidades nuestras —que son muchas— aquí y ahora.

Deseo expresar mi gratitud al Dr. en Teología don Francisco Lacueva por sus consejos, su estímulo y sus acertadas correcciones al manuscrito de este libro. Sus sugerencias han sido valiosísimas para mí. También deseo mencionar el hecho de que este primer volumen del Curso de Formación Teológica Evangélica, como todos los demás, aparece gracias a los auspicios de la Misión Evangélica Bautista en España.

Primera parte
LA TEOLOGIA

LECCION 1.ª

LA TEOLOGIA: DEFINICION (1)

Teología es la ciencia *de* Dios. Decimos *de Dios*, porque procede de El, y sin su iniciativa de darse a conocer no podría haber teología en el sentido estricto del vocablo. También decimos *de Dios*, porque es una ciencia cuyo objeto de conocimiento es la Divinidad: su existencia, su carácter, sus propósitos para con el universo creado, para con sus criaturas, para con sus redimidos y para con la historia.

Si bien, en ocasiones, la palabra «Teología» se emplea para designar aquel apartado específico que trata de los atributos de Dios, el término tiene, en realidad, un sentido mucho más amplio. Como escribe A. H. Strong: «La Teología se ocupa no solamente de Dios sino de aquellas relaciones entre Dios y el universo que nos llevan a hablar de creación, providencia y redención.»

La Teología es una ciencia porque, como cualquier otra ciencia, ella no crea sino que descubre los hechos ya existentes y sus relaciones mutuas, tratando de mostrar su unidad y su armonía en las diferentes partes de un sistema orgánico de verdad. Los hechos que maneja la Teología y sus relaciones estructurales existen por sí mismos; es decir: tienen una existencia independiente del proceso mental del teólogo que se aplica a su estudio.

Existe Teología porque tenemos una Revelación previa de parte de Dios. Como afirmaba Charles Hodge, la Escritura suministra *todos los hechos* que constituyen el material de estudio de la Teología; así la Biblia es la fuente de la Teología mientras que Dios es su objeto supremo de estudio. Ernest F. Kevan define la Teología con esta expresión: «La ciencia de Dios según El se ha revelado a sí mismo en su Palabra.»

La Teología estudia la Revelación desde varias perspectivas:

1) Teología Bíblica

El adjetivo «bíblica» no debiera hacer pensar a nadie que las otras ramas de la Teología son menos bíblicas o no tienen la Escritura como su fuente de conocimiento. Se le llama así porque es un estudio inductivo e histórico de las varias y progresivas etapas de la acción reveladora y salvadora de Dios, tal como la tenemos registrada en la Escritura. La Teología Bíblica muestra el *carácter progresivo* del contenido doctrinal de la Biblia que es considerado paso a paso a lo largo de la historia de la salvación por medio de la cual Dios se revela y salva. Trata puntos particulares de doctrina tal, y a medida en que aparecen en cada libro de la Biblia. *Es analítica,* en contraste con la Teología Sistemática, que busca la síntesis.

Siendo analítica, se deduce que sea también *exegética.* La Teología Bíblica considera la Revelación como un proceso resultado de la acción divina en el mundo y en la historia, no como el producto acabado de dicha actividad cuyo estudio pertenece a la Teología Sistemática.

La Teología Bíblica recoge los resultados dispersos de la *exégesis* particular con objeto de conocer mejor cada una de las etapas de dicho *proceso revelacional y salvador* que se da *en la historia,* que *es progresivo, inteligible y coherente* constituyendo un todo bien estructurado por medio de todas sus partes.

Como subdivisiones que le sirven de ayuda a la Teología Bíblica, además de la *exégesis* ya mencionada, tenemos la *Crítica Textual* que, como su nombre indica, se ocupa del estado actual de nuestros conocimientos tocante a los textos bíblicos más antiguos para obtener la mayor claridad posible y así el mejor entendimiento del mensaje revelado. Tenemos, además, la llamada *Alta Crítica*, nombre inadecuado, pues no es superior ni su tema ni su importancia al de los de la Crítica Textual; pero, dada la generalización de su uso, hemos de emplearlo. La llamada Alta Crítica se ocupa de la paternidad literaria de cada uno de los libros de la Escritura, de la fecha de los mismos, de las circunstancias en que fueron escritos, del estilo literario y del propósito que los alumbró. Debido a prejuicios filosóficos, que no científicos y menos espiritualmente bíblicos, un gran sector de la Alta Crítica en manos de las modas seculares prevalecientes en los últimos dos siglos —mayormente a partir de Wellhausen y la Escuela de Tubingia— ha hecho más por desprestigiar la Biblia y su autoridad que por hacer explícito su mensaje auténtico. No obstante, existe una Alta Crítica posible, y deseable, para el erudito evangélico que le permite llegar a una más clara inteligencia de los documentos sobre los que ha de versar su reflexión conducente a una Teología Bíblica.

2) Teología Sistemática

También aquí hemos de advertir que el adjetivo «sistemática» no significa que sólo esta rama del quehacer teológico esté bien estructurada y solamente ella sea estudiada con método y orden. Lo que se trata de indicar mediante esta expresión es que por la Teología Sistemática estudiamos la Revelación como un todo en su carácter orgánico y estructural, como un sistema de doctrina y de moral. Y ello de tal manera que se nos ofrecen las grandes verdades de la Revelación —resultado de la actividad reveladora y salvadora de Dios— en forma sintética y no fragmentada; recoge la totalidad de la revelación sobre cada doctrina y principio y nos ofrece el resultado completo; ofrece igualmente la concatenación e interdependencia de las varias verdades reveladas y las presenta en su valor eterno y no solamente en sus contextos históricos particulares como hace la Teología Bíblica.

La Teología Sistemática depende de la Teología Bíblica de la cual se nutre; su material básico es el que le ofrece la exégesis del texto bíblico y su sentido original en el contexto de la historia de la salvación y la revelación. Aquí, la Teología Evangélica difiere de otros sistemas puesto que todo lo que no sea la Revelación es material espúreo y convocatoria de autoridades apócrifas. Insistiremos, después, sobre este punto.

El Curso de Formación Teológica Evangélica en que aparece este volumen, es básicamente un Curso de Teología Sistemática, pero abierto también a las ricas perspectivas de la Teología Práctica (Apologética y Pastoral) o Histórica y Dogmática que ya en este primer volumen empezamos a recorrer (véanse lecciones en Parte Segunda sobre Religiones no cristianas).

La verdad en las Escrituras se nos da de manera viva. La Biblia no es un catecismo, ni un tratado teológico. Al producirse en medio de la historia concreta de los hombres, la Palabra de Dios ha llegado a nosotros de forma dinámica y vivencial. La labor del teólogo es sistematizar todas estas realidades divinas, sembradas a lo largo del devenir histórico de Israel, para así poder comprender su estructura y su armonía interna. Kevan dijo que la perspectiva devocional equivale a la admiración que sentimos por una rosa y al hecho de olerla, mientras que el enfoque teológico representa la disección de dicha rosa. La Teología Sistemática busca la claridad lógica, con tal de explicitar los datos revelados.

Dado que la Teología Sistemática no se produce en un vacío, es asimismo tributaria de la *Teología Histórica o Dogmática,* así como de la *Apologética* y la *Ética* a las cuales ella presta su primer concurso que luego le es devuelto. La Teología no puede quedar divorciada de las tareas pastorales, de las exigencias misioneras y de la misma adoración de la Iglesia. Tiene que ser una reflexión hecha desde dentro de las situaciones, las preocupaciones del mundo contemporáneo a ella. La Teología tiene que escribirse en el trajín de las tareas evangelizadoras y pastorales del pueblo de Dios. La Teología no debiera ser nunca una meditación estática, no debería aislarse como en una torre de marfil, sino que tiene que ser algo encarnado y comprometido con el pueblo de Dios y toda su problemática. Siendo así, en sus reflexiones no puede olvidar la Teología lo que han pensado otros, en otros tiempos u hoy mismo y con ello echa mano de la Teología Histórica, de la Apologética y de la Etica. Es de esta manera que la Teología Sistemática se ve obligada, en ocasiones, a tomar el método antitético (así en la Segunda Parte de esta obra, al enfrentarnos con las religiones no cristianas y sus pretensiones frente a la Revelación bíblica), si bien su método normal y fundamental es el «tético» y positivo.

Cada *Teología Sistemática* por su parte, y mediante su contribución, enriquece a la Teología Histórica o Dogmática de la que pasa a formar parte.

CUESTIONARIO:

1. ¿Qué entiende usted por Teología? — 2. ¿Es una ciencia la Teología? — 3. Defina la Teología Bíblica. — 4. ¿Qué es la Teología Sistemática?

LECCION 2.ª

LA TEOLOGIA: DEFINICION (2)

3) Teología Histórica o Dogmática

Podría denominarse también *Historia de las Doctrinas;* en cualquier caso se trata de exponer en su trayectoria histórica el impacto de la verdad de la revelación en el pueblo de Dios desde el final del período apostólico hasta nuestros días, y la manera en que este impacto ha obrado en la vida de la Iglesia.

Se traza en este apartado teológico el desarrollo doctrinal, el proceso mediante el cual el pueblo de Dios ha ido adquiriendo una mayor comprensión de las verdades reveladas y las fructíferas avenidas que se le abren a la meditación cristiana.

La Teología Sistemática presta su concurso insustituible a la Teología Histórica, pero ésta a su vez se lo presta de nuevo a aquélla con las perspectivas y los discernimientos aprendidos del pasado, de los que saca instrucción tanto de las victorias como de las apostasías de pasados siglos.

Vemos, pues, una profunda inter-relación en el trabajo teológico y entre sus varias secciones.

Una rama muy importante de la *Teología Histórica* es la que estudia los *Símbolos* o Credos que las distintas Iglesias han ido formulando para confesar su fe delante del mundo y de las doctrinas heterodoxas. Es realmente importante este estudio por la precisión con que han sido definidas a veces ciertas enseñanzas bíblicas y por la comprensión que nos da de las dificultades y los embates con que han tenido que enfrentarse las varias ramas de la Iglesia a lo largo de los siglos. Esta dimensión confesante de la fe, por medio de las formulaciones doctrinales, nos enseña cómo la dinámica de la ortodoxia ha tenido que expresar su fe en medio de los tiempos y navegando contra corrientes poderosas de pensamiento.

4) Teología práctica o Etica

Ha sido definida como la Teología en acción; es decir, la aplicación de la doctrina a la vida práctica.

Una de sus vertientes más importantes es la *Teología Pastoral*, que trata de la llamada «cura de almas» y tiene que ver con la compleja y múltiple actividad del pastor —o los pastores— que apacientan los rebaños del Señor.

La sección moral, o ética, no es menos importante hoy cuando las corrientes de la «nueva moral», o la «moral de situación» tratan de destruir los fundamentos bíblicos de la conducta cristiana. Los volúmenes X y XI de esta colección versarán sobre ETICA CRISTIANA y PASTORAL Y HOMILETICA; allí podrá el lector y estudioso encontrar estas materias tratadas con más extensión. Por el momento, remitimos al libro *Iglesia, sociedad y ética cristiana* (José Grau, J. M. Martínez, Ediciones Evangélicas Europeas, Barcelona, 1971).

Huelga decir que sin una sólida base de *Teología Bíblica* y *Teología Sistemática*, la reflexión ética adolecerá de superficialidad y será coto abierto a toda suerte de incursiones exóticas. Tal es el caso de mucho del secularismo que ponen de moda algunos teólogos, ignorando la doctrina bíblica de las realidades seculares tan rica en sugerencias y tan generosa en avenidas que todavía no han sido suficientemente recorridas. Asimismo, la experiencia que aporta la *Teología Histórica* no le viene nada mal a la Teología práctica, o Etica, puesto que puede evitarle muchos tropiezos innecesarios. Un ejemplo elocuente de no prestar suficiente atención a esas otras especialidades nos lo ofrece mucho del Catolicismo progresista moderno, el cual después de fustigar al clericalismo está cayendo él en un nuevo clericalismo cuya única diferencia con el antiguo es que ha mudado de colores. Asimismo el Protestantismo de signo liberal (modernismo teológico) se ve arrastrado a un nuevo constantinismo pese a haberlo condenado en el pasado de manera apasionada.[2]

La concatenación teológica

Como resumen de las varias especialidades del quehacer teológico, ofrecemos el siguiente diagrama que nos ayudará a captar la perspectiva de sus diversas inter-relaciones:

	MATERIALES QUE EMPLEA	APORTACIONES QUE HACE
TEOLOGIA BIBLICA	Crítica Textual Introducción (Alta Crítica) Exégesis	= *Teología Sistemática*
TEOLOGIA SISTEMATICA	Teología Bíblica	= *Etica Teología Histórica Apologética*
TEOLOGIA HISTORICA (o DOGMATICA)	Teología Bíblica Teología Sistemática Historia de la Iglesia	= *Símbolos* (o Credos) *Etica Teología Pastoral*
TEOLOGIA PRACTICA	Teología Bíblica Teología Sistemática Teología Histórica	= *Etica Teología Pastoral*

2. J. M. Martínez-J. Grau, *Iglesia, sociedad y ética cristiana.* p. 32. Ediciones Evangélicas Europeas, Barcelona, 1971.

Kevan escribe que la Teología Bíblica aporta los materiales para la construcción, la Teología Histórica los pule y la Teología Sistemática levanta el edificio. Podríamos añadir que, luego, la Teología Práctica enseña cómo vivir en dicho edificio. O, como lo expresó H. Bavinck, la Teología Sistemática describe lo que Dios ha hecho por el hombre, mientras que la Etica describe lo que el hombre debería hacer en su servicio de gratitud por Dios (H. Bavinck, *Gereformeerde Dogmatiek*).

El estudiante habrá observado que no hay lugar, en nuestra presentación de las múltiples especialidades teológicas, para la Teología Natural. En la Segunda Parte y capítulos del XVI al XVIII, encontrará el lector las razones de esta omisión. Es éste uno de los puntos de mayor divergencia con el Catolicismo Romano, sistema que ha desarrollado la Teología Natural.

CUESTIONARIO:

1. ¿Qué entendemos por Teología Histórica o Dogmática?
2. Defina la Teología Práctica o Etica. — 3. Enumere las divisiones más importantes de la Teología.

LECCION 3.ª

LOS GRANDES SISTEMAS TEOLOGICOS (1)

Todo intento de hacer teología parte del supuesto de que la autoridad de Dios es la suprema norma de la verdad. Pero se producen distintas apreciaciones en lo que respecta a entender la manera cómo —y cuándo— dicha autoridad divina halla expresión. Esto determina el carácter y la naturaleza completamente distintos de los varios sistemas teológicos. Estos pueden resumirse, básicamente, en cuatro grandes sistemas:

1) La Teología Católico-Romana

Tradicionalmente, al menos así lo promulgó Trento y el Vaticano I, la Iglesia de Roma venía insistiendo en que la Revelación llegaba a nosotros por medio de dos canales: la Biblia y la Tradición. El acceso a ambas nos viene mediado por el magisterio de la Iglesia romana que determina lo que hemos de recibir y cómo hemos de interpretarlo. Por Biblia, Roma entiende las Escrituras hebreocristianas con el añadido de los libros del llamado «canon alejandrino» (ver, más adelante, Parte Tercera, lecciones sobre los Apócrifos) en el Antiguo Testamento. Por Tradición (llamada divino-apostólica o constitutiva) entiende las supuestas verdades reveladas pero no escritas, sino transmitidas por vía oral y que han pasado hasta nosotros por medio de la Iglesia. (Cf. Francisco Lacueva, *Catolicismo romano,* volumen VIII de esta misma colección.)

Cierto que hay teólogos católicos, mayormente del norte de Europa o de América, que se inclinaron por una sola Fuente o Depósito de la Revelación asignando a la Tradición el papel de intérprete de dicha Revelación. Esto ocurría, sobre todo, antes del Vaticano II. Después de celebrado este concilio, la cuestión se ha complicado, pues en sus definiciones —«ambiguas», como señala F. Lacueva— no sólo parece mantener la doctrina tradicional de las dos fuentes, sino que introduce un nuevo concepto, «el encarnacional»,[3] mediante el cual, como escribe el citado autor «Escritura y Tradición vienen a encontrarse y como a fundirse en el Magisterio de la Iglesia». Aunque no es propiamente órgano de Revelación, sí lo es de transmisión, órgano indispensable y prácticamente insustituible.

La Iglesia romana, a lo largo de los siglos, ha ido promulgando definiciones «infalibles» que querían ser explicitación de ciertos aspectos de la fe supuestamente implícitos antes en la creencia del pueblo de Dios. Estas definiciones atan al miembro de dicha Iglesia con peligro de condenación si no las acata.

------

3. El concilio Vaticano II, en su Constitución Dogmática sobre la Divina Revelación, p. 8, afirma «que cuanto los Apóstoles enseñaron y escribieron «va creciendo en la Iglesia», de manera que «la Iglesia camina constantemente, al compás de los siglos, a la plenitud de la verdad divina, hasta que se cumplan plenamente en ella las palabras de Dios... Así, Dios, que habló en otros tiempos, sigue conversando siempre con la Esposa de su Hijo amado».
Más aún, Escritura y Tradición vienen a encontrarse —y como a fundirse— en el Magisterio de la Iglesia, constituyendo así un trío tan interpenetrado esencialmente, que «ninguno puede subsistir sin los otros» (Const. Dogmática sobre la Divina Revelación, p. 10). Esto significa un cambio radical de perspectiva (aunque no de fondo) del problema de las «Fuentes de la Revelación». Como muy bien ha hecho notar el Prof. V. Subilia, ya no podemos seguir hablando de la *Escritura sola*, ni de *Escritura y Tradición*, al referirnos a la enseñanza católica actual, sino de *la Iglesia sola*, es decir, la Palabra de Dios no es ya propiamente el foco que ilumina a la Iglesia, sino que es la Iglesia el foco que ilumina a la Biblia». Francisco Lacueva, *op. cit.*, pp. 54 y 55.

Desde un punto de vista reformado, evangélico, esta actitud ha cargado a dicha Iglesia con un lastre de materiales extra-bíblicos. En primer lugar, porque muchas de estas definiciones no lo son del texto bíblico ni de doctrinas bíblicas sino de creencias que ciertas tradiciones han ido desarrollando a espaldas de la Revelación y, finalmente, se las ha querido ver integradas en el depósito de la fe.

Podríamos decir que la «hinchazón eclesial» no ha alcanzado el grado de desarrollo que en la confesión romana. Las Iglesias orientales sólo reconocen como infalibles las decisiones de los siete primeros concilios tenidos por ecuménicos (a diferencia de Roma que admite otros catorce concilios, de obediencia vaticana) y rechaza la infalibilidad del obispo romano. No obstante, también aquí la Tradición y la autoridad eclesiástica se yuxtaponen a la autoridad de la Palabra y constituyen los elementos más importantes para las formulaciones dogmáticas.

Tanto el teólogo católico-romano, como el oriental, han de estar atentos no sólo a la voz de la Palabra sino a la de la Tradición de su Iglesia.

CUESTIONARIO:

1. Explique el concepto católico-romano de la Teología. — 2. ¿Qué entiende V. Subilia por «la Iglesia sola» en contraposición al principio reformado «Sola Scriptura»? — 3. ¿Qué ha motivado en la Iglesia romana la promulgación de definiciones infalibles? — 4. ¿Qué lugar ocupa la Biblia en la Teología católico-romana?

LECCION 4.ª
LOS GRANDES SISTEMAS TEOLOGICOS (2)

2) La Teología Subjetiva

Es el enfoque tanto del liberalismo teológico como de la llamada neo-ortodoxia. Véase en la Parte Tercera, lección XXXVIII.

Estas escuelas parten de la presuposición de que la autoridad de Dios se expresa directamente en el sujeto y viene transmitida a través de algunas de las facultades del alma humana: la razón, los sentimientos, o la conciencia.

1. — El Racionalismo

Ha sido siempre tentador para el hombre atribuir a la razón el lugar más destacado para la obtención del conocimiento religioso. Es en la esfera de la razón donde se forman los conceptos. Pero el racionalismo va todavía más lejos. No sólo la considera —correctamente— como el medio indispensable para la recepción de la verdad, sino que la eleva hasta la categoría suprema de juez autónomo e inapelable de la verdad. A veces, incluso, al pedestal de la fuente de la verdad.

En último análisis, importa poco si el racionalismo toma la forma deística tan grata a los autores —¡y a muchos cristianos!— del siglo XVIII, o bien sigue a Hegel en su aventura de la «tesis-antítesis-síntesis» para ver de cap-

37

tar la totalidad de la realidad. En cualquier caso, la razón es soberana; no se contenta con ser la sirvienta de la verdad sino que se erige en su señora. Habla cuando debería escuchar —como atinadamente escribe Roger Nicole— y condena al hombre a los estrechos límites de su propio horizonte.

Pero lo más trágico —como demuestra el Prof. Derek Bigg [6]— es que «la razón humana, cuando tiene la última palabra, conduce finalmente a la irracionalidad. Los pensadores modernos no han hecho caso de la lección implícita en Hume, quien ya demostró en el siglo XVIII que el argumento racionalista solamente puede producir resultados absurdos.... Hoy estamos pagando el precio por esta falta de no querer aprender de la historia. El humanismo contemporáneo sigue exaltando a la razón».

Al no permitir que la razón fuese iluminada y guiada por la Revelación, el hombre ha perdido su racionalidad. Al insistir en una autonomía absoluta de la razón, ha dejado de ser razonable. Ha conquistado la clase de libertad que deseaba: una libertad sin amarras, pero ha quedado también sin luz en la oscuridad y en un océano de dudas y de frustraciones sin fin. Finalmente, habiendo abandonado el ancla de la Revelación, ha perdido toda apoyatura racional, y por consiguiente toda esperanza de hallar algún significado para su existencia. La vida aparece ahora delante de él como cosa absurda, arbitraria e irracional.[7]

Ya lo advirtió Pascal: «La última etapa de la razón es reconocer que hay infinidad de cosas que la sobrepasan. Muy débil es si no llega a comprender esto.» Es importante establecer la diferencia entre el racionalismo y la racionalidad. Porque lejos de ser ésta la expresión de aquél, llega a ser su antítesis.

---

6. Derek Bigg, *La racionalidad de la Revelación*, Ediciones Evangélicas Europeas, Barcelona, 1971.

7. Cf. Francis A. Schaeffer, *Huyendo de la razón*, Barcelona, 1971. *Dios está ahí*, Ediciones Evangélicas Europeas, Barcelona, 1973.

Como afirma Strong: «Los errores del racionalista son los errores de una visión defectuosa.»

Una Teología que tome como punto de partida la razón, acaba desmereciendo el nombre de Teología y aboca en un sistema filosófico más.

2. — El sentimentalismo

Como reacción a la aridez del racionalismo, Schleiermacher desarrolló su teología basada en los sentimientos. No hacía más que sintonizar con la moda romántica de principios del siglo xix. Dado que la comunicación entre los sentimientos es cosa difícil, se enfatizó la experiencia individual, en contraste con cualquier norma objetiva de verdad o de conducta.

El subjetivismo toma aquí un cariz radical. El sujeto creyente —y no ninguna verdad objetiva— constituye el objeto primordial de la investigación. Así, la religión queda reducida a una simple sección de la antropología y la psicología. Acaso incluso, para algunos, en un departamento de la psicología de anormales.

3. — El moralismo

Una tercera opción es la del moralismo en el que se enfatiza la importancia de la conciencia y de las normas éticas.

Fue Kant uno de los grandes impulsores de este punto de vista. Su influencia se echa de ver en Ritschl y sus discípulos. Según esta perspectiva, el conocimiento que podamos obtener por medio de la inteligencia no es de fiar; mucho más aconsejable será confiar en los impulsos morales básicos del alma humana. Juicios de valor con preferencia a formulaciones metafísicas; he ahí lo que vale en la fe.

Este movimiento parece olvidar que los instintos morales y lo que llama «impulsos básicos del alma humana» varían según las latitudes y están condicionados por aquellas influencias (por el cristianismo, por ejemplo) que han moldeado lo que Jung llama el «inconsciente colectivo».

Amplias diferencias separan estos distintos enfoques del quehacer teológico que acabamos de describir como racionalismo, sentimentalismo y moralismo, pero un factor común a todos ellos es que consideran siempre a alguno, o algunos, de los aspectos de la naturaleza humana como la fuente de la verdad religiosa. Este aspecto es el que, después, se convierte en absoluto con detrimento de los demás; él determinará lo que es verdad y no la realidad objetiva, exterior, de la Revelación divina. Nos encontramos en el más absoluto de los subjetivismos; es decir: en un mundo que, en gran medida, es irreal y fantasmagórico.

Actualmente, estas distintas corrientes se entremezclan. Así, el Prof. Klaas Runia cita a un tal John Mcquarrie, liberal y sincretista, quien en su libro *Principles of Christian Theology*, publicado en 1966, afirma que son varios los factores formativos de la teología: la experiencia, la revelación, la Escritura, la tradición, la cultura, la razón, los sentimientos, etc. Al hacer diferencia entre la revelación y la Escritura y, sobre todo, al colocar a un mismo nivel que la Biblia otros factores como constitutivos de la teología, el liberalismo teológico minimiza la autoridad soberana de la Escritura.

En Tillich y en Butmann es dable seguir las huellas de estas corrientes subjetivistas. La Teología se convierte en manos de estos autores en simple filosofía de la religión.[8]

CUESTIONARIO:

1. Indique las tres vertientes de la Teología subjetiva. — 2. ¿Qué es el racionalismo? — 3. ¿Es razonable el racionalismo? — 4. Explique la postura de Schleiermacher. — 5. Y la de Kant.

---

8. Alan Richardson, *El debate contemporáneo sobre la Religión*, Ed. Mensajero, 1968, Bilbao-1.

LECCION 5.ª

LOS GRANDES SISTEMAS TEOLOGICOS (3)

3) La Teología neo-ortodoxa

Bajo esta denominación encontramos a cierto número de autores que representan una amplia gama de posturas individuales. En términos generales, la neo-ortodoxia pretendió superar las varias formas del liberalismo teológico, al negar, correctamente, lo inadecuado de querer alcanzar a Dios partiendo del hombre. Consecuentes con este criterio, los seguidores de la Teología de este signo (entre cuyos nombres más famosos descuellan Karl Barth y Emil Brunner) son reacios a conceder ninguna validez autoritativa a nada que sea accesible al hombre, bien sea una figura histórica o un libro. Dios se revela —afirman— en lo que denominan «la crisis», por la que se produce un encuentro personal de carácter trascendental. Sin ir más lejos en el análisis de esta postura (el lector hallará una más amplia información sobre la misma en la Tercera Parte, lección XXXVIII), es un hecho que tiene en muy alta estima la iniciativa divina y la soberanía de Dios —cosas olvidadas por el liberalismo teológico—, pero dado que no ofrece ninguna norma externa, objetiva, de origen divino, por medio de la cual poder juzgar las supuestas experiencias de «la crisis» y dado también que dichas experiencias no constituyen, ni entregan, ningún depósito de conocimiento válido, la neo-ortodoxia se convierte, sin pretenderlo quizás, en un apartado más dentro de la corriente subjetiva. No podía ser de otra manera, ya que esta teología es tributaria de la filosofía existencialista a la que le ha pedido las herramientas para su labor de reflexión.

4) La Teología Evangélica

Llamada también reformada —por recoger los grandes principios de la Reforma del siglo XVI que fue, en el fondo, un volver a los orígenes— es una Teología contrapuesta totalmente a los varios movimientos descritos en las lecciones previas.

La característica fundamental de la Teología reformada, o evangélica, es su voluntad de prestar gozosa obediencia a la autoridad soberana de Dios tal como ésta se expresa en su Revelación, registrada hoy en los libros canónicos de la Escritura hebreo-cristiana. Esta Escritura es la fuente, la norma y la regla infalible de fe para la Teología Evangélica. En ella encuentra la revelación objetiva de Dios, centrada en la obra redentora de Jesucristo.

La primera tarea de la Teología Evangélica es escuchar la voz de Dios por el Espíritu y por medio de la Palabra escrita llegada hasta nosotros.[9] Luego, se trata de emplear todos los recursos de la personalidad regenerada, la mente iluminada, las emociones reorientadas y la conciencia limpia de obras muertas (Hebr. 9:14) con el fin de presentar esta verdad divinamente garantizada, por haber sido divinamente revelada de manera sistemática.

En esta tarea, no olvidará las lecciones valiosas de la experiencia —tanto histórica como personal—, ni descuidará tampoco las herramientas del intelecto, las emociones y los impulsos básicos de la naturaleza humana, pero por encima de todo esto —y sirviendo de norma suprema— se halla la luz de Dios.

---

9. Sobre el testimonio del Espíritu y la Palabra, así como sobre la relación entre Iglesia, Palabra y Espíritu, remitimos al lector a las lecciones 46.ª-54.ª.

El teólogo evangélico no puede tampoco olvidar que, después de colocar el fundamento (Efesios 2:20) constituyendo a los apóstoles, el Señor constituyó «a otros profetas, a otros evangelistas, a otros pastores y maestros, a fin de perfeccionar a los santos para la obra del ministerio, para la edificación del cuerpo de Cristo» (Efesios 4:11, 12). Así, tiene el deber de estudiar cuanto aprendieron de la Escritura —con sus particulares percepciones— las generaciones de santos, eruditos y mártires que le precedieron. Es aquí donde descubrimos el inmenso valor de la tradición eclesial, no como una autoridad yuxtapuesta a la de la Escritura y haciéndole sombra, sino como una explicitación de esta misma Escritura.[10]

Por otra parte, el teólogo evangélico no medita ni escribe como creyente aislado, sino en medio del pueblo de Dios, a partir de la misma fe y la misma comunión de las Iglesias fieles al Señor y a su Palabra. El es también testigo en medio de la comunidad que confiesa su fe y dentro de la fortaleza que recibe de la fraternal comunión de la Iglesia. Sin embargo, su lealtad suprema, su fidelidad última, es para la Palabra de Dios; sólo la Escritura es norma, ella sola constituye la regla de la fe y la conducta del teólogo y, por consiguiente, la regla de su labor reflexiva.

La Teología para nosotros no puede ser otra cosa que explicitación de la Palabra revelada y vivencia de esta misma Palabra. Es una tarea bíblica la nuestra. Así, nos vinculamos a la gran doctrina reformada de la *Sola Scriptura,* y aún más; seguimos en la línea de los apóstoles y del Señor mismo cuando zanjaba toda cuestión con la frase contundente: «¡Está escrito!» Esto bastaba para El. Y es suficiente para nosotros.

---

10. Para un examen más extenso de este punto, véase J. Grau, *El fundamento apostólico,* cap. VIII, «La Iglesia posapostólica», Ediciones Evangélicas Europeas, Barcelona, 1967.

Es así, porque como escribió A. H. Strong: «Sostenemos que es posible conocer a Dios solamente en la medida en que El se revela y en la medida, también, en que nuestras mentes y nuestros corazones son receptivos a esta revelación.»

CUESTIONARIO:

1. ¿De qué sistema filosófico es tributaria la Teología neoortodoxa? — 2. ¿Cuál es la característica fundamental de la Teología evangélica? — 3. ¿Qué valor tiene la tradición eclesial para la reflexión teológica? — 4. ¿Debe la Teología aislarse de las preocupaciones del pueblo de Dios y encerrarse en su torre de marfil?

LECCION 6.ª

POSIBILIDAD Y LIMITES DE LA TEOLOGIA (1)

«¿A quién concederé mayor crédito tocante a las cosas de Dios que a Dios mismo?», exclamaba Ambrosio de Milán.

1) Las posibilidades del conocimiento teológico

El conocimiento teológico es posible porque «Dios ha hablado» (Hebreos 1:1 y ss.) y ha obrado en la historia de los hombres.

El conocimiento teológico es posible porque el hombre ha sido creado de tal manera que puede conocer verdaderamente, aunque no completamente.

Strong afirma que la posibilidad de la Teología se apoya en una triple base:

1) En la existencia de Dios quien tiene relaciones con el universo,

2) En la capacidad de la mente humana para conocer a Dios y ciertas de estas relaciones,

3) En la provisión que Dios mismo ha hecho para establecer contacto con nosotros, es decir, su auto-revelación.

Cualquier ciencia es posible —añade Strong— cuando se dan estas tres condiciones, es decir: la existencia del objeto con el que trata la ciencia dada; la capacidad del intelecto humano para conocer el objeto y la provisión de medios definidos y aptos por medio de los cuales el objeto entra en contacto con la mente.

Si el hombre ha sido capaz de aprehender ciertas verdades, aunque sea de manera imperfecta y parcial, ayudado solamente por sus propias capacidades cognoscitivas, ¿cómo no será posible que este mismo hombre capte algo del Dios que ha hablado, ha obrado y ha dejado su Revelación registrada en un libro? ¿Y no será ello tanto más posible cuanto que esta misma Revelación enseña que Dios viene en ayuda de quien establece contacto con ella?

«Dios y Revelación —escribió el Prof. James Orr— son ideas correlativas.» Es imposible concebir a Dios creando al hombre con capacidad para conocerle y que luego no se le revele. De ahí el absurdo del Deísmo, la peregrina idea de los «ilustrados» del siglo XVIII que concibieron a Dios como un relojero que luego de haber fabricado su máquina la pone en movimiento y no se acuerda más de ella.

2) Los métodos del conocimiento teológico

En la Edad Media, la Teología fue considerada como «la reina de las ciencias». Para un cristiano, la Teología con base bíblica constituye, sin lugar a dudas, la máxima fuente de conocimiento que debe iluminar todas las demás. No queremos decir con ello que la Teología ha de controlar las demás ramas del saber, ya que no ofrece materiales para estas esferas, pero sí queremos afirmar con ello que las presuposiciones básicas del saber humano se hallan únicamente formuladas en la ciencia que se ocupa de Dios y de las relaciones de Dios con el universo, ciencia que se nutre de la propia Revelación de Dios,[11] de ahí su nombre: Teología.

---

11. Cf. cap. «Catolicidad de la Reforma», por P. Courthial, en la obra *Actualidad y catolicidad de la Reforma*, por varios autores. Ediciones Evangélicas Europeas, Barcelona, 1967. La segunda edición de dicha obra, próxima a aparecer (revisada y aumentada) llevará el título de *Protestantismo y Cultura*.

Por ciencia entendemos la observación de ciertos hechos y el arreglo de los mismos en un sistema ordenado. La ciencia es siempre conocimiento sistematizado. Dos métodos principales ayudan en la tarea científica: el deductivo y el inductivo.

a) *El método deductivo* —«a priori»— que va de la causa al efecto. A partir de una regla general, admitida por todos, procede a su aplicación particular.

b) *El método inductivo* —«a posteriori»— que va del efecto a la causa. A partir de lo particular alcanza lo general. Exige una gran labor de investigación y comprobación. Las ciencias físicas dependen mayormente de la inducción; algunos científicos pretenden que es el único método válido. Pero tal afirmación es arbitraria porque cada ciencia tiene sus propios métodos. El Prof. Kevan afirmaba que la Teología tiene su propio método y no tiene que ser inductiva siempre. La deducción no es menos científica que la inducción.

Aplicados a la Teología estos métodos, operan de la siguiente manera:

I) *El método inductivo* es mayormente apto para la Teología Bíblica. Después de examinar una gran cantidad de ejemplos de la ira de Dios en contra del pecado, llegamos a la conclusión de que Dios odia el pecado. Se trata de hechos descubiertos por métodos histórico-críticos.

II) *El método deductivo* conviene mayormente a la Teología Sistemática. Por este sistema se llega a muchas proposiciones. Y de estas proposiciones se infieren los hechos. Por ejemplo, sabemos que Dios recibe a los pecadores arrepentidos (principio general), por consiguiente debo sacar la conclusión de que me recibirá a mí si acudo como pecador arrepentido (resultado particular).

Cuando el conocimiento ha sido sistematizado, tiene dos formas de expresión:

a) *Descriptivo*, como la exposición de las leyes de la naturaleza.

b) *Normativo,* que es el que mejor conviene a la Teología, pues tiene que ver con grandes principios, y normas; se trata de valores espirituales, de realidades eternas que deben imponerse con autoridad a nuestra conciencia si hemos de ser entendidos en el conocimiento y en la voluntad de Dios. Este procedimiento es deductivo, pues deducimos de la norma general lo que debe ser cada caso particular.

Los resultados, sin embargo, no son nunca absolutos o exhaustivos. La Revelación de Dios es como un pozo sin fondo en el que todos los siglos y todas las generaciones irán a beber sin que se agote jamás.

Esto nos conduce al tema que será objeto de la lección siguiente.

CUESTIONARIO:

1. ¿Qué triple base presenta Strong para indicar la posibilidad del conocimiento teológico? — 2. Indique los varios métodos del conocimiento teológico. — 3. ¿Para qué sección del trabajo teológico es más idóneo el método inductivo? — 4. ¿Y el deductivo?

LECCION 7.ª

POSIBILIDAD Y LIMITES DE LA TEOLOGIA (2)

3) Los límites del conocimiento teológico

El sabio y piadoso obispo anglicano del siglo pasado, Westcott, decía que la Teología era «una aproximación progresiva y parcial, de la expresión intelectual de la verdad manifestada a los hombres». La expresión intelectual de la verdad es la meta de la investigación teológica, pero ahora sólo conocemos en parte en espera del día cuando conoceremos como somos conocidos por Dios (1.ª Cor. 13:12).

Al enumerar los límites que condicionan nuestro conocimiento teológico, el Prof. Kevan menciona los siguientes:

1. — La finitud del entendimiento humano (Job 11:7; Romanos 11:33).
   No podemos saberlo todo.

2. — El estado imperfecto de las otras ciencias, tanto naturales como metafísicas (filosofía) o morales. Traemos a nuestra preocupación teológica problemas que están más allá de nuestra capacidad de comprensión y de investigación, tal es el estado imperfecto de las ciencias humanas. Por ejemplo, el problema de la libertad del hombre.

3. — Lo inadecuado del lenguaje humano. Por ejemplo, la expresión «Personas» para hacer referencia a las «tres Personas de la Trinidad».

4. — Lo incompleto de nuestro conocimiento de las Escrituras.

5. — El silencio de la Revelación bíblica sobre ciertos temas, como por ejemplo el del origen del mal (Deuteronomio 29:29).

6. — La falta de discernimiento espiritual.

Es imposible alcanzar el conocimiento de Dios solamente por medio del intelecto; para saber de las cosas divinas, el corazón debe acompañar a la inteligencia «Las cosas humanas —decía Pascal— hay que conocerlas primero para poder amarlas después; pero las cosas divinas deben ser primero amadas para luego ser conocidas.» Es obvio que nuestra capacidad de amar es tan imperfecta como la de conocer y como ésta se trata de una actividad progresiva para alcanzar objetivos parciales.

La Teología, pues, nos hace modestos. Nos invita a la humildad.

Además, vale tanto para el teólogo como para el simple creyente, el dicho de Jesús: «El que *quiera hacer* la voluntad de mi Padre, *conocerá* si la doctrina es de Dios» (Juan 7:17), que establece una indisoluble conexión entre el estado de nuestra voluntad y las posibilidades de nuestro conocimiento. La aprehensión de las realidades divinas, es sólo posible mediante un dinamismo que compromete a la totalidad del ser humano. Diríamos que hemos de conocer a Dios —aunque sea imperfecta y parcialmente— con la totalidad de nuestras facultades, o no lo conoceremos de ninguna manera. También Pablo nos advierte que para conocer la «buena voluntad de Dios, agradable y perfecta» hemos de ser transformados por «la renovación de nuestro entendimiento» (Romanos 12:1, 2). Y lo dice a creyentes.

«Conocemos la verdad —afirma Strong— en la misma proporción en que estamos dispuestos a «hacer la verdad»; sólo la santidad comprende a la santidad y sólo el amor es capaz de entender al amor (Cf. Juan 3:21).

La fe es, pues, la más alta cima de conocimiento. Mobiliza íntegramente todo el ser humano y le da un discernimiento que no es solamente la visión de los ojos, sino la visión de la mente, de los sentimientos y de la voluntad. Son muchos los teólogos que han definido la fe como la acción conjunta de la inteligencia y la voluntad.[12] Por la fe conocemos (Hebreos 11:3). También el corazón —entendido por los hebreos como expresión para hacer referencia al núcleo personal, más íntimo de nuestro ser, que incluye la sensibilidad moral y espiritual y la voluntad— es órgano de conocimiento (Mateo 5:8). Dios tiene que ser experimentado, «probado» (Salmo 34:8).

4) Los límites de nuestra Teología no implican la imposibilidad de la misma

El hecho de que sólo conozcamos en parte no significa que sea imposible conocer verdaderamente algo de Dios y a Dios mismo.

Ritschl sostenía que la teología tenía que ser un llamamiento al corazón con exclusión de la cabeza, *fiducia* sin *notitia*. Pero la *fiducia*, en su sentido cristiano, bíblico, incluye a la *notitia*, de lo contrario es algo ciego e irracional. Después de Ritschl ha sido el existencialismo, y hoy día la llamada «filosofía lingüística», los que ponen en duda la posibilidad de tener un mensaje explícito de parte de Dios, un mensaje vocalizado y expresado por medio de proposiciones inteligibles universalmente.[13]

Todas estas corrientes de pensamiento intentan decir lo que el hombre de la calle, en su ignorancia, afirma de la fe: «es una cosa ciega, como el amor....» La fe como salto en el vacío, como la apuesta de los filósofos existencialistas, el riesgo, la aventura, etc.

---

12. Cf. Strong, *Systematic Theology*, p. 4.
13. Para una crítica de estas corrientes, véase *Dios está ahí*, por Francis A. Schaeffer, Ediciones Evangélicas Europeas, Barcelona, 1972.

No negamos que haya elementos de aventura y de riesgo en la fe cristiana. Pero lo que es del todo inadmisible, desde el punto de vista bíblico, es la afirmación de que la fe sea ciega. La fe, bíblicamente entendida, tiene los ojos muy abiertos.

La fe es, básicamente, una respuesta a la Revelación divina. Si no es respuesta es superstición. Mas para que haya una respuesta debe haber habido una previa interpelación inteligible. Y esto es lo que ofrece la Revelación bíblica.[14] De ahí nuestra afirmación de que la fe es la más alta cima de conocimiento, no por ella misma sino por la realidad divina que la provoca, y la alimenta dándole contenido.

CUESTIONARIO:

1. ¿Cuáles son, a su entender, los límites del conocimiento teológico? — 2. ¿En qué sentido nos hace humildes la Teología? — 3. ¿Qué consecuencias tiene Juan 7:17 para nuestro estudio de la verdad divina? — 4. El hecho de conocer solamente en parte, ¿significa que no poseemos un conocimiento verdadero de Dios?

---

14. Cf. *Special Divine Revelation as Rational*, por Gordon H. Clark, y también *Special Revelation as Scriptural*, por Ned B. Stonehouse, en *Revelation and the Bible*, edit. por Carl F. H. Henry, Baker Book House, Grand Rapids, 1958.

LECCION 8.ª

LOS GRANDES TEMAS DE LA TEOLOGIA (1)

Los grandes temas de la Teología no son otros que los grandes temas de la Revelación bíblica.

1) Los grandes temas de la Teología bíblica

El tema central es la cruz de Cristo —punto focal de toda Teología— y a partir de ella fluyen todas las demás realidades divinas. Como lo expresó Lutero: «La Teología de la cruz es la Teología de la luz.»

«El mensaje central de la Biblia —escribe F. F. Bruce [15]— es el Pacto de Dios con los hombres.» A partir de este concepto del Pacto hallamos el hilo conductor de toda la historia de la salvación, la cual toma en ambos Testamentos tres aspectos fundamentales, según el autor citado:

1) El Dador de la salvación,
2) El camino de la salvación,
3) Los herederos de la salvación.

«Esto mismo podría ser expresado de otra manera, en términos del Pacto» —añade F. F. Bruce:

1) El Mediador del Pacto,
2) Las bases del Pacto,
3) El pueblo del Pacto.

---

15. F. F. Bruce, artículo «Bible», en el *New Bible Dictionary*, The IV Press, Londres, 1962.

Dios mismo es el Salvador de su pueblo; es El quien confirma su Pacto misericordioso. El Mediador del Pacto, el Dador de la salvación, es Jesucristo, el Hijo de Dios. El camino de la salvación, las bases del Pacto, lo constituye la gracia de Dios que demanda de su pueblo una respuesta de fe y de obediencia. Los herederos de la salvación, el pueblo del Pacto, son el Israel de Dios, la Iglesia de Dios.

El mensaje central de la Escritura, lo que le da su unidad básica y maravillosa, es el fruto de la voluntad salvadora del Dios Trino: el Padre que llama a la salvación a los hombres; el Hijo que efectúa dicha salvación y el Espíritu Santo que la aplica haciéndola fructificar para santificación (1.ª Pedro 1:2).

Dios ha dado a conocer este mensaje muchas veces y de muchas maneras (Hebreos 1:1) y la Teología Bíblica sigue el camino de esta historia y de estos modos diversos de revelación para descubrir su mensaje básico y su consistencia interna fundamental. En efecto, la pluralidad de manifestaciones reveladoras de Dios, no es obstáculo para la unidad esencial de sus propósitos en orden a la revelación y a la salvación de los hombres. La Ley mosaica, la liturgia levítica, la piedad del salterio y la sabiduría de los escritos sapienciales son otros tantos aspectos que contribuyen, cada uno en su medida, a expresar la historia de la salvación, el Pacto de Dios con los hombres. En todas estas facetas de la múltiple manifestación de Yahveh, discernimos la misma voluntad salvífica, la misma oferta de gracia, los mismos requisitos (arrepentimiento, confesión y dependencia de la gracia divina para el perdón) para obtener la salvación así como las mismas condiciones para tener paz, gozo y vida eterna. Los instrumentos pueden variar —y varían de un Testamento al otro— pero la finalidad salvadora de Dios no cambia jamás. El es siempre el mismo, tanto en su carácter como en sus propósitos redentores.

La Teología Bíblica se ocupa, por consiguiente, de las

doctrinas del Pacto, la Ley, el Profetismo, el Reino de Dios, el Evangelio, el apostolado, la Revelación especial, la Iglesia, la escatología, etc., en su mismo devenir histórico [16] y en su mutua concatenación e inter-relación progresivas.

CUESTIONARIO:

1. *¿Cuáles son los grandes temas de la Teología Bíblica?* —
2. *¿Qué es lo que le da a la Escritura su unidad básica?* —
3. *¿De qué manera la doctrina del Pacto ofrece un elemento unificador de la Revelación bíblica?*

---

16. Cf. José Grau, *La Naturaleza del Reino de Dios,* ponencia remitida al Segundo encuentro de la Fraternidad Teológica Latinoamericana y editada por Ed. Certeza, Buenos Aires, 1972.

Cf. también Prof. Allan H. Harman, *Notes on Biblical Theology,* Free Church College, Edimburgo.

Y, sobre todo, Geerhardus Vos, *Biblical Theology,* Eerdmans P. Grand Rapids, 1966.

LECCION 9.ª

LOS GRANDES TEMAS DE LA TEOLOGIA (2)

2) **Los grandes temas de la Teología Sistemática**

Si consultamos a Strong, nos dirá que los grandes temas de la Teología Sistemática son los siguientes:

1) La existencia de Dios,
2) La Escritura como revelación de Dios,
3) La naturaleza de Dios, sus decretos y sus obras,
4) El hombre, desde su semejanza original con Dios y su consiguiente depravación,
5) La redención, por medio de la obra de Cristo y por el Espíritu Santo,
6) La naturaleza de la Iglesia Cristiana,
7) El final del estado presente de cosas.

Louis Berkhof sigue, casi en el mismo orden, igual temario, con la omisión —sorprendente para nosotros y que no resta mérito al valor de su obra pero que sí la hace incompleta— de la Biblia como Revelación inspirada del Señor. Unicamente trata de la Biblia como medio de gracia en la sección dedicada a los sacramentos.[17] Strong es mucho más completo aquí y también la excelente obra de Charles Hodge.

---

17. Louis Berkhof, *Teología sistemática*, T.E.I.L., Grand Rapids, 1970. Parte Quinta, «Los Medios de Gracia», I, II y III.

Nosotros opinamos, sin embargo, que el tratado sobre la Revelación —y por ende, sobre la inspiración y la autoridad de las Escrituras— debe ser el primer capítulo de la Teología, dado que ésta es factible únicamente porque la Revelación es un hecho. Hemos de empezar, pues, por lo que es el fundamento y la justificación de la labor teológica.

Si el estudiante consulta la lista de obras que constituyen este Curso de Formación Teológica Evangélica se dará cuenta de que en el mismo hemos intentado incluir la temática fundamental de la Teología Sistemática con aportaciones de la Teología Práctica e Histórica.

3) Los grandes temas de la Teología Histórica

James Orr, en su obra *The Progress of Dogma*, estableció una relación entre la lógica y el desarrollo que siguió la Teología a partir de la época postapostólica. Es decir, al considerar la marcha de la reflexión teológica nos percatamos de que ha seguido lógicamente el camino que cabía esperar para profundizar en las grandes verdades de la Revelación divina, haciendo frente, al mismo tiempo, a los errores que se le oponían.

Siglo	II -	Apologética, para armonizar las exigencias del conocimiento intelectual con el Evangelio.
Siglos	III - IV	— Disputas teológicas sobre la naturaleza de Dios. Monarquismo (sobre el Padre), arrianismo (sobre el Hijo) y macedonianismo (sobre el Espíritu Santo).
Siglo	V -	— Controversias antropológicas: Agustín contra Pelagio.
Siglos	V - VII	— Controversias cristológicas: apolinarismo, nestorianismo, eutiquianos, monofisitismo.

Siglos   XI - XVI — Controversias soteriológicas. La doctrina de la expiación. Anselmo escribe su *Cur Deus Homo?*

Siglo XVI -   — Controversia soteriológica: la aplicación de la salvación. La justificación por la fe.

Controversia eclesiológica: la autoridad de la Escritura norma para la Iglesia.

Siglos XVII - XX — Controversias con el racionalismo, el romanticismo y el existencialismo: la autoridad divina y los fundamentos de la fe.

Controversia escatológica dentro del seno de la Cristiandad Evangélica: amilenialismo, premilenialismo, y postmilenialismo. Controversia dispensacionalista.

Teología de la Iglesia.
Teología de las realidades seculares.

CUESTIONARIO:

1. ¿Cuáles son los grandes temas de la Teología Sistemática? — 2. ¿Por qué el tratado sobre la Revelación debe ser el primer capítulo de la Teología? — 3. ¿Cuáles han sido los grandes temas de la Teología Histórica en el curso de los siglos?

LECCION 10.ª

LOS GRANDES TEOLOGOS

1. Los grandes teólogos de la Iglesia

Las disputas cuyo bosquejo hemos dado en la lección anterior, pusieron de manifiesto los grandes dones que Dios fue levantando en medio de su pueblo, a lo largo de los siglos. Estos hombres que Dios concedió a su Iglesia no fueron infalibles, pero sí hicieron valiosas aportaciones a la comprensión del mensaje infalible revelado en las Escrituras. Ciertamente, Dios ha dado a su pueblo «pastores y maestros, a fin de perfeccionar a los santos para la obra del ministerio, para la edificación del cuerpo de Cristo» (Efesios 4:11, 12).

A) *Primer período*
   1 — Oriente:
      * Orígenes, el primer teólogo sistemático (*De Principiis*). Año 218. Excesivamente condicionado por la cultura secular de su tiempo.
      ** Atanasio, el gran defensor de la plena divinidad de Jesucristo (*De Incarnatione*). El concilio de Nicea.
      *** Juan Damasceno escribió la primera obra de Teología Sistemática (*Sumario de la Fe Ortodoxa*). Años 700 - 760.
   2 — Occidente:

* Agustín, uno de los teólogos más inquietos, que versó sobre la doctrina de Dios *(De Trinitate)*, sobre la gracia *(De Correptione et gratia)* y sobre la antropología bíblica en oposición a Pelagio *(De Gratia et Libero Arbitrio)*. Años 400-450.

B) *La Edad Media* (1100 - 1300)

Epoca del escolasticismo. La Teología quedó cada vez más condicionada a los gustos filosóficos de la época y a la autoridad de la jerarquía romana. Hubo, no obstante, grandes aportaciones teológicas:

* Anselmo, sobre la doctrina de la expiación *(Cur Deus Homo?)* Años 1033-1109.

** Pedro Lombardo escribió cuatro libros de sentencias teológicas que llegaron a ser el libro de texto de la Iglesia romana. Año 1164.

*** Tomás de Aquino, el príncipe de la teología escolástica *(Summa Theologica)* cuyo pensamiento es todavía oficial en la Iglesia romana. Años 1221 - 1274.

**** Juan Duns Scoto fue el oponente de Aquino en muchos aspectos. De ahí surgió la polémica entre tomistas y escotistas. El escolasticismo tendía cada vez más a exaltar la razón y las posibilidades de probar verdades divinas por métodos simplemente racionales. Años 1265-1308.

C) *La Reforma* (siglo xvi)

Fue la época de los Credos y Confesiones de Fe en los que las Iglesias de la Reforma expusieron sus doctrinas en contraposición a la enseñanza de Roma.

* Lutero, expulsado de la Iglesia romana por predicar la superioridad de la Biblia sobre la Iglesia y por enseñar la salvación por la sola fe *(De Servo Arbitrio)*. Años 1485 - 1546.

** Melanchton escribió un manual de dogmática

para exponer la fe de la Reforma en sus primeros años (*Loci Communes*). Años 1497-1560.

*** Zwinglio (*Sobre la verdadera y la falsa Religión*) discernió mejor que Lutero la doctrina de los sacramentos y la aplicación social de los grandes principios reformados. Años 1484 - 1531.

**** Calvino fue el más grande teólogo de la Reforma, así como uno de los más excelentes comentaristas bíblicos que ha tenido la Iglesia de todos los tiempos (*Institución de la Religión Cristiana, Comentarios* a casi la totalidad de los libros de la Biblia). Años 1509-1564.

D) *Período Moderno* (desde el siglo XVIII hasta hoy)
Como ya dijimos en la lección anterior, la Iglesia ha tenido que hacer frente durante este período al racionalismo, al romanticismo que exaltó los sentimientos y al existencialismo que vindicó lo subjetivo por encima de toda objetividad, amén de todas las mezclas que estos sistemas han producido. Los teólogos más destacados durante estos siglos no desmerecen en nada de cuantos les precedieron, pero han tenido que enfrentarse con una nueva, trágica y paradójica situación: la incredulidad ha asaltado las cátedras de muchas universidades y seminarios y ha pretendido hacer pasar por Teología lo que no es más que filosofía.

2. La Teología evangélica moderna

El pensamiento reformado, evangélico, ha dado vigorosas y profundas aportaciones que sería prolijo enumerar aquí. Lo que sigue no es más que un aproximado bosquejo del pensamiento teológico evangélico en los últimos siglos.

En el siglo XVIII destaca *Jonathan Edwards* (1703-1758) quien no sólo brilló como pensador y teólogo sino como evangelista, produciendo un gran avivamiento espiritual en América. En él tenemos al evangelista teólogo soñado por muchos.

En el campo de la exégesis, debemos mencionar el llamado «trío de Cambridge»: *B. F. Wescott* (1825-1901), *J. B. Lightfoot* (1828-1889) y *F. J. A. Hort* (1828-1892). Los tres ganaron fama por la publicación del mejor texto griego del Nuevo Testamento de su tiempo; también por los excelentes comentarios bíblicos que publicaron y por sus glosas a los escritos postapostólicos, de tal manera que no sólo vindicaron la autenticidad y la veracidad del Nuevo Testamento (tan mal parado en manos de los críticos de Tubinga) sino que han venido a ser «clásicos» en sus especialidades. Eminente teólogo fue también *James Orr*.

En Alemania, adquieren relieve las figuras de *E. W. Hengstenberg* (1802-1869) y *Theodor Zahn* (1838-1933) en el campo de la Teología Bíblica, siendo el primero especialista del Antiguo Testamento y el segundo del Nuevo.

En Estados Unidos, la aportación de la llamada «Escuela de Princeton» es sobresaliente por el número de eruditos bíblicos que da a la Iglesia. El Seminario de Princeton, en el siglo pasado y a comienzos del presente, era un verdadero laboratorio de saber bíblico-teológico y un santuario de piedad al mismo tiempo. Fue el hogar de teólogos de la talla de *Charles Hodge* (1797-1878) y *B. B. Warfield* (1851-1921). Profesores de Princeton fueron también: *G. Vos, Ned Stonehouse, J. G. Machen*. Prominente entre los teólogos americanos es *H. A. Strong*.

En Holanda fueron figuras señeras a comienzos del siglo *Abraham Kuyper* —teólogo y hombre de Estado— y *H. Bavink*. En la actualidad, destacan *Berkouwer* y *Dooyewerd*. La serie monumental de los *Estudios de Teología Dogmática* de Berkouwer sólo tiene parangón, en la estima de muchos, con la *Dogmática* de Karl Barth y constituyen el proyecto teológico de más envergadura de nuestra época.

A los ya citados, hay que añadir los teólogos *Bernard*

Ramm, Carl H. F. Henry, James I. Packer, Klaas Runia, Harold Kuhn y Henry Blocher, entre otros. Sus nombres no aparecen en la prensa como los de Bultmann, Tillich o Robinson, porque no son dados al escándalo intelectual ni a la inconsecuencia, sino a la fiel exposición de la Palabra de Dios.

CUESTIONARIO:

1. ¿Quiénes fueron los teólogos más prominentes de Oriente en el primer periodo de la historia de la Iglesia? — 2. Señale la aportación de Agustín. — 3. ¿Quiénes fueron los teólogos más destacados durante la Edad Media? — 4. ¿Qué doctrinas ocuparon más la atención de los teólogos en la época de la Reforma? — 5. Mencione algunos de los teólogos más prominentes del periodo moderno.

BIBLIOGRAFIA

A. Hopkins Strong, Systematic Theology, Pickering & Inglis, Ltd., Londres, 1958.

Charles Hodge, Systematic Theology, James Clarke & Co., Ltd., Londres, 1960.

Luis Berkhof, Teología Sistemática, T.E.L.L., Grand Rapids, 1970.

G. C. Berkouwer, Studies in Dogmatics, varios volúmenes, Eerdmans, Grand Rapids, 1964.

J. Calvino, Institución de la Religión Cristiana, Fundación Editorial de Literatura Reformada, Países Bajos, 1968.

Geerhardus Vos, Biblical Theology (Old and New Testaments), Eerdmans, Grand Rapids, 1948.

Thomas D. Bernard, El desarrollo doctrinal en el Nuevo Testamento, La Fuente, México, 1961.

Erich Sauer, *La aurora de la redención del mundo* (dispensacional), Lit. Bíblica, Madrid, 1967.

Erich Sauer, *El triunfo del Crucificado* (dispensacional), La Fuente, México, 1959.

Contemporary Evangelical Thought, varios autores; editado por Carl F. H. Henry, Channel Press, New York, 1957.

Carl F. H. Henry, *Frontiers in modern Theology*, Moody Press, Chicago, 1965.

Carl F. H. Henry, *Evangelicals at the Brink of Crisis*, Word Books, Waco Texas, 1967.

Bernard Ramm, *A Handbook of contemporary Theology*, Eerdmans, Grand Rapids, 1966.

Karl Barth, *Introducció a la Teologia Evangèlica*, Edicions 62, Barcelona, 1966 (existe edición castellana).

Karl Barth, *Bosquejo de Dogmática*, Ed. La Aurora, Buenos Aires, 1954.

M. Gutiérrez Marín, *Dios ha hablado* (El pensamiento dialéctico de Kierkegaard, Brunner y Barth), Ed. La Aurora, Buenos Aires, 1950.

Roger Mehl, *La Teología Protestante* (Un punto de vista neo-liberal), Ed. Taurus, Madrid, 1969.

Antología de teólogos contemporáneos, por varios autores (la mayoría no evangélicos), Ed. Kairós, Barcelona, 1969.

Edward Schillebeeckx, *Revelación y Teología* (católico), Ediciones Sígueme, Salamanca, 1968.

Rudolf Schnackenburg, *La Teología del Nuevo Testamento* (católico), Desclée de Brouwer, Bilbao, 1966.

Segunda parte
LA REVELACION GENERAL

LECCION 11.ª

LA REVELACION GENERAL (1)

Dios ha hablado. Y es a partir de esta Palabra divina que nos sentimos interpelados por Dios. La Biblia —como comprobamos a lo largo de todo este libro— no es, pues, el resultado de los «descubrimientos» que acerca de Dios pudieran haber hecho algunos hombres excepcionalmente piadosos y naturalmente dotados para el misticismo, sino el relato de un proceso de auto-revelación que Dios ha querido hacer llegar hasta nosotros para nuestra iluminación y nuestra salvación.

Si Dios mismo no se hubiera dado a conocer, el hombre no habría llegado nunca, por sí mismo, a tener un *claro* y *correcto* conocimiento de Dios.

Esto no supone, sin embargo, que el hombre no sea capaz de intuir, de alguna manera, la existencia de un Ser Supremo, mayormente como Creador. Todas las religiones —y, hasta cierto punto, la historia de la filosofía— son un testimonio del talante religioso del ser humano, si bien, al propio tiempo, estas mismas varias y contradictorias ideas religiosas, así como las múltiples y opuestas escuelas filosóficas, muestran la impotencia humana para llegar a un claro y correcto conocimiento de Dios.

Hemos de repetir, no obstante, que el hecho de que el hombre no sea capaz de un exacto conocimiento de Dios, a menos que la Divinidad misma se le haga manifiesta

mediante una *Revelación especial* —que los cristianos creemos se halla en la Biblia—, no significa que sea totalmente
incapaz de alcanzar lo que Calvino llamó «un cierto sentimiento de la divinidad», el cual se le impone al considerar
las maravillas de la creación y al que denominamos *Revelación general.*

1. ¿Qué es la Revelación general?

Entendemos por tal la que nos es dada en la contemplación de los fenómenos de la naturaleza —y el estudio de
las leyes que la rigen—, en la constitución y operación de
la mente y el cuerpo humanos, y en los hechos de la historia colectiva y la experiencia personal (Salmo 8:2; 19:1-2;
Romanos 1:19-20; 2:14, 15; Hechos 17:27).

La revelación general es *universal,* pues está abierta
delante de todos los hombres para su estudio y reflexión,
y así ha permanecido desde siempre en todas las épocas.
Calvino lo expresó de esta manera: «Dios ha inscrito en
cada una de sus obras ciertas notas y señales de su gloria
tan claras y tan excelsas, que ninguno por ignorante y rudo
que sea, puede pretender ignorancia», con lo que se hace
intérprete de las palabras de Pablo en Romanos 1:19, 20:
«Porque lo que de Dios se conoce les es manifiesto, pues
Dios se lo manifestó. Porque las cosas invisibles de Él, su
eterno poder y deidad, se hacen claramente visibles desde
la creación del mundo, siendo entendidas por medio de las
cosas hechas, de modo que no tienen excusa.»

A) ¿Es suficiente la Revelación general?

En esta clase de revelación no hay mensaje de salvación, ni invitación a la comunión personal con Dios. A lo
sumo se llega a admitir la existencia de Dios y, acaso,
ciertas señales de su Providencia, pero nada se sabe de su
justicia, su amor, su carácter y sus propósitos en relación
con la Creación y sus criaturas que somos nosotros. Por
la Revelación General podemos llegar a conocer que hay

un Dios, pero seguimos ignorando quién es y lo que es para nosotros. La Divinidad permanece alejada y Dios sigue siendo para la mayoría el Gran Desconocido (Hechos 17: 23).

Por otra parte, ni la razón ni la intuición por sí solas —al contemplar las obras de la creación, al estudiar la constitución del ser humano y al meditar en la Providencia— pueden alcanzar el conocimiento de ciertas cuestiones vitales que no hallamos explícitas ni en la naturaleza ni en la historia: ¿De dónde vengo? ¿A dónde voy? ¿Cuál es el sentido de mi vida? ¿Cuál es el significado de la historia de la humanidad? Para estas y otras semejantes preguntas, la Revelación General no tiene respuesta y su problemática escapa a las capacidades humanas de investigación y conocimiento.

Todo ello nos lleva a formular una pregunta importante: ¿Hasta qué punto es capaz el hombre, en su estado actual, de conocer a Dios?

B) *La maleabilidad de la Revelación General*

Ya hemos citado a Calvino quien afirmaba que «los hombres tienen un cierto *sentimiento* de la divinidad en sí mismos», añadiendo: «y esto por *instinto* natural. Porque, a fin de que nadie se excusase so pretexto de ignorancia, el mismo Dios *imprimió* en todos un cierto conocimiento de su divinidad, cuyo recuerdo renueva.» Y también, más adelante: «Está esculpido en el alma de cada hombre un sentimiento de la divinidad, el cual de ningún modo se puede destruir; y que naturalmente está arraigada en todos esta convicción: que hay un Dios.»

En otro lugar, consideraremos con más detenimiento el problema filosófico-teológico de la cognoscibilidad de Dios. Baste decir aquí que, si por un lado es verdad que ciertas personas parecen poseer algo así como una idea innata de la divinidad y que aún en otras es dable observar algún sentimiento religioso si bien vago y confuso, por otro lado no es menos verdad que la Revelación General ha dejado de tener poder sobre muchos hombres. Hoy más que nunca asistimos al espectáculo de una indiferencia religiosa creciente. Hay más, el hombre rechaza deliberadamente, en muchos casos, todo testimonio que pudiera venirle de parte de la Revelación General. En otros círculos —mayormente de teólogos universalistas— se valora teóricamente esta Revelación General a expensas de la Revelación Especial, lo cual resulta mucho peor ya que en el fondo es una perversión de la doble manifestación reveladora de Dios, tal cual Pablo la describe en Romanos 1:21-32.

En nuestra época, suele perderse la noción, o el recuerdo, de Dios por causa de la indiferencia a que hemos aludido, unida a una gran ignorancia religiosa, de tal modo que al vérnoslas con los avatares de la existencia no acertamos a discernir la mano de Dios en ninguna parte. Viene luego la propaganda atea, o el impacto de ideologías a la moda que casi siempre se construyen de espaldas a Dios. Fuere como fuere, cada época ha tenido su peculiar manera de malear la Revelación General. En el siglo XVI se escribía: «Así como la experiencia muestra que hay una semilla de la religión plantada en todos por una secreta inspiración de Dios, así también, por otra parte, con gran dificultad se hallará uno entre ciento que la conserve en su corazón para hacerla fructificar; pero no se hallará ni uno sólo en quien madure y llegue a sazón y a la perfección. Porque sea que unos se desvanezcan en sus supersticiones, o que otros a sabiendas maliciosamente se aparten de Dios, todos degeneran y se alejan del verdadero conocimiento de Dios» (Calvino).

CUESTIONARIO:

1. ¿Podemos alcanzar un claro y correcto conocimiento de Dios si Dios mismo no se da a conocer? — 2. Defina la Revelación General. — 3. ¿Es suficiente la Revelación General? — 4. ¿Por qué cree usted que la Revelación General ha dejado de tener poder sobre muchos hombres en nuestros días? — 5. Explique «la maleabilidad de la Revelación General».

LECCION 12.ª

LA REVELACION GENERAL (2)

2. ¿Cómo pervierte el hombre la Revelación General?

¿Por qué pervierte el hombre el testimonio de la Revelación General? Por causa del pecado. Los problemas que el hombre se plantea —en cualquier esfera que sea— no giran alrededor de su intelecto únicamente, sino que atañen igualmente al estado de su corazón y de su voluntad. El hombre no es nunca inteligencia pura y sus facultades cognoscitivas están condicionadas por lo que es en su totalidad como persona compuesta de sentimientos tanto como de pensamientos. Ahora bien, la Biblia presenta al hombre total —en su mente, corazón y voluntad, y en su espíritu tanto como en su cuerpo— como *un ser caído*, pecador, y como tal pervierte el testimonio de la Revelación General. ¿De qué manera?

A) *El pecado pervierte nuestro entendimiento tanto como nuestros sentimientos y nuestra voluntad, y así malea y convierte en ineficaz el testimonio de la Revelación General*

Tal es la tesis de Pablo en Romanos 1-3, resumida en los versículos 21 y 22 del primer capítulo de la citada epístola: «Pues habiendo conocido a Dios, no le glorificaron como a Dios, ni le dieron gracias, sino que se envanecieron

71

en sus *razonamientos* y su necio *corazón* fue entenebrecido. Profesando ser sabios, se hicieron necios.» Hemos subrayado intencionadamente los vocablos «razonamientos» y «corazón».

En los versículos 19 y 20, Pablo afirma que el hombre *debería* conocer a Dios por todo lo que de Él se le hace manifiesto en la Creación. No obstante, sigue en los versículos 21 y 22, no ocurre así: el hombre que debería reconocer a Dios, o bien pervierte este conocimiento o le sirve de muy poco. En cualquier caso, los hombres «no glorificaron a Dios» y, por consiguiente, «no tienen excusa». ¿Qué ha ocurrido? ¿Cómo ha sucedido? Examinemos más de cerca Romanos 1:21 y 22, planteándoles algunas preguntas:

1.ª   *¿Qué uso hace el hombre de su razón?*

«Se envanecieron en sus razonamientos», es decir: su razón se hizo cosa vana, vacía y huera, justamente cuando por haber tenido oportunidad de alcanzar algún conocimiento de Dios, debían haberle glorificado. Mas ni le glorificaron como a Dios, ni le dieron gracias.

2.ª   *¿Cuál es el estado de su corazón?*

«Y su necio corazón fue entenebrecido», como consecuencia del torpe uso hecho de la razón. Se da una ambivalencia entre los «razonamientos» y el «corazón». Ambos se influyen y se condicionan mutuamente. La vanidad de la razón determina la necesidad del corazón; ¿de dónde surge aquella vanidad que entorpece el recto empleo de la razón si no es del corazón, el cual, a su vez, se torna vano por la necedad del entendimiento? Los «razonamientos» se hallan a merced de un corazón necio y el «corazón es entenebrecido» por la vanidad de la razón. ¿Conclusión? «Profesando ser sabios, se hicieron necios» (ver. 22). Algunas versiones inglesas traducen *locos* en vez de «necios», haciendo alusión a la locura de signo espiritual que determina nuestra total ignorancia de las cosas del Espíritu (1.ª Corintios 2:14), y a cuanto atañe a las últimas realidades tocante al hombre y al universo. La primera acepción del vocablo griego *moros* es *loco*.

3.ª ¿Cómo ha llegado el hombre a la situación actual?

Ya lo hemos apuntado más arriba, pero ahora deseamos bosquejarlo para mayor claridad. Existen tres razones que explican la situación a que han abocado todos los seres humanos de alguna manera:

1.ª razón: «Habiendo conocido a Dios, no le glorificaron como a Dios.»

2.ª razón: «habiendo conocido a Dios, no le dieron gracias», y

3.ª razón: «habiendo conocido a Dios, se envanecieron en sus razonamientos.»

Por la expresión «habiendo conocido a Dios» (ver. 21 ª) no hemos de entender una percepción clara y correcta de la Divinidad. El sentido de esta frase lo da el contexto, es decir: los versículos 19 y 20 que se refieren a la Revelación General y al entendimiento que de ella podría tener el hombre.

Es ahora cuando vemos con claridad que la caída y el estado presente de todo ser humano —pecador— determinan el uso de sus facultades todas. Por consiguiente, el problema que se le plantea no es sólo intelectual sino *moral* también. De ahí la expresión del apóstol: «de modo que no tienen excusa.» Es lo que comprobamos desde el principio, en el Génesis: el hombre quiso ser como Dios. Y desde entonces, la tendencia al endiosamiento es constante.

El resumen de lo dicho es que el hombre da voluntariamente la espalda a Dios cuando tiene posibilidad de conocerle aunque sea por el testimonio parcial de la Revelación General. Calvino lo expresó de esta manera: «Su vanidad, juntamente con su soberbia, se muestra en que los miserables hombres no se elevan sobre sí mismos, como sería razonable, para buscar a Dios, sino que todo lo quieren medir conforme a la capacidad de su juicio carnal, y no preocupándose, verdaderamente y de hecho, de buscarlo, no hacen con su curiosidad más que dar vueltas a vanas especulaciones.»

Esta es la razón que explica por qué S. Pablo comienza su reflexión con el tema de la ira de Dios (ver. 18). Todo hombre, toda nación, toda cultura que se niega a reconocer las evidencias —por tenues que sean— de la Revelación General en las obras de la creación y en la Providencia, y pervierte de alguna manera la Revelación, se halla bajo el juicio y la ira de Dios.

CUESTIONARIO:

1. ¿Qué tiene que ver el pecado con la Revelación General? — 2. ¿Qué uso suele hacer el hombre de su razón? — 3. ¿Y de su corazón? — 4. ¿Tiene excusa el hombre por su incredulidad? — 5. ¿De qué manera se hallan relacionadas la Revelación General y la ira de Dios?

LECCION 13.ª

LA REVELACION GENERAL (3)

B) *El pecado —que pervierte la Revelación General— se hace acreedor a la ira de Dios y ello explica que la Escritura sitúe la Revelación General en un contexto dominado por la manifestación de la ira divina*

«Porque la ira de Dios se revela desde el cielo contra toda impiedad e injusticia de los hombres que detienen con injusticia la verdad; porque lo que de Dios se conoce les es manifiesto, pues Dios se lo manifestó. Porque las cosas invisibles de El.... se hacen claramente visibles desde la creación del mundo.... de modo que no tienen excusa» (versículos 18-20).

Observamos en el ver. 18 —y en todo lo que sigue— que la ira de Dios se cierne no tanto sobre nuestra ignorancia (ni siquiera aparece el vocablo que pudiera hablar de ella en estos textos) como sobre lo que de injusto e impío tiene la misma. En efecto, el apóstol no dice que la ira divina se revela contra los hombres por haber éstos detenido con error la verdad. Dice, más bien: que la verdad ha sido detenida por la injusticia. He aquí la causa de nuestro error y la fuente de nuestra ignorancia. ¿Acaso podrá hallarse mayor injusticia que la rebeldía del hombre contra su Hacedor?

El problema que tenemos planteado trasciende lo meramente filosófico y cae igualmente de lleno en la esfera de lo ético. A diferencia de las categorías griegas de pensamiento, para quienes el verdadero problema era siempre *noético* —el conocer—, las categorías hebreas —bíblicas— son mucho más complejas y, por tanto, responsabilizan al hombre en su totalidad existencial.

La ira de Dios se revela contra la *impiedad* (la actitud rebelde en contra de Dios) y la *injusticia* (la actitud rebelde en contra del prójimo). Ambas se interfieren y se relacionan como vemos en todo lo que sigue a partir del ver. 18 de Romanos 1. La impiedad conduce a la injusticia y ésta a aquélla inexorablemente.

La palabra «verdad» —*alétheia* [1]— se usa en la Escritura en un sentido más amplio del que le damos en castellano. De ahí que, en un sentido, sea lo opuesto de la injusticia tanto como del error; ejemplos de este uso los hallamos en Romanos 2:8 y Gálatas 3:1 y 5:7. Tiene que ver con la moral tanto como con la verdad religiosa —inseparables para el pensamiento hebreo— (Cf. Juan 3:21; 8:32; 2.ª Corintios 4:2; 2.ª Tesalonicenses 2:12) y equivale a «la verdadera religión; es decir: lo que es verdadero y correcto delante de Dios, lo que es justo a sus ojos» (Ch. Hodge).

El verbo «detener» —«detienen* con injusticia la verdad»— puede significar también *esconder* o *suprimir* (2.ª Tesalonicenses 2:6, 7), con lo que se nos da un cuadro mucho más completo y sombrío de lo que el hombre es capaz de hacer con la verdad de Dios. El problema fundamental que tarde o temprano tiene que afrontar todo ser humano no es tanto si *puede* creer como si *quiere* creer.

Dios «no se dejó a sí mismo sin testimonio, haciendo bien, dándonos lluvias del cielo y tiempos fructíferos, llenando de sustento y de alegría nuestros corazones» (Hechos

---

1. Para el hebreo, la *verdad* era una «asfáleia» o *seguridad*. Así la verdad de Dios es la fidelidad a sus promesas, mientras que la verdad del hombre es su obediencia a la voluntad de Dios (cf. Ecl. 12:13), o sea su fidelidad al plan salvífico de Dios.

14:17), pero este testimonio de la Revelación General ha sido maleado y pervertido por el hombre de modo que no tenemos excusa (Romanos 1:20). «Profesando ser sabios, se hicieron necios» (Rom. 1:22). A lo largo de toda la Escritura se nos presenta una íntima conexión entre el pecado y la locura, la sabiduría y la piedad. En términos bíblicos, el hombre impío es un loco; el sabio es el piadoso, el que teme a Dios, porque el pecado es locura y la piedad comprensión. La locura y las tinieblas de las que habla Pablo en Romanos 1:21, son suficientemente expresivas de la falta de conocimiento divino, lo cual es tanto el efecto como la causa de la depravación moral (Ch. Hodge).

La Revelación General es, pues, en el fondo un testimonio que nos acusa (Romanos 1:20).

CUESTIONARIO:

1. Explique el concepto bíblico de «verdad». — 2. ¿Qué conexión existe entre el pecado y la locura espiritual?

LECCION 14.ª

LA REVELACION GENERAL (4)

C) *La Revelación General es, en el fondo, un testimonio que nos acusa, porque denuncia nuestro pecado de indiferencia y de incredulidad, que mantiene cerrados nuestros ojos y nuestros corazones a las maravillosas obras de Dios en la creación y en la historia. La Revelación General es testigo de nuestra soberbia, nuestra vanidad y nuestra necedad espirituales.*

«Veis, pues, cómo tantas lámparas encendidas en el edificio del mundo nos alumbran en vano.... pues de tal suerte nos alumbran, que de ninguna manera pueden por sí solas llevarnos al camino recto. Así que, aunque Dios no haya dejado de dar testimonio de sí, convidando y atrayendo dulcemente a los hombres, con su gran liberalidad, a que le conociesen, ellos, con todo, no dejaron de seguir sus caminos; quiero decir, sus errores gravísimos» (Calvino).

Los destellos del conocimiento de Dios que podríamos adquirir por medio de la Revelación General, sólo sirven para hacernos inexcusables. Porque —y volvemos a citar a Calvino, quien sobre esta cuestión escribió páginas que todavía hoy, al cabo de cuatro siglos, no han perdido fuerza ni actualidad— «en el momento en que al contemplar el mundo saboreamos algo de la divinidad, dejamos al verdadero Dios y en su lugar erigimos las invenciones y fantasías de nuestro cerebro y robamos al Creador, que es la fuente de la justicia, la sabiduría, la bondad y la potencia, la alabanza que se le debe, atribuyéndolo a una cosa u otra. Y en cuanto a sus obras ordinarias, o se las oscurecemos, o se las volvemos al revés, de suerte que no les damos el valor que se les debe, y a su Autor le privamos de la alabanza».

D) ¿Y los «Salmos de naturaleza»?

Entendemos por tales los que alaban a Dios como Creador y son tenidos por algunos como «prueba» de que la misma Biblia apoya la idea de que el hombre puede elevarse al conocimiento de Dios —y a un entendimiento del mismo bastante claro y correcto— tan sólo por la contemplación de los fenómenos de la naturaleza.

Hemos de recordar, no obstante, que estos salmos no fueron escritos por paganos que pudieran expresar en ellos la trayectoria de su elevación desde la ignorancia al conocimiento de la Divinidad, considerando las obras de la creación. Todo lo contrario: estos salmos fueron escritos por el pueblo de Dios.

Esto es lo que, al parecer, pasó desapercibido al Concilio Vaticano I, hace poco más de un siglo. El capítulo II del esquema *De Fide Catholica* expuso la doctrina de la Revelación según la enseñanza tridentina. Los dos primeros párrafos que trataban de explicar el hecho y la necesidad de la Revelación en el orden natural y sobrenatural adolecen, como es característico en la teología católico-romana, del inadecuado reconocimiento de la condición caída del hombre, arruinado como está por el pecado. El texto aprobado (Denzinger, 1785 - 1788) asegura que es posible un *conocimiento verdadero* de Dios por la sola luz de la razón, aparte de la Revelación divina especial. Esta ha tenido lugar —y Roma lo admite—, pero, aun sin ella, el hombre hubiese igualmente podido llegar al conocimiento de Dios. De ahí la siguiente afirmación: «No por ello ha de decirse que la Revelación sea absolutamente necesaria» (Denzinger, 1786), se está refiriendo a la Revelación Especial. Se trata de la exaltación de la razón hecha paradójicamente por quienes condenaron los errores del racionalismo incrédulo, o indiferente, pero siempre anticlerical. Encontramos aquí el sello inconfundible de la «Teología Natural» tan cara a la Iglesia Romana, con su desmesurado optimismo. Independientemente de la subestimación de la caída de la naturaleza humana, quizá se deba también, en parte, a la dicotomía escolástica —tomista— entre la razón y la voluntad, según la cual ésta se halla más afectada por el pecado que aquélla, como ha expuesto Schaeffer en *Huyendo de la razón*. Por eso, Tomás de Aquino afirma que el hombre natural puede conocer con certeza a Dios, pero niega que pueda, sin la gracia, amarle sobre todas las cosas. Al parecer, lo único que justifica para Roma la Revelación Especial es el fin sobrenatural a que está destinado el hombre. Aparte de esto: «Dios puede ser conocido por la luz natural de la razón humana.... Aquello que en las cosas divinas no es de suyo inaccesible a la razón humana» (Denzinger, ibid.) Se cita el texto de Romanos 1:20, pero sin tener en cuenta todo el contexto y el razonamiento del apóstol en el mismo. Como acabamos de ver, este texto, con su contexto, enseña precisamente el gran abismo que media entre la Revelación General de Dios y el conocimiento imperfecto, maleado, del hombre caído que no acierta a ver ya la mano de Dios en la naturaleza. «Es imposible hablar de la Revelación General —escribe el gran teólogo holandés G. C. Berkouwer— sin considerar al mismo tiempo la ira de Dios que condena al hombre (Romanos 1:18) por haber sustituido la verdad por la injusticia.»

Los «Salmos de naturaleza» (Cf. Salmos 8, 19, 65, 104, etcétera) salieron de corazones redimidos, no paganos. Movidos por la inspiración del Espíritu Santo, y alentados por las vivencias y las experiencias del pueblo escogido y redimido por Yahvé, constituyen el fruto y la fragancia del santuario de Israel.

¿No dice, acaso, lo mismo el autor de Hebreos (11:1-3) cuando señala que «por la fe entendemos haber sido constituido el universo por la Palabra de Dios», dando a entender que la majestad divina, de suyo invisible, se nos manifiesta, sí, por los mundos visibles, pero que nosotros no tenemos ojos suficientemente abiertos, o puros, para poder verla, si primero no son iluminados por la fe? No en vano Efesios 1:18 habla de la iluminación de los ojos del corazón, según los mejores manuscritos.

Los Salmos de naturaleza, y otros textos afines, nos ofrecen una visión creyente de la creación; es decir: por medio de los lentes de la Revelación Especial, el hombre redimido contempla las maravillas de la Revelación General que, gracias a la iluminación que el Espíritu le ha dado a través de aquella Revelación, son ahora evidentes y reveladoras de la gloria de Dios. Ya lo señaló el mismo Calvino: la Revelación Especial es algo así como unas lentes que nos van a permitir leer de nuevo en el libro de la naturaleza y de la historia y, asimismo, abren nuestros ojos a los atributos y propósitos de Dios.

CUESTIONARIO:

1. ¿Por qué nos acusa la Revelación General? — 2. ¿No son los «salmos de naturaleza» una prueba de que el hombre, tan sólo contemplando el universo, es capaz de elevarse hasta el conocimiento de la divinidad? — 3. Explique la doctrina católica sobre la Revelación General según fue expuesta por el Vaticano I (esquema De Fide Catholica).

LECCION 15.ª

LA REVELACION GENERAL (5)

3. ¿En qué sentido podemos hablar de la insuficiencia de la Revelación General?

Al considerar nuestras capacidades naturales, nos damos cuenta de que la Revelación General es insuficiente, porque lo que es finito no puede abarcar lo infinito por sus solos recursos.

Por otra parte, incluso aquello que el hombre logra captar en la Revelación General no le ofrece la respuesta a todos sus grandes interrogantes, pues a lo sumo a que alcanza es a admitir que hay Dios pero no a saber cómo es este Dios y qué es para nosotros.

¿Y cuánto más no nos percatamos de la insuficiencia de la Revelación General si atendemos al hecho trágico, insoslayable, del pecado que se manifiesta como elemento corruptor de la mente y del corazón de todo hombre?

Llegamos, pues, a la conclusión de que la Revelación General es insuficiente para darnos un conocimiento claro, correcto y adecuadamente completo de la Divinidad. ¿En qué sentido, sin embargo, podemos hablar de la Revelación General como de cosa insuficiente?

Hemos de vigilar nuestro vocabulario. La Revelación General no es insuficiente en sí misma, sino por causa nuestra. Tampoco hemos de pensar que es deficiente, ya que la deficiencia está en nosotros.

Comentando Romanos 1:20, Charles Hodge escribe: «Aunque la revelación de Dios en sus obras es suficiente para hacer al hombre inexcusable (siendo esta Revelación General un hecho, no se puede alegar ignorancia ni justificar de ninguna manera la indiferencia frente a Dios), no se sigue de ello que sea suficiente para conducirle, ciego como está por el pecado, a un conocimiento salvador por sí mismo. Lo que Pablo dice de la ley —débil por causa de la carne— esto es: insuficiente por causa de nuestra corrupción, puede también decirse de la luz de la naturaleza, porque aun siendo suficiente en sí misma como Revelación, no lo es considerando la torpeza y el desagrado del hombre por las cosas divinas.»

Tampoco podemos tildar de insuficiente, o deficiente, a la Revelación General por el hecho de que no sepa responder a las cuestiones básicas de la existencia humana (¿De dónde vengo, a dónde voy, etc.?), independientemente de la condición caída de la raza humana. La función de dicha Revelación no fue jamás responder a estos interrogantes, sino simplemente dar algunos indicios de la existencia de Dios para que, movidos por ellos, buscáramos más luz y glorificáramos al Creador. Dado que la Revelación General no ha dejado de ofrecernos nunca estos atisbos por los que llegar a la idea del Creador, el hombre es deficiente y culpable —no la Revelación General—, sin excusa, pero la manifestación del poder divino en las obras de la naturaleza ha seguido dando su testimonio.

La insuficiencia, pues, de la Revelación General no le viene de ella misma, sino de nosotros. Por consiguiente, sería mucho más correcto hablar de nuestra insuficiencia y nuestra deficiencia ante dicha Revelación.

Jamás hemos de disminuir la grandeza y la majestad de dicha acción reveladora del «eterno poder y deidad» que «se hacen claramente visibles desde la creación del mundo». De ahí que este testimonio general de Dios nos acusa y nos condena por no saber apreciar toda la grandeza, la gloria y la hermosura del Creador de una tal creación.

Resumen

1 — Dios debiera ser conocido por medio de la obra de su creación (Romanos 1:19-20. Cf. también: Hechos 14:16-17; 17:27 y ss.).

2 — El hombre, a causa de su condición caída, no acierta a obtener un conocimiento correcto de Dios, antes al contrario pervierte siempre cualquier atisbo de la Divinidad. (Romanos 1:21-25).

1) El pecado pervierte nuestro entendimiento y convierte en ineficaz el testimonio de la Revelación General.

2) El pecado —al pervertir la Revelación General— se hace acreedor a la ira de Dios.

3) La Revelación General es, en el fondo, un testimonio que nos acusa.

4) Los «Salmos de naturaleza» —y otros textos paralelos— no desmienten lo dicho hasta aquí, pues ellos no son el resultado de una mente pagana, sino el fruto que surge del santuario de Israel, iluminado por la Revelación Especial, con la que puede volver a leer de nuevo, y con nueva luz, el testimonio de la Revelación General.

CUESTIONARIO:

1. ¿En qué consiste la insuficiencia de la Revelación General? ¿Es insuficiente «en sí misma» o por causa nuestra?
2. Explique Romanos 1:20. — 3. Resuma la doctrina bíblica de la Revelación General.

LECCION 16.ª

REVELACION GENERAL Y TEOLOGIA NATURAL (1)

Es bien conocida la afirmación de Calvino de que el corazón del hombre es una fábrica de ídolos: «De aquí salió aquella infinidad de errores que llenó y cubrió todo el mundo; porque el espíritu de cada uno es como un laberinto, de modo que no hay por qué maravillarse, si cada pueblo ha caído en un desatino; y no sólo esto, sino que casi cada hombre se ha inventado su Dios. Pues porque la temeridad y el atrevimiento se unieron con la ignorancia y las tinieblas, apenas ha habido alguno que no se haya fabricado un ídolo a quien adorar en lugar de Dios. En verdad, igual que el agua suele bullir y manar de un manantial grande y abundante, así ha salido una infinidad de dioses del entendimiento de los hombres, según que cada cual se toma la licencia de imaginarse vanamente en Dios una cosa u otra».

Mas erraríamos si imagináramos que esto sólo tiene que ver con la idolatría grosera del que llama dioses a las obras de sus manos. Idolatría es no sólo fabricarse dioses falsos, sino adorar falsamente al verdadero Dios o erigir en su lugar cualquier otro Absoluto.

Quiéralo o no, el hombre no puede evitar la orientación «religiosa» de la vida. Se inclina por algún «Absoluto» —sea filosófico, político, místico, etc.— para religarse a él (Religión viene de «religare») fundamentalmente. Incluso el indiferente se suma a un «Absoluto»: el nihilismo, sea consciente o no de ello. Esta relación religiosa se halla en la base de toda acción, todo pensamiento y toda actitud. Los compromisos que pueda tomar el hombre vienen marcados por este concepto religioso, es decir: «Absoluto.» El verdadero problema que se le plantea, pues, no es el de escoger entre religión y no religión, sino entre el Absoluto de Dios y el Absoluto de los ídolos (sean teístas o ateos, para el caso es lo mismo: idolatría siempre).

Hechas, pues, estas consideraciones a la luz de cuanto explicamos en la lección anterior, cabe preguntarnos si es lícita una Teología Natural.

1. ¿Es lícita una Teología Natural?

¿No existe el peligro de que por el camino de la Revelación General lleguemos al concepto católico-romano de la *Teología Natural?* Ya consideramos, en la lección anterior, el énfasis que la teología romana da a las posibilidades de un *conocimiento* natural de Dios, el cual no se deriva de la Revelación Especial de Dios en Jesucristo, sino de la luz natural de la razón, por medio de la cual es dable alcanzar un correcto entendimiento de la Divinidad. Esta corriente teológica fue declarada doctrina infalible en el Concilio Vaticano I, y desde entonces es dogma de fe para los católicos el creer en la posibilidad de un *verdadero* —aunque incompleto— conocimiento de Dios, completamente aparte de la Revelación Especial comunicada en y por Cristo. De ahí se sigue, igualmente, la preocupación por hallar «pruebas racionales» de la existencia de Dios, preocupación cuyo máximo exponente es quizá Tomás de Aquino. Así, Dios no sólo puede ser *conocido* sino *probado* [2] por la sola luz de la razón natural, independientemente de la luz procedente de la Revelación Especial.

Karl Barth vio este peligro y para evitar todo conato de Teología Natural negó la Revelación General. Al obrar

---

2. Cf. Denzinger, ed. 32.ª, n.º 3.538, al comienzo del juramento antimodernista.

así, ¿no partía precisamente del mismo punto de vista que la teología católica? Es decir, ¿no identificaba la Revelación General con la Teología Natural, o, al menos, no presuponía que la una lleva a la otra inexorablemente? Barth olvidó el hecho de que la teología reformada ha admitido siempre la validez de la Revelación General que se manifiesta en las obras de la creación y *al mismo tiempo* ha confesado siempre la necesidad ineludible del conocimiento de Dios por medio de la Revelación Especial en Jesucristo. Ahora bien, con el mismo énfasis ha negado la teología reformada que el hombre pueda llegar, tan sólo con la ayuda de la Revelación General, a un verdadero y correcto conocimiento de la Divinidad, puesto que la enseñanza de Romanos 1 demuestra que el hombre no capta suficientemente dicha Revelación, no la entiende en todo su significado y, finalmente, la corrompe o la niega. El Artículo 2 de la Confesión Belga, por ejemplo, así como la Confesión de La Rochelle (ambas reformadas) y hasta incluso los Cánones del Sínodo de Dort (cánones III, IV 4. etcétera), enseñan la Revelación General de Dios por las obras de la naturaleza, pero no dan pie —antes al contrario, niegan toda posibilidad— a una «Teología Natural» en el sentido católico-romano. Cierto, el hombre —incluso en su estado actual, caído y pecador— se halla rodeado de luz, porque vive en el mundo creado por Dios y sostenido por la Providencia. Pero tiende a oscurecer esta luz de la naturaleza con las tinieblas de su ignorancia y con la oposición que le hace por medio de su injusticia. Lejos de conducir a una exacta comprensión de la Divinidad, la Revelación General nos plantea el problema de nuestra culpabilidad y nos hace ver la necesidad de una Revelación Especial tanto como de una salvación igualmente especial y divina. Aquellos que únicamente han contemplado la Revelación General «tienen el entendimiento entenebrecido, ajenos a la vida de Dios, por la ignorancia que hay en ellos, por la dureza de su corazón....» (Efesios 4:18); el hombre no puede ser tenido por inocente. Su actitud frente al mundo creado por Dios le delata y le acusa.

Así, en contra del «verdadero conocimiento» que Roma supone puede sacarse de una Teología Natural pretendidamente basada en la Revelación General, la Reforma enfatizó la corrupción en manos del hombre pecador de los datos que esta Revelación pueda aportar y su alejamiento progresivo de todo posible correcto entendimiento de Dios; la Reforma tomó igualmente una actitud crítica con respecto a las pretendidas «pruebas» de la existencia de Dios elaboradas por la teología romana.

Es lamentable que Karl Barth no tuviera en cuenta nada de esto. Por consiguiente, aquí —como en otros puntos— su teología no merece el nombre de reformada. Para el teólogo de Basilea no hay Revelación General y así como solamente Cristo es Salvador, asimismo sólo él es revelador. A todas luces, tal concepto se aparta del testimonio bíblico, el cual presenta a Jesucristo como la culminación de la Revelación (Hebreos 1:1-3), pero no como el único Agente revelador. Cierto que Cristo mismo es el que por su Espíritu habló a los profetas y, en este sentido, El es siempre la Palabra del Padre. Pero Barth niega que haya revelación propiamente dicha en el Antiguo Testamento; a lo sumo, tan sólo *señales* que de alguna manera apuntan hacia el futuro en que será dada la única Revelación digna de este nombre. El error de Barth aquí conviene relacionarlo con su deficiente doctrina de la inspiración de la Biblia. Por otra parte, se le escapó el tremendo significado acusador de la Revelación General y su *función* —paralela a la de la ley, según el contexto de Romanos 1 y 2, en donde Pablo reconoce que lo que la Torah hace en los judíos, acusándoles, es lo que las obras de la naturaleza hacen en los gentiles, acusándoles igualmente por su torpeza y su desvarío—, de tal manera que, aunque oponiéndose a los excesos de la «Teología Natural» católica, él mismo cayó en otro extremo erróneo. No comprendió que la Revelación General bien entendida —es decir: bíblicamente comprendida— va siempre acompañada de la realidad del pecado al que señala y denuncia, excluyendo así radicalmente toda posibilidad de Teología Natural. Para negar ésta, no es necesario negar también la Revelación General.

CUESTIONARIO:

1. ¿Cree usted que el corazón del hombre es una fábrica constante de ídolos? — 2. ¿En qué consistió la reacción de Karl Barth frente a la Teología Natural católica? — 3. ¿Cuál fue la reacción de la Reforma? — 4. Señale los equivocos de Barth en lo tocante a la Revelación General.

LECCION 17.ª

REVELACION GENERAL Y TEOLOGIA NATURAL (2)

2. Los peligros que acechan a la Revelación General

Cuanto llevamos dicho, especialmente en relación con Barth, no debe hacernos olvidar que acechan peligros en todo intento de formular una adecuada definición de la Revelación General. Esta amenaza se perfila casi siempre como un ataque —solapado, a veces; inconsciente, otras (tal vez éste sea el caso de la Teología Natural)— a la singularidad y exclusividad de la Revelación Especial. De alguna manera, se trata de minimizar el carácter único de la Revelación de Dios en Jesucristo.

Es un hecho que durante los últimos siglos se ha desvalorizado en muchos sectores la Revelación Especial en aras de una Revelación divina mucho más amplia y general. Esto se hizo evidente en la llamada «escuela de las religiones» en la segunda mitad del siglo xix. Hoy día, con el resurgir del budismo, el islamismo y el interés occidental por las formas orientales del pensamiento y la religión, asistimos a un parecido intento de apelar a una Revelación General en menoscabo de la singularidad y exclusividad de la Revelación Especial. Discernimos esta corriente en ciertos círculos ecuménicos en donde, además, tiene oportunidad de codearse con la Teología Natural católica. El sincretismo de la teología liberal del campo protestante [3] se asocia a un creciente *universalismo* católico que hizo su aparición, más o menos velada, a partir del Concilio Vaticano II, y uno de cuyos máximos exponentes entre nosotros es Raymond Paniker, quien en mayo de 1967 escribía: «En última instancia, toda religión está misteriosamente dirigida a Cristo y éste, sorprendentemente, pero no menos realmente, actúa en cada una de ellas. Todo hombre que vive su religión, aún sin saberlo, está unido a Cristo.» [4] El profesor católico R. Roquer, comentando esta corriente universalista y sincretista, ha escrito: «Todavía es más significativo el síntoma que se transparenta en la preocupación de los grandes teólogos para exponer —como en Rahner y en Küng, por ejemplo— de qué manera es posible la fe en la actualidad. Un cierto «fideísmo» se insinúa en las explicaciones de todos ellos.

Hoy, son muchos los católico-romanos que afirman, enfáticamente, la posibilidad de hallar a Cristo en cualquier religión, porque suponen que la Revelación del Señor ha tenido lugar a través de todas las grandes religiones y hasta incluso en escuelas de pensamiento e ideologías habidas en el curso de la historia. Por supuesto, estas ideas se alejan de las formulaciones clásicas de la Teología Natural, pero, en un sentido, dicha teología hace posible —y hasta prepara el terreno— a un concepto sincretista de la Revelación General que desborda a ésta misma para llegar a la *Religión* (más que a la Revelación) *general* en la que quedan absorbidas, y anuladas, todas las distinciones entre Revelación General y Revelación Especial. Hemos de señalar, además, que el Catolicismo romano ha

---

3. Cf., entre otros, John Macquarrie, *Principles of Christian Theology*, 1966.

4. Revista *Cuadernos para el Diálogo*; cf. el libro de reciente publicación del mismo autor, *Misterio y Revelación*, Ed. Marova, Madrid, 1971.

alimentado, en el curso de su devenir histórico, toda una serie de gérmenes que, tarde o temprano, tenían que llegar al punto en que nos encontramos actualmente. Fue precisamente al considerar estos elementos de la teología católica que Karl Barth —anhelando curarse en salud— colocó el énfasis en el extremo opuesto con las consecuencias que ya hemos estudiado. Sin embargo, hay mucho de verdad en las advertencias y temores del teólogo suizo. Afirmaba él que la historia de la Iglesia y de la teología demostraban que allí donde se ha aceptado una *segunda* fuente de conocimiento de Dios —por ejemplo, Escritura y Tradición, Escritura y Razón o Escritura y Emoción— se ha terminado siempre con la devaluación de la primera fuente. Es innegable que la Tradición (Roma) ha hecho sombra a la Escritura y también que la razón y la emoción (racionalismo y subjetivismo) han anulado práctica y teóricamente el valor y el impacto de la Revelación de Dios en Jesucristo. Concretándonos al campo católico-romano, ha habido siempre una cierta fluidez en sus conceptos de Revelación, y así el camino ha quedado abierto para esta amplitud y vaguedad modernas que facilitan el camino al universalismo sincretista.

Por otra parte, la soteriología católica —particularmente, a partir de Trento— al poner el énfasis en las «obras», más que en la gracia, ha impulsado igualmente ciertos conceptos que sirven de combustible a cualquier posible sincretismo. Entre estos conceptos descuella lo que se ha venido diciendo y enseñando tocante a la salvación de los paganos: «Si uno ha obrado bien —se afirmaba— y según su conciencia, aunque no conozca a Cristo, será salvo.» Si es el hombre con su esfuerzo lo que determina la salvación y aparte de la gracia de Dios que no se niega en teoría, pero se enfatiza en la práctica, ¿qué más da si este «esfuerzo redentor» se realiza en un contexto «cristiano» o no?

Soteriología y Revelación van estrechamente unidas. No podemos minimizar una sin menoscabar a la otra. Allí donde la singularidad, y exclusividad, de la Revelación Especial recibe debida atención, queda, asimismo, salvaguardada la «Sola Gratia». De ahí que ésta recibe todo su apoyo y garantía solamente allí donde la «Sola Scriptura» —el registro de la Revelación Especial única— es no sólo un principio sino un motor vital de la fe.

CUESTIONARIO:

1. ¿Qué opinión le merece la cita de Raymond Pániker?
2. Explique las modernas corrientes neo-sincretistas y universalistas del catolicismo romano a partir del Vaticano II.
3. ¿En qué sentido la soteriología católico-romana tradicional ayuda al sincretismo moderno?

LECCION 18.ª

REVELACION GENERAL Y TEOLOGIA NATURAL (3)

En nuestros días, ni el Evangelio —ni mucho menos la Biblia entera—, ni la manifestación histórica de Jesucristo en Palestina hace dos mil ·años, pueden ser ya considerados para muchos como la Revelación Especial de Dios a los hombres, en medio de su historia «una vez por todas». No se quiere tildar a las demás religiones de «creencias falsas» (cf. trabajos de R. Pániker citados), sino que más bien existe el deseo de estudiarlas con relación a una Revelación General amplia y opuesta al exclusivismo de la Revelación Especial cristiana. La confesión que durante siglos ha brotado de las mentes y de los corazones cristianos en el sentido de que la Revelación Especial es algo único que nos ha sido entregado dentro del cauce de la historia de Israel, en la persona de Jesucristo y en el testimonio que acerca de Cristo dan las Escrituras del Antiguo y Nuevo Testamento, tal confesión viene siendo criticada en aras de una supuesta Revelación «general» que ya no tiene nada que ver con la Revelación General bíblica enseñada por la teología reformada. No es de extrañar. Aquel que constituye el centro de la Revelación Especial —Jesucristo— ha sido igualmente reducido a una imagen vaga y difusa compuesta en los laboratorios de la pseudoteología liberal, universalista y sincretista, que nos deja un «cristo» irreconocible y del todo punto distinto del Cristo histórico de los Evangelios y las Epístolas.

Estos conceptos casan bien con la moda ecuménica moderna, pero plantean muchos más problemas de los que pretenden resolver. Sus apoyaturas —confesadas o no— filosóficas les han sido prestadas por el existencialismo; ahora bien, de la misma manera que el existencialismo está llevando al nihilismo en el campo filosófico, así este universalismo sincretista abocará finalmente en las negaciones más desesperadas.

Cuando se nos dice que todas las religiones contienen elementos que delatan la presencia de Dios, ¿quién es capaz de señalar con precisión en dónde se hallan los mismos y cuáles son exactamente? ¿Qué norma, qué criterio debe guiarnos en esta investigación si nos hemos desprendido de todo concepto de Revelación Especial, clara y con autoridad suficiente para ser luz en la búsqueda de la luz?

A la exclamación del salmista: «*En tu luz veremos la luz*», el moderno sincretismo universalista parece oponer: «En nuestras tinieblas, y a partir de ellas, esperamos ver la luz, algún día.»

3. Los "destellos de luz" ajenos a la Revelación

Rechazar la Teología Natural católica, no admitir las modernas corrientes sincretistas y permanecer fiel al testimonio bíblico sobre la Revelación General, tan acertadamente explicitado por la teología reformada, no significa que hayamos de considerar a todas las «religiones» y «todas las escuelas de pensamiento» como total y completamente falsas. Es posible que haya destellos de luz en algunas de ellas; pero se trata de luz muy opaca y muy rara. Se trata de luces que van apagándose y aun allí donde parecen haber conservado más brillo van siendo ofuscadas por la suciedad y el polvo de siglos que la corrupción humana arroja sobre ellas.

La Revelación Especial es la piedra de toque para examinar todo pensamiento y llevarlo cautivo a Cristo (2 Cor. 10:5). Solamente con la luz de la Revelación divina podremos discernir, no los vestigios de revelación que pudiera haber en otra parte, sino la clase de respuesta que el hombre está dando desde su particular situación en un mundo dado.

Los «destellos de luz» que pudiéramos encontrar en alguna parte que no sea la Revelación Especial de Dios, no son luces de revelación. Hemos de subrayar este punto muy enfáticamente, pues de lo contrario negaríamos la singularidad y exclusividad de la Revelación Especial en Israel y en Jesucristo. Estas luces son la clase de respuesta que el hombre da a la Revelación General que se le manifiesta por las obras de la naturaleza y por la historia, así como en su conciencia.

Nadie tan bien como G. C. Berkouwer ha explicado este punto: «El hombre no está situado en un mundo sin sentido en el cual ninguna voz llega hasta él. Por el contrario, frente al nihilismo hemos de afirmar que la vida humana tiene un *carácter de respuesta*. Aunque el hombre no sea consciente de ello, toda su vida *es* una respuesta, una contestación a los más profundos aspectos de su religión. Esta religión no es un instinto automático que surge de las profundidades del corazón humano, sino que más bien constituye la *respuesta depravada* a la Revelación General de Dios. Revela en innumerables variaciones la desazón y la inquietud del corazón, el cual no halla descanso hasta que descansa en Dios, según el dicho de Agustín.»

Lo trágico de la existencia humana es que, cayendo más bajo en el abismo de su propia destrucción a medida que se aleja de Dios, a veces *la respuesta* va cargada de desesperación y terror, como aquel grito de Pascal antes de su conversión: «El silencio eterno de los espacios infinitos me aterra.» Es decir: el hombre puede llegar —y hoy más que nunca está llegando a este punto— a ser totalmente ciego ante el espectáculo de la naturaleza y su ceguera le impide constatar ni siquiera la más mínima huella de Dios en la creación, de tal manera que la Revelación General es totalmente inoperante en él. Volvemos a lo expuesto en la lección anterior: esto no hace insuficiente la Revelación General *per se*, no la denuncia como cosa deficiente, antes al contrario denuncia nuestra deficiencia y nuestro pecado. Porque nuestra ceguera constituye la única respuesta que, para vergüenza nuestra, somos capaces de ofrecer ante la Revelación General.

Es, pues, en términos de esta *respuesta* deficiente a la Revelación General que, queramos o no, estamos dando a lo largo de toda nuestra vida, como hemos de interpretar la existencia y el contenido de todas las religiones, así como de todas las filosofías y todas las ideologías habidas y por haber.

4. La gracia común

No hemos de olvidar, por otra parte, la obra de lo que los teólogos llaman la «gracia común». Esta «gracia común» opera por medio de todos los elementos de la Revelación General (las obras de la naturaleza, la conciencia del individuo, el devenir histórico), la acción de la Providencia y el testimonio del pueblo de Dios («sal y luz en el mundo»), con lo que el mundo, y los hombres, no alcanzan el grado de perversión a que llegarían en el caso de que Dios los dejara a su suerte. De ahí que cuanto haya de bueno en las demás religiones, en las ideologías no religiosas, en la ética y en las costumbres de los distintos pueblos, hemos de verlo como el resultado de dicha gracia común y no como una prueba de la posible «parte de verdad» que encierra este o aquel sistema de fe o de pensamiento.[6]

Citamos de nuevo a Berkouwer: «A pesar de las tendencias hacia el nihilismo, el hombre moderno evidencia un continuo, y a veces violento, interés por el mundo. En muchos casos, este interés por la creación no significa interés por el Creador de cielos y tierra. El cosmos se encuentra aislado del Creador, separado de él. Pero ni

---

6. Cf. Henry Meeter, *The basic ideas of Calvinism*. Existe edición española con el título *La Iglesia y el Estado*, T.E.L.L., Grand Rapids, 1968.

la erudición, ni el arte de estos hombres han echado todavía totalmente de lado lo que la fe considera como la obra de las manos de Dios. Y si la Revelación de Dios en Jesucristo abre los ojos, entonces este aislamiento del cosmos con respecto al Creador que es característico de la mentalidad del hombre moderno, se quiebra y es superado porque la vida en el mundo se convierte en el *servicio* de Dios y del prójimo. Entonces se nos revela, una vez más, el significado de la vida y del mundo. Se le da así al creyente el poder de la promesa que un día será cumplida.»

Todas las insuficiencias de nuestro lenguaje han de ser trascendidas por la *adoración* y la *alabanza,* según el consejo del sabio teólogo holandés que acabamos de citar. Comprenderemos entonces de qué manera tan firme la relación entre Revelación General y Revelación Especial se conectan con nuestra *culpa* y nuestro *alejamiento* de la multiforme verdad de Dios.

Consecuentemente, en todas nuestras consideraciones acerca de la Revelación General y, mayormente, al meditar en las distinciones que la hacen diferente de la Especial, hemos de ser muy cuidadosos de que no se pierda de vista la perversidad del hombre que tiende inexorablemente a corromper el primer testimonio divino dado en las obras de la Creación. No comprenderemos jamás ni el *alcance* ni la *función* pedagógica de la Revelación General si olvidamos la perspectiva dentro de la cual la sitúa el texto bíblico (Romanos 1): una perspectiva bajo la acusación de la ira de Dios.

CUESTIONARIO:
1. ¿Qué es la «gracia común»? — 2. ¿De qué manera la gracia común puede explicar cuanto queda de «bueno» en el mundo? — 3. ¿Reporta mérito para el hombre lo «positivo» que todavía es posible ver en el mundo? — 4. ¿En qué sentido podemos hablar de «destellos de luz» fuera de la Revelación Especial? — 5. ¿Cómo define Berkouwer la respuesta que el hombre da a la Revelación General?

LECCION 19.ª

LAS RESPUESTAS DEL HOMBRE A LA REVELACION GENERAL: LAS GRANDES RELIGIONES

Una objeción que, a menudo, se le hace al Cristianismo consiste en hacer alusión a todas las demás *grandes religiones*, las cuales —se dice (y casi nunca con conocimiento de causa)— también tienen sus propios «libros sagrados», sus «biblias». Estas reacciones —que pretenden ser objeciones— casi siempre delatan o bien *ignorancia del Cristianismo* o *ignorancia de las otras religiones*. En muchas ocasiones, ignorancia de ambas cosas.

Será conveniente, pues, tener algún conocimiento de las demás creencias para poder proclamar las pretensiones *únicas* de la Revelación bíblica y de Cristo.

SISTEMAS RELIGIOSOS DE LA INDIA (1)

1. Brahmanismo (o Hinduísmo)

Es un conjunto de doctrinas filosófico-religiosas de tendencia panteísta, a partir de las cuales se ha desarrollado el «Hinduísmo», que, más que una filosofía o una religión concreta, es una cultura sincretista basada en las compilaciones védicas y en textos posteriores *que adquirieron luego* el rango de «sagrados».

A) *Fechas:* el núcleo originario de estas enseñanzas se remonta alrededor del 1500 antes de Cristo.

B) *Historia bíblica contemporánea:* Israel en Egipto, poco después del gobierno de José, bajo Tutmosis III de la XVIII dinastía egipcia.

C) *Textos «sagrados»:* Los llamados «VEDAS» —el «Rig-Veda» (Saber de los cánticos), el «Sama-Veda» (Saber de los cantos), el «Yajur-Veda» (Saber de los sacrificios) y el «Atharva-Veda» (Saber de las fórmulas mágicas). Sólo el «Rig-Veda» es del 1500 a. C. y su contenido es muy distinto de los demás; pertenece a un período en que los arios todavía no se habían adentrado mucho en las nuevas tierras que estaban invadiendo. Es más optimista que la tradición posterior y es muy «naturalista»; rezuma ansias de vivir, abundancia de bienes, de placeres, es poco metafísico y todavía no contiene idea de la transmigración, concepto básico del brahmanismo y el hinduísmo posteriores. Los himnos del Rig-Veda se dedican a «divinidades» que no son más que personificaciones de los fenómenos de la naturaleza.

Los «Vedas» dan testimonio de cómo en la India se reflexionó para comprender «la realidad» según los conceptos en boga en aquel tiempo no sólo en la península indostánica sino en muchas otras regiones. Comprobamos que existe una afinidad entre el naturalismo animista-politeísta de los cananeos, los asirios, los babilónicos y aun los egipcios y las «filosofías» o «modos de ver la realidad de los poetas védicos».

El hombre védico vivía inmerso en un universo sagrado. No establecía diferencia entre lo animado y lo inanimado. Sentíase rodeado por potencias extrañas que podían ayudar o dañar. Tras cada fenómeno se ocultaba un «espíritu» o un «dios». Lo absoluto —el *Brahman*— es algo muy distinto de lo que nosotros entendemos por Dios; es algo neutro e indeterminado que se manifiesta de manera triple: *Brahma* (principio masculino), agente creador; *Vishnú*, principio restaurador, y *Shiva*, principio destructor. Estos principios aparecen personificados —pero la personificación es *un modo* de explicar y nada más—

100

y se les representa como humanos, o en formas animales, casados y con hijos, etc. A *Shiva* se le dan «aspectos femeninos» bastante a menudo y se la denomina «*Kali*», unas veces; otras veces esta potencia femenina aparece como «diosa» de hermosura (*Umá*) o bien como perversa «bebedora de sangre» (*Durgá*). En un solo capítulo del libro «Shiva-Purana» se mencionan mil ocho nombres diferentes atribuibles a este «dios» o personificación de las fuerzas naturales.

En las compilaciones realizadas por la casta sacerdotal —brahmanes— se aprecia una creciente exaltación del rito hasta el punto que los dioses (como en los cultos cananeos) [7] quedan subordinados a la eficacia del sacrificio y las fórmulas rituales. Se conjuran palabras mágicas con poder cósmico. Las meditaciones de los brahmanes constituyen los «Upanishads», otro grupo de textos «sagrados».

---

7. Las características neo-panteístas de la religión cananea y asirio-babilónica difunden una corriente parecida en muchos aspectos al primitivo hinduísmo.

La religión cananea era una especie de politeísmo naturalista, o panteísta. Veamos sus rasgos más característicos:

Los dioses son la *expresión* múltiple del ciclo repetido de las estaciones, o procesos naturales, y vienen así *personificados* por los espíritus que se creía estaban detrás de cada una de las fuerzas y eventos de la naturaleza.

Los dioses eran parte de esta misma naturaleza (de ahí un cierto panteísmo incipiente que se desarrolló plenamente en Oriente —India, sobre todo—) y constituyen fuerzas mayores, superiores, aunque no radicalmente distintas del hombre.

Los dioses son fuerzas parecidas entre ellas, pero por lo general *enemistadas*. Unos dioses pelean contra otros. El hombre define a los que le son contrarios como demonios.

El culto cananeo se basaba en ciertas ideas sobre la eficacia *mágica* de la repetición de signos, y gestos, para promover una cierta realidad que se anhelaba.

El culto significaba ponerse al lado de unos dioses para *ayudarles* a vencer el caos de otros dioses-demonios que quieren destruir el orden cíclico de las estaciones y regularidad de la naturaleza (cf. 2.ª Crón. 11:15).

La exuberancia de dioses, genios y espíritus proliferó hasta el paroxismo y como reacción esclarecedora, en el siglo XI después de Cristo, surge la escuela «monista» que asevera que sólo Brahma existe y lo demás es apariencia y engaño. Este sistema recuerda bastante la filosofía de Spinoza de signo panteísta. La evolución del brahmanismo es constante, dado que es *sistema altamente sincretista*. Todavía hoy está en continua adaptación doctrinal. Es imposible, por otro lado, hablar de uniformidad teológica o filosófica, pues el hinduísmo escapa a la sistematización y es un mosaico contradictorio de creencias y supersticiones.

La definición más simple sería la que presentaría el brahmanismo como *panteísmo*, es decir: «Dios es el todo, todo es Dios.» Las cosas y las personas no son más que expresiones de Brahma: el mal es tan divino como el bien.

El culto, por ejemplo, daba mucha importancia a la recitación de relatos como el de la creación (tal como consta en las tradiciones cananeas), lo cual constituía una manera de ponerse al lado de los dioses contra los demonios. Repetir el relato de la creación era mantener su realidad y todo lo que ella significaba.

El culto representaba una manera de explicar el misterio de la vida, según los conceptos cananeos. Era una explicación mitológica y naturalista.

El culto obligaba, además de la recitación y ciertos ritos, a practicar actos y gestos en correspondencia con los hechos y actitudes de los dioses. Esto llevó a prácticas tan soeces como la «prostitución sagrada» (tan fustigada por los profetas de Israel). Se creía que había dioses masculinos y diosas femeninas. Y la unión de ambos, unión sexual, era la que movía a la fertilidad de la tierra y los ganados. Dependía de la unión sexual de los dioses la fertilidad del universo. Así, los cananeos se entregaban al rito de la prostitución sagrada, con lo cual pretendían dar culto a sus dioses y coadyuvar a la mejor marcha y progreso de su civilización. Esta prostitución creían acarrearía más fruto y ganado y traería «bendición» tal como la entendían ellos (cf. 1.ª Reyes 14:24), es decir: traería fertilidad en todos los órdenes de la vida y del universo.

En lo tocante a Revelación el brahmanismo tiene, hoy, «textos sagrados» pero no una Revelación divina. La misma idea de revelación es absurda para la mentalidad brahmánica si «todo es divino». Considerados desde el punto de vista literario, los documentos védicos más antiguos no son más que poemas que tratan de expresar el concepto que del cosmos tenían gentes primitivas. Se contradicen con los escritos posteriores y todos juntos son el producto de unos hombres que tratan de explorar «la realidad del universo» tal como ellos la conciben. Pero, estrictamente hablando, el brahmanismo (o el hinduísmo) no tiene revelación. Porque tampoco tiene Dios.

2. Consecuencias y frutos del brahmanismo:

1.º El panteísmo teórico conduce siempre al politeísmo práctico popular (Bruce).

2.º La ética se convierte en indiferencia e insensibilidad (un tipo de estoicismo). Todos estamos solos y la única esperanza es desaparecer fundidos en lo absoluto, por medio de sucesivas reencarnaciones. El brahmanismo frena el progreso.

En contraste

La Revelación de Dios dada a los israelitas es diametralmente opuesta a todos estos conceptos:

Es la fe en Yahvé, Espíritu puro, trascendente y creador del mundo y del hombre.

Dios no es la naturaleza. Es su Creador. Está por encima de ella.

La regularidad de las estaciones no es un ciclo que fuerza a obrar a Dios, que le obliga, sino que, por el contrario, depende de él (Génesis 8:22).

Dios es Espíritu trascendente. Las imágenes son vanidad y cosa inútil.

Culto: hace bien al hombre en primer lugar. No ayuda a Dios, que no lo necesita para sí, sino que lo propone al hombre para el bien del hombre. Aunque éste debe vivir para promover la gloria de Dios.

El gran poder de Yahvé: Exodo es un evento *histórico*, sobrenatural. Dios irrumpe en la historia y se da a conocer.

Los profetas acusaron el culto de Bethel y Dan (en el reino del Norte, Israel), denunciando que, si bien era hecho en el nombre de Yahvé, era un culto sincretista y que llevaba inexorablemente al

3.º En su afán sincretista adopta todas —o casi todas— las demás creencias y supersticiones. Incluso quiere asimilar el cristianismo, pero con la condición de que Jesucristo no sea divino en exclusiva, que la Biblia no sea revelación única, que el pecado no sea reprochado en términos tan tajantes y que la justicia no sea exigida de manera tan absoluta.

4.º Como subproductos del brahmanismo (y también del budismo) cabe destacar: ocultismo, yoga, espiritismo, teosofía, etc.

Resumen

El hinduísmo es una religión sin Dios personal y sin Revelación especial. Es producto de reflexiones humanas contradictorias, sin sanción sobrenatural ninguna.

CUESTIONARIO:
1. Explique los postulados básicos del hinduísmo. — 2. ¿Cómo definiría el neo-panteísmo —naturalista y animista— que se da tanto en las religiones cananeas como en la India? — 3. ¿Qué proceso siguieron los Vedas hasta llegar a ser libros «sagrados»? — 4. ¿Cuáles son los frutos del hinduísmo?

paganismo. Yahvé era reducido, con el tiempo, a otro Baal (2.ª Crón. 33:16; 1.ª Reyes 14:9: Yahvé es «como otros dioses»).
A modo de ejemplo veamos algunos textos ilustrativos de la degeneración del culto bajo el rey Jeroboam:
1.ª Reyes 12:33 — El rey-sacerdote (concepto típicamente cananeo y pagano), prohibido por Dios.
   12:32 — La fiesta de la primavera conmemoraba entre los cananeos el nacimiento de la vida, la fertilidad de los ciclos de la naturaleza, conservados del caos por los ritos sagrados.
   Los israelitas olvidarían pronto que la Pascua no es fiesta natural sino histórica. De ahí que las reformas de Josías y Ezequías dieran importancia a la pureza de la celebración de la Pascua.
Oseas denunció la prostitución sagrada. Y usó la idea del amor de los dioses, aplicándola correctamente al amor de Dios por su pueblo.
Todos los profetas atacaron la «prostitución sagrada», baales, altos y el falso culto a Yahvé dado bajo formas cananeas.

LECCION 20.ª

LAS GRANDES RELIGIONES: EL BUDISMO
SISTEMAS RELIGIOSOS DE LA INDIA (2)

1. El Budismo

El *Budismo* es una reflexión brahmánica más. Buda protestó contra algunas cosas que no le parecían bien del sistema tradicional de su país: el régimen de castas, la ascesis excesiva de algunos eremitas, etc. Pero conservó las ideas brahmánicas fundamentales.

A) *Fechas:* El príncipe ario Sidarta Gautama Buda (el «Iluminado» —tal es el sentido del vocablo «Buda» que se le añadió a su nombre después—) vivió en el siglo VI antes de J.C., entre 567 y 487, siendo así contemporáneo de Pitágoras y de Nehemías. Puede decirse que ya estaba en formación desde hacía más de seis siglos el canon del Antiguo Testamento que muy pronto iba a quedar completado.

B) *Textos «sagrados»:* Durante muchos siglos las enseñanzas de Buda —y lo que pasaba por tales— fueron transmitidas mayormente por la tradición oral. Muy pocos escritos, o textos, se remontan siquiera a un siglo después de Buda. Sólo cien años antes de J.C. fueron puestas por escrito las enseñanzas de Buda en Ceilán. El texto más antiguo —*Anguttara Nikaya*— data de más de un siglo después de la muerte de Buda y toda la literatura posterior es mucho más moderna. El llamado «*Canon sánscrito*», que constituye el libro sagrado del Budismo en Tibet, Corea, Japón y algunas regiones chinas, fue compuesto entre el primero y segundo siglos *después* de Cristo. Y las «posteriores "sutras" del mencionado canon, aunque puestas en boca de Buda, son claramente la obra de mentes que vivieron entre 500 y 1.500 años después de la muerte de Buda» (Ch. Humpreys, *Buddhism*).[8] En estos escritos posteriores se observa una creciente introducción de elementos milagrosos en la vida de Buda, y es evidente que muchos de los paralelos con la vida de Cristo no son más que copia del cristianismo (en este sentido fue escandalosa la «imitación» de los Evangelios que emplearon los realizadores de un filme sobre la vida de Buda exhibido en todo el mundo, pero muy particularmente en Asia con fines propagandísticos y con deseo de adoptar lo máximo posible del Fundador del cristianismo).

C) *El sistema budista:* Mucho de lo expuesto en el estudio sobre el Brahmanismo sirve también para el Budismo, ya que éste es una meditación hecha a partir de los conceptos básicos del Hinduísmo.

El Anuario Budista de Ceilán define así esta religión o ideología «Esa religión que sin comenzar con ningún Dios conduce al hombre a una esfera en la que la ayuda de Dios ya no es necesaria.»

Buda era básicamente politeísta. No negaba la existencia de los «dioses» —como manifestaciones, según vimos en el estudio sobre el Hinduísmo, de la religión cósmica—, pero los consideraba básicamente como seres superiores o realidades más altas de existencia a las que él mismo, Buda, podía alcanzar y a las que, al final de sus días, se creía capaz de enseñar de igual a igual. Pero, como explica Junjiro Takakusu de la Universidad de Tokio, «Buda no era más que un hombre. Como hombre enseñó a los demás hombres para que hicieran como él. Aunque el pueblo lo

---

8. Citado por Edwin M. Yamauchi, *Historical notes on the incomparable Christ*, «Christianity Today», octubre 22, 1971.

considera un super-hombre, él jamás se tuvo por tal». Lo que ocurre es que, guiado por su politeísmo —tildado de ateísmo por muchos—, Buda trató incluso a Brahma con fría displicencia. Es lógico, si «todo es Dios y Dios está en todo», ¿qué diferencia puede haber entre unos seres y otros?

En el fondo, lo positivo tanto del budismo como del brahmanismo son los elementos psicológicos que denotan una perspicacia en la introspección y comprensión de ciertos estados de la psique. Pero, menos todavía que los brahmanes, Buda no se interesaba por los grandes problemas filosóficos y menos los teológicos. Consideraba vano tratar de averiguar el origen y el fin de las cosas y los hombres. «Nuestras reglas no dependen —al parecer afirmó— de que el mundo sea eterno o no, o de que existamos o no después de la muerte.» Ni siquiera intentó reflexionar sobre los orígenes del universo.

Nacido en el seno de una familia de la nobleza, Sidarta Gautama sufrió una impresión tremenda al contemplar el espectáculo del sufrimiento humano. Le impresionaron las condiciones en que encontró cierto día a un viejo, un enfermo y un cadáver que iba a ser incinerado. ¿Qué incentivos puede ofrecer la vida si todo concluye de esta manera? A partir de aquel momento se puso a meditar y a practicar el ascetismo. Al cabo de seis años se creyó «iluminado» (Buda), habiendo llegado a la conclusión de que lo único importante es alcanzar el «Nirvana», no mediante las mortificaciones excesivas de los brahmanes, sino por medio del llamado «Camino Intermedio», para el que ofreció 8 reglas: 1) la contemplación recta; 2) la vigilancia mental recta; 3) el esfuerzo recto; 4) modo recto de ganarse la vida; 5) la conducta recta, a base de ciertos preceptos; 6) el lenguaje recto; 7) la intención recta; 8) el conocimiento recto, después de lo cual conviene adentrarse por el camino de la «duhkhanirodha» (supresión del sufrimiento) antes de la reencarnación que nos espera después de la muerte, mediante el «karma», o catalizador de otras existencias si es que no pasamos directamente al Nirvana. (Cf. doctrina de Cristo: «En la casa de mi Padre muchas moradas hay....» Jn. 14:2.)

D) *¿Qué es el Nirvana?* El Nirvana es el final del deseo, el término de conflictos, cambios y destrucción. «El Nirvana no es pasado, ni presente, ni futuro, no se produce ni se puede producir.... existe, es.» El Nirvana se parece al Tao de Lao-Tsé, del que nos ocuparemos más adelante. El Nirvana era concebido por Buda como el fundirse en lo absoluto, el identificarse con «todo» de manera total. Al acabar su sermón de Benarés, exclamó Buda: «¡Esta es mi última existencia! ¡No hay reencarnación para mí!» Esto era el Nirvana; apagar, extinguir la personalidad, acabar con el Yo.

Todos los males vienen, según Buda, de la afirmación del Yo, del creer en la personalidad y en el alma individual. Hay que destruir el YO, la personalidad, la conciencia del ser diferenciado. Traspuesto a nuestro lenguaje diríamos que el gran pecado estriba en el YO, en lo personal. Porque todo lo finito es defectuoso y el YO es finito. Sólo lo infinito es perfecto. Pero de estas ideas no deduce Buda ninguna teología (esto sería tarea de sus discípulos y sucesores) sino unas normas pseudo-psicológicas mediante las cuales acabar con el dolor. Hay que despreciar todo lo individual y finito: «No llores ....le dijo a un discípulo suyo cuando estaba agonizando...., ¿no te he enseñado a separarte de lo que amas? Todo lo que existe es un concepto que debe disolverse.... Persevera y te verás libre de esta sed de vida....» El amor, el matrimonio, los hijos, la amistad, etc., todo debe ser despreciado, según Buda ejemplarizó abandonando a su familia —luego que su esposa había dado a luz un hijo— y convirtiéndose en un asceta. El budista perfecto debe estar dispuesto siempre a morir; pensando en la reencarnación puede sentir lástima del hambre que sufre un tigre y darse a él para ser devorado.

¿Metas del budismo? La primera y fundamental es

huir de la realidad. Considero el budismo como una suprema alienación, pese a todo lo positivo que pueda tener en esferas secundarias.

Un historiador escribe: «El relato de las últimas horas de Buda demuestra que conservó hasta expirar la dignidad de *sabio* —o iluminado— sin pretender que le reconocieran por santo o profeta»; y añade: «después de la muerte de Buda empezaron las disputas teológicas, el culto de sus imágenes y reliquias y se procedió a la divinización del fundador del budismo. La leyenda de Buda, tal cual la cuentan hoy la mayoría de sus adeptos, es algo diferente de la sencilla historia....».

El mismo historiador asevera: «La primera compilación de las doctrinas de Buda ha llegado ya hasta nosotros mezclada con gran cantidad de materiales extraños.»

Otro historiador precisa: «No hubo nada de milagroso ni heroico en la vida de Buda. Menos aún en su muerte: el Buda murió de una indigestión, por haber comido arroz con cerdo, cuando ya tenía más de ochenta años. Un hecho tan prosaico, no cabe duda, ha de ser rigurosamente cierto, sobre todo teniendo en cuenta que muy pronto los budistas adoptaron una rígida dieta vegetariana.» El Buda murió como un maestro, no como mártir y menos como salvador.

Al igual que el brahmanismo, el budismo se convirtió pronto en religión. La imposibilidad de satisfacer el corazón con un sistema —abierta o camufladamente— ateo se ve en el hecho de que después del fallecimiento de su fundador, el budismo hace de su maestro un «dios» y lo convierte en objeto de adoración. En muchos aspectos el budismo regresó al brahmanismo del que había salido y, al igual que éste, hizo proliferar el politeísmo panteísta popular, las supersticiones y la idolatría. En los «textos sagrados» escritos durante estos siglos posteriores a Buda se describe a éste ejecutando gran número de milagros, con la finalidad de *despejar las dudas que los dioses* (más que los hombres) pudieran tener acerca de su misión.

E) *El budismo Zen.* En las capas más cultas el budismo sufrió evoluciones más sutiles y refinadas, exactamente como ya venía ocurriendo también con el brahmanismo. Es de estos sectores de donde surgió el «yoga» entre los brahmanes y de donde proliferan diversas escuelas budistas. Entre ellas cabe destacar el llamado «budismo zen» que, hoy, cobra nuevo auge en Occidente. El Budismo Zen entronca entonces con las corrientes culturales del «absurdo» y alimenta a muchos sectores del movimiento «hippie». Teitaro Suzuki, maestro moderno de la doctrina Zen, señala que es imposible definir lo que es el «zen», puesto que no se trata de ninguna religión, de ninguna filosofía, ni siquiera de una doctrina. Prefiere definirlo como una «experiencia» que tiene sentido en sí misma, subjetivamente, con lo que enlaza aquí con la filosofía existencialista de Heidegger. Al hombre se le compara como a una gota de agua que cae en el mar sin que proyecte ninguna onda sobre su superficie, siempre inmóvil. Todo es absurdo y sólo la espontaneidad es de algún valor.

F) *El sentido misionero del budismo.* A diferencia del brahmanismo, el budismo es proselitista. Tal carácter, al parecer, se lo dio su propio fundador. Esto explica su auge actual no sólo en Asia sino en Occidente también.

2. Consecuencias y frutos del budismo

Pueden aplicársele al budismo los cuatro puntos con los que describimos los frutos del brahmanismo.

Una cierta diferencia con el Hinduísmo se da en que éste busca la extinción de la personalidad mediante un tipo de contemplación más pasiva y con mortificaciones corporales más intensas, mientras que el budismo se ayuda de formas más activas y refinadas. La vida monacal constituye también una reserva de activistas con gran influencia social.

La «salvación» que ofrece el budismo no es del pecado, sino de la voluntad de vivir congénita en el «Yo». Así como el cristianismo extermina el pecado y salva al pecador, Buda propone salvar exterminando al hombre. El método «infalible» de curar una enfermedad es matar al enfermo....

No hay tal cosa como «salvación personal», sólo escape de la existencia.

El budismo es fundamentalmente un ateísmo adaptado a la mentalidad asiática. Desconoce la idea de un Dios personal y una Revelación especial.

El budismo deja al hombre a sus propias fuerzas y recursos. Se cuenta que, al agonizar, Buda enseñó: «Sed lámparas a vosotros mismos. No os acojáis a ningún refugio externo. Asíros de la verdad como de una lámpara.» ¿A qué verdad, preguntamos nosotros? ¿A la que cada cual ha de fabricarse a su antojo y capricho? Esto es alienación y suicidio. Mas, ¿qué otra es la meta del «Nirvana»?

Frente al Budismo, la Biblia permanece como *la Revelación única de Dios a los hombres.*

CUESTIONARIO:

1. ¿Qué es el budismo? — 2. ¿Cómo se originó? — 3. ¿Cuáles son los elementos más positivos del budismo? — 4. Defina el «Nirvana». 5. ¿Cuáles son los frutos del budismo?

LECCION 21.ª

LAS GRANDES RELIGIONES: EL CONFUCIANISMO
SISTEMAS RELIGIOSOS DE CHINA (1)

1. Confucio (551-478 a.C.)

Fue contemporáneo de Buda y como él representa una reacción para superar el sacerdotalismo estéril de su tiempo que practicaba toda suerte de supersticiones animistas.

A) *Contemporáneos bíblicos:* Los profetas Haggeo y Zacarías, bajo el reinado de Darío I de Persia.

B) *El mensaje de Confucio* no representa ninguna filosofía, y menos todavía una aportación «religiosa». Confucio fue básicamente un *moralista.* Lo que le interesaba, por encima de toda otra cosa, era ordenar *la relación del hombre con el hombre* y en este sentido su pensamiento tuvo gran influencia social, política y jurídica. Pero Confucio no aportó nada al problema de las relaciones del hombre con Dios, cuestión que jamás se planteó como problema. Pese a gran número de máximas morales muy positivas, jamás prescribió el amor a Dios.

Mientras en Occidente el pensamiento greco-latino trata de explicar el mundo por medio de la filosofía, los chinos, al igual que los hindúes, insatisfechos de las supersticiones y prácticas sacerdotales de su tiempo—, escépticos incluso en cuanto a las posibilidades de la razón para comprender el universo y lo infinito—, se entregan a la búsqueda de modos de vida: cómo vivir en este mundo de dolor (Buda), y cómo vivir en sociedad (Confucio), según normas de disciplina y moral.

En la China de su tiempo no había ningún credo sistematizado sobre la creación ni sobre la divinidad. Ni siquiera existía algo parecido a la creencia brahmánica de la reencarnación. Pero había muchas tradiciones y supersticiones. Confucio sentía un gran respeto por el pasado. Su tarea consistió sobre todo en sistematizar lo que creyó mejor de las viejas costumbres de generaciones pasadas y así su sistema se fundó en la tradición y en la reflexión que él mismo aportó ayudado por la experiencia.

C) *Textos.* Dice un historiador: «Hasta los 52 años, Confucio no hizo más que meditar sobre los problemas de la vida humana y como ciudadano de un estado. Entregado a sus cavilaciones, atrajo a su alrededor a varias personas interesadas en los mismos asuntos. Las preguntas y respuestas del maestro y sus· discípulos forman cuatro libros, aunque el último ya es obra de Mencio, que vivió varias generaciones después y sólo contiene alusiones a la enseñanza de Confucio. Además, como sea que Confucio pasó gran parte de su vida estudiando la Historia para hallar en ella ejemplos de buena conducta y buen gobierno, se esforzó en corregir y embellecer los textos antiguos. A él debemos la redacción definitiva de cinco libros clásicos llamados *Cánones:* uno es el antiquísimo *Libro de los Cambios*; otro, una colección de poesías primitivas; otro, un libro de ritos y ceremonial, y los otros son dos libros de historia: una historia general de China y una crónica de la provincia de Lu, donde Confucio residió largos años. «*Confucio fue, pues, más bien un erudito* lleno de fe en el pasado que un pensador original. Empero, lo que repite, aunque fuese ya viejo, tiene tal acento de sinceridad que penetra en el ánimo como doctrina enunciada por primera vez. Así, sin cosmogonía, o sistema de origen del mundo; sin teología, o concepto de la divinidad y sus agentes; sin escatología, o creencia en un reino de ultratumba, la China plasmada por Confucio tenía necesariamente que ser presa de la mística budista y las supersticiones taoístas, por lo que no es raro encontrar allí gentes que practican las tres religiones, aunque consideran a Confucio el patriarca nacional, el gran maestro que expresó en términos sencillos el carácter de su raza.» [9]

2. Consecuencias del sistema de Confucio

a) Al ser simple sistema de moral —basado sobre todo en el respeto por las tradiciones de los antepasados, lo cual incluye todas sus supersticiones— dejó la puerta abierta para el cultivo de éstas, dado que el hombre es religioso por naturaleza. Así fomentó el culto por los muertos (animismo que apenas retocó, ni él ni sus discípulos) que se convirtió en el principal deber del alma china.

b) Su respeto casi supersticioso por el pasado, que él codificó, explica *el quietismo chino* de siglos que produce una civilización pasiva (China, el gigante dormido), despertada sólo en los últimos años por impacto de ideologías occidentales.

c) Por patriotismo y mediante un sincretismo formado con elementos animistas, budistas y taoístas, el sistema de Confucio fue elevado a religión, contra toda lógica. Es posible que en ello influyeran asimismo intereses políticos, pues a los gobernantes les interesaba el acatamiento de los súbditos, y la ordenación de la sociedad, mediante las reglas morales de Confucio.

d) La ética de Confucio coloca como primer deber el respeto (y el culto) por los antepasados; en segundo lugar, el amor a los padres (el «buen hijo» deberá matar al asesino de su padre); viene después el amor filial y, por último, el debido a la esposa. Confucio tenía medidas distintas para juzgar al hombre y a la mujer. La convenien-

---

9. J. Pijoán y J. Salvat, *Historia del mundo,* vol. III, pp. 155 y ss. «Los grandes moralistas chinos: Confucio y Lao-Tsé». Salvat Ed., Barcelona, 1969.

cia familiar y social determina esta ética. Enfatizó justicia, benevolencia y laboriosidad dentro de un marco bastante patriarcal.

e) De todo lo expuesto se deduce que Confucio no fundó ninguna religión y que es absurdo colocarlo entre los tenidos por creadores de religiones. Fue simplemente un moralista. Confucio carece de doctrina del pecado en profundidad. El hombre para él es bueno básicamente y lo que hay que hacer es educarle; su alma enfermará alguna vez pero podrá curar por propia disciplina, actos meritorios, etc. Los seres celestiales, las realidades trascendentes, se hallaban muy lejos de las preocupaciones de Confucio. Recibió la tradición religiosa de su patria, tal cual estaba. ¿Qué es, pues, el confucianismo? La sacralización del pasado de un pueblo. *Esto no es Revelación*.

Podemos apreciar los elementos positivos de la ética de Confucio, pero hemos de negarle todo carácter religioso y todavía más el elemento revelacional.

Confucio no aportó nada sobre el entendimiento de Dios, sobre la relación del hombre con su Creador y dejó sin responder las grandes cuestiones existenciales: ¿De dónde vengo? ¿A dónde voy? Sus escritos son comparables a los de los moralistas de otros países. Confucio no puede iluminar ni salvar al hombre, cosas que, por otro lado, él jamás pretendió, pues ni tiene *Revelación* ni conoce *salvación* alguna.

CUESTIONARIO:

1. ¿Quería fundar Confucio una religión? — 2. ¿Son libros «sagrados» los Cánones confucianistas? — 3. Describa el pensamiento ético de Confucio. — 4. ¿Cuáles han sido las consecuencias del sistema de Confucio?

LECCION 22.ª

LAS GRANDES RELIGIONES: EL TAOISMO
SISTEMAS RELIGIOSOS DE CHINA (2)

1. Lao-Tsé (517-?)

Contemporáneo de Confucio —y de Buda—, representa un esfuerzo filosófico que trasciende el mero moralismo de Confucio.

A) *Textos*

La filosofía de Lao-Tsé se encuentra recopilada en el pequeño libro llamado TAO, que significa «*Camino*». Para la mayoría de críticos modernos no es obra de Lao-Tsé, sino de discípulos suyos muy posteriores. «*Tao* no puede expresarse —afirma Lao-Tsé—, el *Tao* es eterno; lo que puede nombrarse ya no es el *Tao*.» El Tao es lo inmanente, lo que es y ha sido y será; lo que se encuentra más allá del cielo y de la tierra.» El Tao parece ser el principio espiritual-materialista creador y ordenador del mundo que existía antes que los dioses. Es de carácter panteísta —concepto del que parecen no saber prescindir los orientales—, naturalista y místico o esotérico.

B) *El mensaje de Lao-Tsé*

«Hay una cosa que ya existía antes que el cielo y la tierra: quieta, vacía, sola e inmutable. Recorre un círculo y no sale de él. Se puede llamar la madre del mundo. No se sabe su nombre. La llamamos el *Tao* para decir *grande*...., tan grande que se desvanece; lejana, pero que vuelve... Fluye siempre, es un abismo que antecede a todas las cosas. Parece que fue antes que los dioses.» Estas son palabras de Lao-Tsé.[10]

En otro lugar dice: «Mis palabras son fáciles de entender y de ejecutar; pero nadie en la tierra puede comprenderlas ni ejecutarlas.» ¿Cómo es esto? Porque los hombres quieren afirmar su personalidad y cambiarlo todo. ¿Y por qué tienen que cambiarlo?, se pregunta Lao-Tsé. No vale la pena. ¿Para el bien? El bien ya no es el *Tao*; el *Tao* se halla más allá del bien y del mal. Esta es la razón que explica el disgusto de Confucio al escuchar a Lao-Tsé.

A Lao-Tsé no interesa el progreso material, la moral y la justicia. «Consigue no hacer. Así todo se pone en orden», aconsejaba el filósofo chino, acercándose a la postura de Buda.

En efecto, hay un paralelismo muy estrecho entre Lao-Tsé y Buda. Con la diferencia que el chino intenta una descripción cosmológica y metafísica. Pero, al igual que el príncipe Gautama, Lao-Tsé aconseja la inmovilidad, no perturbar la acción del *Tao*. Indiferencia absoluta. Vida contemplativa y supresión del deseo. Conviene llegar al éxtasis místico para identificarse con el *Tao*, lo inefable, el *Nirvana* chino. La doctrina del Tao permaneció como una ciencia mística, expuesta en libros posteriores, pero sin tener muchos adeptos, hasta que poco a poco fue convirtiéndose de doctrina moral y filosófica que era en su origen en un sistema supersticioso de magia. Varios emperadores chinos se interesaron por el *Tao*. Del filósofo archivero de palacio se hizo un «dios» y

---

10. Citado por *id., ibid.*

se esperaron de él reencarnaciones sucesivas. Al *Tao* se le atribuyó un sentido oculto y mágico y a sus frases oscuras se les concedió la fuerza del conjuro. Un sumo pontífice taoísta se instaló en el monte del Dragón (en Kiang-Si) en 123 d.C. y desde entonces sus descendientes pretenden poder pasear por el cielo, gobernar el viento y la lluvia y expulsar los demonios. El proceso de corrupción estudiado en el budismo y el confucianismo se repite con el taoísmo. Un historiador escribe: «en el caso del taoísmo el escándalo es tan enorme que no se comprende que un pueblo sensato y poco propenso a desvíos místicos, como el pueblo chino, haya podido asociar durante más de dos mil años a Lao-Tsé y el *Tao* con los conceptos de un cielo mágico y un infierno que se halla plagado de demonios a quienes hay que aplacar con exorcismos».[11] En realidad, la religión del pueblo chino, como hemos estudiado en las últimas lecciones, ha sido una mezcla de budismo, confucianismo y taoísmo corrompidos y afeados por toda suerte de supersticiones.

2. Consecuencias

¿Qué queda de esa amalgama?

Si desmitificamos toda la leyenda acumulada por los siglos, encontraremos algunos conceptos morales, pseudopsicológicos y filosóficos. En la base, un panteísmo implícito y latente siempre, cuando no abiertamente explícito. Producto todo ello de la mente humana que, en algunos casos, alcanza ciertos atisbos de comprensión y penetración de la realidad pero que en otros, la mayoría, degenera en simple superstición y magia.

La influencia de algunos conceptos de Lao-Tsé, y del *Tao,* parecen manifestarse en ciertos aspectos del renacido Budismo Zen —promocionado por los «hippies» y otros

---

11. *Id., ibid.*

movimientos juveniles de la llamada «contra-cultura», especialmente entre los drogadictos, entre otros. También puede seguirse su huella en lo que los teólogos de la llamada «Teología de la muerte de Dios» denominan «el fondo del ser» [12] siguiendo a Paul Tillich.

Ni la India, ni China aportaron ninguna luz revelada. Frente al Hinduísmo, al Budismo, al Confucianismo y al Taoísmo, la Biblia hebreo-cristiana ofrece las características únicas de ser la Palabra de Dios a los hombres.

CUESTIONARIO:

1. ¿En qué consistía el mensaje de Lao-Tsé? — 2. ¿Ve algún paralelismo entre Lao-Tsé y Buda? — 3. ¿Cómo evolucionó el taoísmo? — 4. ¿En qué movimientos modernos parece querer resucitar el taoísmo y el budismo zen? — 5. ¿Quería Lao-Tsé fundar una religión?

12. J. T. Robinson, *Sincero para con Dios*, Ed. Ariel, Barcelona, 1967.

LECCION 23.ª

LAS GRANDES RELIGIONES: EL MAZDEISMO Y ZOROASTRO

Zoroastro (628-551 a.C.)

Spitama Zaratusthra (Zoroastro en griego) nació en una tribu del noroeste de Persia. De muy joven sirvió como sacerdote (mago) de la religión de las antiguas tribus iraníes, muy parecida en los conceptos básicos (politeísmo, magia, animismo, supersticiones, etc.) al brahmanismo y a las creencias asirio-babilónicas.

Zoroastro vivió un poco antes que Confucio (quien nació en 551 a.C.) y que Buda (567-487). Pero más importante todavía es destacar el hecho de que vivió en el apogeo del Imperio babilónico; nació bajo el reinado del padre de Nabucodonosor y murió 12 años antes de la caída de Babilonia en manos de sus compatriotas.

1. Contemporáneos

Zoroastro fue, pues, contemporáneo de Daniel, Ezequiel, Zacarías y Ageo. Había nacido 23 años antes del cautiverio (605 a.C.) de Daniel. Y tenía 41 años cuando Jerusalén cayó bajo el asalto de los babilonios (587). Daniel le sobreviviría algunos años todavía. Ignoramos si Daniel y Zoroastro llegaron a conocerse jamás y tampoco conocemos el grado exacto que Zoroastro pudiese haber llegado a tener de la fe hebrea, pero hemos de tener en cuenta dos cosas: 1) la influencia de la cultura asirio-babilónica sobre Persia, heredera de aquellas dos potencias en todos los aspectos, y 2) el ascendiente que Daniel tuvo en esta cultura babilónica.

2. Zoroastro, un hombre inquieto

A los veinte años, Zoroastro abandonó el sacerdocio y emprendió un largo viaje. Decía ir en busca de la verdad y la justicia. ¿A dónde fue? No lo sabemos, pero sería muy extraño que no frecuentara las grandes urbes asirias y babilónicas. También resultaría sorprendente que nunca hubiese oído acerca de los hebreos.

Fuere lo que fuere, a los 30 años dijo haberse convertido al Dios único que él denominaba «Luz» (MAZDA) y al cual —con exclusión de cualquier otro— rindió culto. Después de muchas vicisitudes e incomprensiones ganó para sus ideas a Histaspes, el padre de Darío (522-486). Se casó tres veces consecutivas y tuvo hijos e hijas. Se cree murió asesinado por los sacerdotes de las viejas supersticiones que él vino a sustituir por un monoteísmo y una moral mucho más elevados.

3. La doctrina de Zoroastro

¿Adoró realmente Zoroastro el fuego? ¿Predicó verdaderamente el principio dualista que, luego, habrá de caracterizar al mazdeísmo persa? Hoy, son muchos los historiadores que se hacen estas preguntas y la mayoría contesta negativamente.

¿Qué enseñó, pues, Zoroastro? Digamos, en primer lugar, que lo poco que se sabe de sus doctrinas se acerca mucho, muchísimo, a los conceptos bíblicos. Dada la proximidad geográfica y espiritual de los profetas hebreos, no tiene nada de extraño.

Parece ser que el fuego —elemento principal en el culto— no fue para Zoroastro otra cosa que el símbolo del poder purificador, porque elimina totalmente las impurezas y no las lava simplemente sino que las destruye. Zoroastro niega la existencia de los espíritus a la manera animista y niega los genios de las cosas y de las personas como agentes del bien y del mal. Opone a todo ello dos principios, pero no iguales sino muy distintos: AHURA-MAZDA («Luz», Dios único y verdadero), que es todo bondad y perfección y al cual invoca como: «¡Oh Creador, Dios santo!»; frente a él está ANGRA-MAINYU, el maligno o diablo que trabaja para destruir la obra de Dios. Posteriormente, en el mazdeísmo de los magos, ambos seres llegarán a ser iguales en poder y eternidad. El dualismo ario es el resultado de la corrupción que sufrió el pensamiento de Zoroastro después de su muerte.

Son tres los grandes principios morales de Zoroastro: 1.º) Pensar bien; 2.º) Hablar bien, y 3.º) Obrar bien.

La vida es acción, trabajo, afirmación, transformación, creación, verdad, luz, pureza, etc., conceptos todos ellos que se oponen a la mentalidad panteísta tradicional y son de claro sabor hebreo (bíblico). Se originan en la idea del Dios único, trascendente, Creador y santo, distinto de la materia y soberano. Otros puntos afines son: la muerte como obra del maligno y expresión del pecado, la impureza de los muertos, etc.

Cinco siglos después de muerto, Herodoto podía decir todavía de los persas: «No tienen imágenes de los dioses, ni templos, ni altares. Suben a las montañas para sacrificar al Dios de los cielos.» El mismo historiador griego dice que lo más importante en el culto persa es el canto de los himnos y la toma de una decisión personal en favor del bien.

Zoroastro enseñó que la mentira es pecado, así como la falta de compasión por el prójimo; también lo son: la vagancia, la suciedad y la esterilidad. Eran austeros los discípulos de Zoroastro, sobre todo después que éste condenó la práctica de beber lo que se tenía desde siglos como «bebida sagrada» (haoma), que no era más que una droga, ingerida todavía hoy por los brahmanes en la India. La prosperidad material, según Zoroastro, es señal de la bendición divina y premio de Dios al trabajo. En el Imperio Persa no había esclavos, sino trabajadores y criados; fue el suyo el imperio mejor organizado del mundo antes de Roma. Tolerantes con ideas y religiones ajenas, el mundo antiguo respiró al pasar del dominio asirio-babilónico al persa. Y en este alivio hay mucho que agradecer seguramente a Zoroastro.

4. Textos

El *Avesta* es la obra que recoge una parte del pensamiento de Zoroastro, pero asimismo muchas de las antiguas tradiciones persas y mucho más de lo que los «magos» después hicieron con el mazdeísmo. Los antiguos sacerdotes politeístas —perseguidos al comienzo por Ciro— acabaron por aceptar el credo de Zoroastro que pervirtieron terriblemente volviéndolo al estado politeísta-dualista-animista de los primeros credos iranios. No obstante, quedan en él algunos vestigios de la personalidad de Zoroastro.

En el mismo *Avesta* se lee ya un texto divinizando a Zoroastro: «A Mazda y a Zaratustra adoramos....» No es de extrañar porque también recibió culto el agua y toda la cohorte de espíritus fantásticos que se creía ver tras cada fuerza de la naturaleza, y a los que había que hacer propicios por medio de conjuros. Así se ofrecían sacrificios al sol, a la luna, a los vientos, etc., según testifica Herodoto.

El historiador Pijoán escribe: «El *Avesta*, en su redacción actual, es obra de los magos y un patente ejemplo de cómo pueden llegar a deformarse los preceptos más elevados cuando caen en manos de una casta sacerdotal.»

El actual *Avesta*, además, es incompleto. Constituye el fragmento de una colección mucho más amplia de textos que fue destruida por Alejandro al incendiar Persépolis cuando acabó con el Imperio Persa. Seguramente, mucho de lo quemado eran textos mágicos, rituales y demás prácticas cúlticas, pero es posible que las llamas se llevaran también algunas frases de Zoroastro.

El *Avesta* actual recibió su definitiva plasmación en el enfrentamiento de los persas con los musulmanes y la recensión llegada a nosotros data del siglo IX después de C. Algunos autores árabes y griegos hacen alusiones esporádicas a Zoroastro.

El punto fundamental del *Avesta* es el mazdeísmo dualista, y por tanto panteísta, entre el Bien y el Mal. Dado que cada día se duda más de que este dualismo fuera la verdadera doctrina de Zoroastro, el *Avesta* no representa sino de manera muy lejana e imperfecta el sentir del gran maestro iranio.

La conclusión es que solamente tenemos algunas frases auténticas de Zoroastro, pero no textos completos, y mucho menos nada que equivalga a su pensamiento sistematizado.

5. Frutos del pensamiento de Zoroastro

Son escasos. En primer lugar, porque, como hemos observado, su auténtica doctrina fue pervertida al poco tiempo de su muerte. Cabe señalar algunas evoluciones, indirectas o implícitas, tanto de lo que es original como de lo que constituye la corrupción sacerdotal.

1.º) La pura doctrina de Zoroastro no logró imponerse porque carecía de tradición (a diferencia de los profetas hebreos) y aportaba unas ideas completamente extrañas al talante tradicional de los arios.

2.º) El mazdeísmo dualista ejerció gran influencia en el movimiento maniqueo, entre los nestorianos y más tarde en los cátaros, o albigenses de la Edad Media.

3.º) El impacto más positivo es el ejercido en el plano moral, social y jurídico, pues proveyó al futuro Imperio Persa de unas bases éticas de convivencia que le hacen destacar por encima de los demás imperios de la antigüedad.

4.°) Sin lugar a dudas, Zoroastro influyó de alguna manera en ciertos grupos (¿una especie de remanente gentil?) que conservarían sus ideas más puras y que enlazarían con los magos que fueron a adorar a Jesús.

5.°) El filósofo alemán Nietzsche escribió una obra titulada *Así hablaba Zaratustra*, en la que —lejos de intentar una interpretación del pensamiento del gran persa— pone en su boca las propias lucubraciones de su calenturiento intelecto.

Aplicación:

La fe de Zoroastro no puede ser contrapuesta a la verdad bíblica, por lo menos en los puntos fundamentales y en el estado actual de conocimientos acerca del pensador persa. Al contrario, si pensamos en las posibles —y más que probables— influencias hebreas (bien sea adquiridas directamente en Palestina o bien vía Babilonia) sobre el pensamiento de Zoroastro, el ideario de este hombre se convierte en un poderoso testimonio de lo que es capaz de hacer la Revelación bíblica con cuantos se acercan a ella con sed de verdad y justicia.

Aun así, Zoroastro —con todo lo positivo que podamos reconocerle— no tiene, o no legó, un registro de verdades reveladas por Dios, ni pudo enlazar su doctrina con el testimonio dejado por Dios en épocas pasadas a través de otros profetas. Captó algo de la verdad, como el viandante que ve en la noche una estrella fugaz. Frente a esto la Revelación bíblica es una «antorcha —perenne— que brilla en lugares oscuros». Demos gracias al Señor por ella.

CUESTIONARIO:
1. ¿De quién —o quiénes— fue contemporáneo Zoroastro?
2. ¿En qué consistían las enseñanzas de Zoroastro? —
3. ¿Expresa el Avesta el pensamiento original de Zoroastro? — 4. ¿Qué consecuencias tuvo el pensamiento de Zoroastro en Persia? — 5. ¿Fue Zoroastro un fundador de religiones nuevas?

LECCION 24.ª

LAS GRANDES RELIGIONES: EL ISLAMISMO (MAHOMA)

1. Mahoma, fundador de una religión (570-632 d.C.)

Mahoma es el típico fundador de una religión, a diferencia de Confucio, Lao-Tsé o Buda. Representa un verdadero desafío al cristianismo, ya que pretende apoyarse en una revelación divina y tiene también su libro sagrado *El Corán.*

Mahoma nació en La Meca en el año 570 después de Cristo. Su padre murió antes de que naciera el futuro fundador del Islam, y perdió a su madre cuando contaba sólo seis años. Fue recogido por su abuela, primero, y después por un tío.

De joven trabajó en el servicio de caravanas de una viuda rica, Khadija, con quien se casó más tarde, a pesar de ser Mahoma veinte años más joven que ella.

Aunque luego Mahoma enseñaría que un buen musulmán no debe casarse con más de cuatro mujeres a la vez, él llegó a tener diez mujeres y un buen número de concubinas. Una de sus favoritas era Aischa, que le fue presentada a los nueve años de edad cuando traía consigo todavía sus muñecas. Para justificar su matrimonio con la hermosa Zainab —esposa de su propio hijo adoptivo Zaid—, Mahoma dijo haber recibido una revelación especial (cf. *Corán* 33:37). A pesar de tantas nupcias, Mahoma no consiguió jamás ver a ninguno de sus hijos crecido y hecho un hombre. La carencia de herederos complicó las luchas para alcanzar el califato entre sus sucesores.

2. Textos del Islam

En el *Corán* tenemos los dichos de Mahoma. Poco después de la muerte del que se tenía por «profeta», el califa Uthman (644-55) agrupó estos dichos en un volumen que se consideró canónico a partir de entonces.

Además de el *Corán* circularon numerosas tradiciones orales —*Jadiths*— sobre supuestas palabras y dichos del profeta. Dos siglos después de Mahoma un tal Al-Bukhari había reunido cerca de 600.000 Jadiths o tradiciones, de las que desechó una buena parte y consideró que sólo 7.000 podían ser tenidas por auténticas. La primera vida de Mahoma —basada en el *Corán* y en las *Jadiths*— es la compuesta por Ibn Jisham —*Sirat ar-Rasul*— en el siglo IX.

A diferencia del Nuevo Testamento, el *Corán* no representa la culminación y cumplimiento de la revelación profética del Antiguo Testamento hebreo. Es algo nuevo y aislado que mezcla parte del judaísmo con algo de cristianismo para obtener una síntesis nueva a gusto de Mahoma. Usa, a su albedrío, personajes e historias bíblicas acomodándolos a su particular interpretación religiosa. Es decir: que hace con la Biblia lo que no podemos hacer si queremos ser fieles a la revelación divina dada a Israel: quitar o añadir discrecionalmente.

3. La religión de Mahoma

Cuenta él mismo haber recibido visiones de Alá cuando tenía cuarenta años. Y a partir de entonces se lanza a predicar un monoteísmo radical que enfureció a los habitantes paganos de La Meca. Se vio obligado a huir hacia Medina; es la famosa «*Héjira*» que se conmemora en el calendario musulmán (año 622). Sus seguidores hicieron la guerra a cuantos se les oponían —la guerra contra los infieles es «cosa santa» para Mahoma— y mataron a mucha gente, entre ellos 600 judíos.

Al parecer, Mahoma anhelaba la unificación de las dispersas tribus árabes. Comprendió que para ello el factor religioso era de primordial importancia; convenía acabar con el politeísmo disgregador y así tomó prestado del judaísmo y del cristianismo el monoteísmo radical que caracteriza a ambas creencias. Mezcló las dos mediante un arreglo que él pensó sería útil al pueblo árabe para elevarlo y organizarlo como nación.

Puesto a imitar, proveyó a la nueva religión de sus *textos*, con los que más tarde editaría el «libro sagrado» de los musulmanes, el *Corán*.

Los seguidores de Mahoma no adoran a éste como «dios», simplemente le respetan como profeta. La denominación «musulmanes» viene del vocablo Islam, que significa «sumisión a la voluntad de Alá». A muchos de los santos del Antiguo Testamento, y al mismo Cristo, los tienen por profetas iguales a Mahoma, si bien éste recibió una revelación más completa y perfecta que aquéllos, en su opinión.

Las prácticas del Islam pueden resumirse de la siguiente manera: 1) la recitación del credo: «No hay más Dios que Alá y Mahoma es su profeta», que es una imitación del «Shema Israel» (Deut. 6:4). 2) Oración cinco veces al día con el rostro hacia La Meca (antes de que los judíos de Medina rechazaran a Mahoma, el rostro en la oración debía estar cara a Jerusalén). 3) Dar limosnas. 4) Ayunar durante el Ramadán, noveno mes lunar. 5) Peregrinar a La Meca, una vez por lo menos en la vida; esta peregrinación implica dar vueltas al edificio de la Kaba y besar un meteorito negro incrustado en sus muros, que es un vestigio, entre otros, de paganismo conservado por Mahoma.

La tumba de Mahoma en Medina es uno de los lugares más venerados del Islam, después de La Meca. Al morir, Mahoma exhortó a los árabes a permanecer unidos.

El islamismo dio impulso a la reorganización de los diferentes pueblos árabes y a su expansión imperialista después.

4. Consecuencias y frutos del Islam

El islamismo progresó porque proclamó la existencia de un Dios único, factor no sólo aglutinante de las tribus árabes sino de valor religioso para acabar con el politeísmo. No obstante, se ha señalado que el monoteísmo musulmán lo es en su forma pagana, dado que tolera muchas prácticas inaceptables tanto para el judaísmo como para el cristianismo. Otro factor de expansión es que se trata de una religión con «libro sagrado» y con pretensiones de revelación, elementos todos ellos copiados de la Revelación hebreo-cristiana.

1.º El Islam adoptó todo lo que le convenía de los relatos bíblicos, pero desechó la divinidad del Mesías, la necesidad de la muerte expiatoria y la resurrección y ascensión del Señor.

2.º El Islam es fatalista en extremo. Niega el juicio privado porque no cree en la libertad. El hombre es obligado, no obstante, por los ritos de esta religión y sus «buenas obras» (tal como las entienden los musulmanes) a ganarse el favor de Dios. La moralidad es camino de salvación, no fruto. A Dios no se le considera jamás como un Padre. Ni uno solo de los versículos del *Corán* tiene nada que se parezca a Juan 3:16: «De tal manera amó Dios....», porque Dios no es amor en el Islam, sino un «Déspota arbitrario».

3.º La moralidad (?) del Islam permite la poligamia, el concubinato, la esclavitud, la guerra santa y la supresión de las libertades individuales. Autoriza el divorcio con pocos límites y fomenta el despotismo.

4.º El Islam vivió unos siglos de esplendor material, después de su primera expansión, pero a partir de entonces se debate en agonía para superar el estancamiento, el atraso y la cerrazón mental y espiritual de sus adeptos.

Mozley ha escrito: «Mahoma creía que el hombre podía hacer dos cosas bien para la gloria de Dios: cumplir ciertos *ritos* y *luchar* por la causa de Alá. Sobre estos dos puntos fue severo, pero aceptó una gran laxitud moral en las esferas de vida familiar y social. Su código exhibe el oportunismo del legislador que acomoda sus leyes al recipiente y sobre éste, el ser humano, no se hacía muchas ilusiones.» [13]

«El *Corán* ha paralizado el pensamiento islámico; abandonarse a él, es abandonar el progreso», escribió Fairbairn. Y otro autor añade: «El Islam reduce al hombre a un nivel bajo de depresión, opresión, despotismo y semibarbarie. El Islam es la obra de un hombre; el cristianismo es la obra de Dios.» [14]

Aunque de todas las grandes religiones mundiales el Islam es la que ofrece más competencia al cristianismo por sus pretensiones de ser una «revelación divina», sin embargo, cuando la examinamos de cerca nos damos cuenta de su fragilidad, su origen meramente humano y su carácter tan infinitamente por debajo del de la Revelación bíblica.

CUESTIONARIO:

1. *¿Quién era Mahoma?* — 2. *¿Qué es el Corán?* — 3. *¿En qué consiste la religión de Mahoma?* — 4. *¿Cuáles han sido los frutos del Islam?* — 5. *¿Qué opinión le merece el Islam?*

---

13. Citado por A. H. Strong, *Systematic Theology*, p. 186.
14. Id., *ibid.*

LECCION 25.ª

REVELACION Y RELIGION (1): LA SINGULARIDAD DE LA REVELACION BIBLICA Y DE LA PERSONA Y LA OBRA DE CRISTO

Después de haber estudiado objetivamente las grandes religiones de la Humanidad, estamos en condiciones para hacer un estudio comparativo entre ellas y el cristianismo.

Esta comparación será doble: 1.º) ¿qué valor tienen los textos «sagrados» de cada creencia?; 2.º) ¿qué diferencias fundamentales existen entre Cristo y los demás fundadores de religiones?

1. Los textos religiosos y la Revelación bíblica

	BRAHMANISMO	BUDISMO	CONFUCIANISMO
TEXTOS:	*Vedas*	1.º tradición oral; primer libro un siglo y medio después de muerto Buda. Otros escritos entre 100 a.C. y 900 d.C.	*Cánones* de historia y moral. Siglo v a.C.
Fechas de textos:	Entre el 500 a.C. y el 1100 d.C.		
Pretensiones:	Mitología, fil. panteísta, sacralización muy posterior. No son Revelación, sino filosofía religiosa sincretista.	Compendiar enseñanzas de Buda. Sacralización posterior. No son Revelación, sino filosofía (neo - psicología) derivada en sincretismo y superstición.	Hacer historia y dar buenas reglas de moral social y familiar. No son Revelación, sino ensayos de ética. Sacralización fue posterior y significó traición al espíritu de Confucio.

	LAO-TSE	ZOROASTRO	MAHOMA
TEXTOS:	*Tao*	*Avesta*	*Corán*
Fechas:	Obra de discípulos muchos años después. Sacralización posterior.	Arreglo de «magos» hasta siglo IX d.C., o sea: 1300 después de Zoroastro. Amalgama de supersticiones que no transmite auténtico pensamiento de Zoroastro.	Mezcla de textos bíblicos arreglados al gusto de M. Pretenden ser Revelación pero no son más que el fruto de la mente de Mahoma. No son cumplimiento de ninguna profecía ni se hallan insertos en ninguna historia de salvación y revelación.
Pretensiones:	No es Revelación, sino mera especulación.		

Por el contrario, y en contraste con todo lo expuesto: La BIBLIA desde el principio pretende ser Revelación de Dios. El cristianismo, no hemos de olvidarlo, no empieza con Cristo (Rom. 1:1 y ss.), sino con Abraham (año 2000 a.C.).

Son escritos que se remontan al 1200/1500 a.C. y son siempre contemporáneos (o inmediatamente posteriores —nunca existe un lapso de siglo o siglo y medio después de los eventos narrados—) a los sucesos que relata. Los escritos más antiguos (Pentateuco) se sirvieron de fuentes antiquísimas que Moisés incorporó al Génesis, sobre todo por lo que se refiere a sus relatos sobre el período patriarcal. A partir de Exodo 3 son los relatos de un testigo directo. En el caso del N.T. fue escrito *inmediatamente después* y sin que pasaran más de 30 años de la muerte y resurrección del Señor; estos escritos apelan a testigos contemporáneos y están escritos por los que vieron y oyeron al Maestro en su mayor parte (1.ª Juan 1:1-3).

Tenemos más de 4.000 manuscritos —de porciones del N.T. o del N.T. completo— que van desde mediados del s. II hasta el siglo IV d.C. Según los eruditos, el texto

«John Rylands» (año 125 d.C.) que se conserva en Inglaterra —una porción de Juan— fue escrito cuando la «tinta del original debía todavía de estar húmeda».

Todavía más cercano a los originales es el fragmento de Marcos 6 que, en 1972, descubrió O'Callaghan y que data del año 50, aproximadamente, de nuestra era. Nada parecido tenemos en lo que concierne a los textos de las demás religiones y ni siquiera de los clásicos.

La BIBLIA, por otra parte, no es el resultado de una «sacralización» posterior —como es el caso de todos los demás libros religiosos (con la excepción, tal vez, del *Corán*)— sino el testimonio de profetas y apóstoles que se saben «inspirados por Dios» y son conscientes de dar Palabra de Dios. De ahí la frase tan repetida por ellos: «*Así dice Jehová....*»

Los libros religiosos de la Humanidad registran el testimonio de las inquietudes y esfuerzos del hombre por hallar algún sentido a la vida y tratar de comprender algo del cosmos y las realidades últimas.

La BIBLIA registra el testimonio del esfuerzo de Dios para llegar hasta los hombres y revelarles su voluntad y sus propósitos redentores.

2. Cristo y los fundadores de religiones

Diferencias y contrastes:

1) Cristo es la culminación de la esperanza profética de Israel. No inicia nada nuevo fundamentalmente, sino que es el *clímax* de la Revelación dada por Dios a lo largo de siglos. Es el centro de la profecía y resulta imposible que tantas predicciones se cumplieran en él «por casualidad».

2) Cristo no buscaba la verdad, como Buda, Zoroastro y los tenidos por fundadores de religiones. Cristo afirmó *desde el comienzo* de su ministerio: «Yo soy la verdad.»
   Cristo no señalaba algún posible camino; decía: «Yo soy el camino.»

Cristo se consideraba divino; no era un simple ser humano en busca de Dios, sino que él mismo decía ser Dios y la revelación más perfecta del Padre.

3) La muerte de cualquiera de esos hombres es, en el mejor de los casos, la muerte de un sabio. Lo que hace de la muerte de Cristo algo único no es tanto su forma —en la cruz— sino su significado redentor. Los textos más antiguos de los fundadores de religiones no pretenden jamás que ninguno de ellos haya expiado el pecado con su muerte; los textos cristianos más antiguos proclaman —y ello es lo esencial del mensaje—: que «Cristo fue muerto por nuestros pecados, conforme a las Escrituras».

4) Ningún texto antiguo de esas religiones pretende que sus fundadores resucitaran. La tumba de Mahoma, por ejemplo, es lugar de peregrinaciones islámicas. La tumba de Cristo está vacía. Cristo resucitó en presencia de muchos testigos y ascendió a los cielos desde donde ha de volver.

5) Los textos más antiguos de estas religiones no atribuyen milagros a sus maestros (solamente los escritos tardíos, «sacralizados», lo hacen); en cambio, toda la vida de Jesús es un milagro atestiguado de manera objetiva por los documentos más antiguos.

6) Algunos de estos hombres (Confucio, Lao-Tsé, Zoroastro, etc.) no pretendieron jamás «fundar» ninguna religión sino tan sólo ayudar a los hombres a buscar el camino —algún camino— que pudiera satisfacer sus inquietudes morales o espirituales. La perversión religiosa posterior no puede servir más que para probar que el hombre es religioso por naturaleza.

CUESTIONARIO:

1. ¿Qué diferencias fundamentales existen entre los llamados «libros sagrados» de todas las religiones y la Biblia? — 2. ¿Qué diferencias existen entre Cristo y los demás caudillos religiosos o fundadores de religiones?

LECCION 26.ª

REVELACION Y RELIGION (2): LA IMPOSIBILIDAD DEL SINCRETISMO

«Un hombre que no fuera más que un ser humano y dijera la clase de cosas que Jesús dijo, no sería considerado un gran maestro de moral. O bien sería un lunático —en el mismo nivel del hombre que afirma ser un huevo duro—, o el mismo Diablo salido de los infiernos. Debes hacer una elección. O este hombre (Jesús) era —y es— el Hijo de Dios, o se trata de un loco por no decir algo peor. Puedes tenerlo por un perturbado, puedes escupirle, puedes matarlo como a un demonio; de lo contrario, puedes caer a sus pies y llamarle Señor y Dios. Pero no nos acojamos a esa estupidez de considerarlo simplemente un gran maestro humano. No nos lo autoriza. No nos lo permite.» [15]

Nadie que no lo sea verdaderamente, llamaría a Jesús un perturbado. Solamente en un caso de completa ausencia de honestidad intelectual, podrá tenerse por loco a Jesucristo. Ahora bien, como bien plantea la cuestión C. S. Lewis, si no estamos dispuestos a decir barbaridades acerca de Jesús de Nazaret, tenemos que confesar

---

15. C. S. Lewis, *Mere Christianity*, 1955, pp. 52, 53, citado por E. M. Yamauchi, *op. cit.*

que era lo que dijo ser: Dios. Lo que no podemos hacer es tomar un absurdo camino intermedio, por más que lo pretendan tantos hoy: el camino de considerar a Jesús simplemente como un gran maestro. ¿Un gran maestro quien siendo humano se hacía pasar por Dios? ¿Un gran maestro que pretendía expiar los pecados del mundo con su muerte? ¿Un gran maestro quien siendo simplemente humano hacía depender el destino eterno de los hombres de la relación personal y actitud que tuvieran con él? ¿A qué «gran maestro» de la Humanidad le toleraríamos todas estas pretensiones?

O Cristo era un embaucador —cosa que niega cuanto sabemos de su carácter y su personalidad—, o estaba loco —cosa que igualmente niega todo el testimonio histórico que sobre él tenemos—, o bien Cristo era —y es— Dios manifestado en carne.

«¿Que Cristo era un hombre como nosotros? —decía Matthew Arnold—. Bien, veamos; si ello es verdad, entonces cualquiera de nosotros puede ser también un hombre *exactamente como él lo fue*. ¿Es esto posible?»

A la luz de cuanto hemos estudiado hasta aquí —tanto de las religiones como de la Revelación que culmina en Cristo— podemos juzgar la inconsistencia de las corrientes sincretistas hoy en boga. Ya en 1893 un pomposo «Parlamento Mundial de Religiones» celebrado en Chicago afirmó que todos los caminos conducen a Dios, al mismo Dios (sin aclarar, no obstante, a qué «Dios» se refería), y deseaba para los asistentes: «Que aquel que es Brahma para los hindúes, el Ahura Mazda de los zoroastrianos, el Buda de los budistas, el Jehová de los judíos y el Padre celestial de los cristianos os dé fuerzas para llevar adelante vuestra noble idea.» Corrientes modernas como el Bahaísmo, el Ramakrisna y ciertas escuelas filosófico-teológicas que suelen partir de Schleiermacher (siglo xix) y reducirían el Cristianismo a una provincia, una parcela del vasto imperio de la religión universal, interpretando el Cristianismo en categorías tomadas de la filosofía de la religión, generalmente de moda hoy, en lugar de hacerlo a partir de las categorías que provee la misma fe cristiana.

Esta corriente sincretista se ve favorecida por la crisis de las grandes Iglesias históricas y por la grave decadencia de Occidente. Recibe también apoyo de algunos autores, como Toynbee y Hocking, que se expresan de esta manera: «No es creíble que Dios —el cual no es otra cosa que otro nombre para designar el amor—, y que se cree demostró su amor por el Hombre, al encarnarse en un ser humano, haya hecho este autosacrificio de vaciarse a sí mismo en un tiempo y en un lugar concretos, y esto una sola vez. Lo que queda de valor son las enseñanzas del cristianismo; pero éstas no son exclusivamente cristianas.» [16]

En esta definición sincretista se dan cita numerosos malentendidos, indignos, por cierto, de un historiador como Toynbee:

1) *La gran falacia de Toynbee*, Hocking y otros como ellos, es que tienden a interpretar el cristianismo totalmente en términos de ideas, con preferencia a lo que el Cristianismo dice ser: una intervención personal, y decisiva, de Dios en la historia de los hombres. Y, como sostiene Lesslie Newbegin, «el cristianismo no es un sistema filosófico; es, en primer lugar, *noticias* (buena noticia = Evangelio), y sólo en segundo lugar unos puntos de vista. Cuando se niegan aquellas "noticias", los "puntos de vista" se esfuman en el aire».[17]

2) *El cristianismo es la única religión* que afirma la inutilidad de todas las religiones (¡incluido el mismo cristianismo!) para salvar al hombre. Nadie se salva por pertenecer a la religión cristiana, sino por pertenecer a Cristo.

---

16. Citados por J. N. D. Anderson, *Christianity and Comparative Religion*, p. 13.
17. Citado por *id.*, *ibid.*

La verdad cristiana se apoya en una Revelación y la salvación se deriva de la irrupción de esta Revelación, en la persona de Cristo, en nuestra vida. Ni verdad ni salvación son jamás otorgadas al creyente simplemente por pertenecer a un sistema religioso. La antítesis entre Revelación-Religión y Evangelio-Religión es completa.

3) «*El sincretismo se basa* siempre en la suposición de que todas las religiones positivas no son más que reflejos de una religión universal original y, por tanto, las diferencias entre ellas son variedades únicamente de grado» (A. Eopke), pero esto no es lo que aprendemos al estudiar con un mínimo de profundidad y seriedad cada una de estas religiones.

El sincretismo sostiene que no ha habido una *revelación única* y singular en la historia, sino que, por el contrario, hay muchos caminos, y muy variados, para alcanzar la realidad divina; afirma también que todas las formulaciones religiosas, y todas las experiencias, son por su propia naturaleza expresiones inadecuadas de esa verdad y que, por lo tanto, es necesario armonizar tanto como sea posible todas las ideas y las experiencias religiosas de la Humanidad para conseguir una religión universal para todos. El sincretismo es, esencialmente, una protesta en contra de la Revelación única en la historia que pretende el cristianismo.

Pero, si Dios habla en una infinita variedad de maneras y nunca decisiva y singularmente, entonces el hombre es dejado a sus propias fuerzas, dado que debe ser él quien tendrá que determinar cómo y dónde alcanzar la verdad última. El sincretismo concibe la religión como un sistema de conceptos y discernimientos o intuiciones, más bien que como una relación personal de diálogo con un Dios personal. De ahí que *no sea objetivo* y haga discriminación, pues no trata por igual, ni imparcialmente, a todas las religiones. Es decir: no las considera tal como son, sino *tal como el sincretista desearía que fueran.* Hemos de volver a repetir lo que ya tantas veces hemos dicho en el curso de estos estudios: la religión es siempre alienación. Ahora bien, el sincretismo —que es el *clímax* de la religión— es la suprema alienación.

En efecto, el sincretismo arranca de —o tiende hacia— alguna forma de *gnosis* más o menos racionalista, más o menos mística. Busca hacer la salvación, antes que recibirla; va en pos de la verdad como descubrimiento propio, pero no algo, o Alguien, que se nos descubre a nosotros. Dado que hay religiones que son sincretistas por naturaleza (hinduísmo, budismo, etc.), *el sincretista toma partido por un grupo de religiones en contra de otras.* De esta manera contradice sus propias pretensiones de universalidad, ya que excluye a aquellas religiones para las cuales la revelación de un Dios personal es la categoría central. El sincretista vive sumido en una *contradicción* que es semillero de *inconsecuencias;* aunque diga que «todas las religiones son igualmente buenas para llegar a la divinidad», en realidad actúa de manera distinta a como habla, pues, de hecho, con su sincretismo está proclamando que unas religiones (el panteísmo sincretista, el hinduísmo, el budismo, el taoísmo, etc.) son mejores que otras (judaísmo y cristianismo) que niegan el panteísmo, la gnosis esotérica y vindican la intervención personal de un Dios personal en medio de la historia de los hombres para iluminarlos y salvarlos.

4) *¿Qué tienen en común* el Nirvana de Buda y la «casa de mi Padre con muchas moradas» de Cristo? ¿Qué tienen en común la Nueva Jerusalén y el «paraíso» de Mahoma? ¿Qué relación existe entre el «dejarlo todo como está» del Tao y el Sermón del Monte de Jesucristo? ¿Qué afinidad entre la insensibilidad que preconizan hinduísmo, budismo y otros cultos orientales y el «conocer a Cristo, y experimentar el poder de su resurrección» de Pablo?

5) *La última, aunque no la menor, falacia* del sincretismo estriba en no querer ir hasta las fuentes de cada creencia. Si así lo hiciera, vería —como lo hemos visto en los estudios llevados a cabo nosotros— que muchas

«religiones» se han convertido en tales por un proceso en que es difícil distinguir la buena fe, la credulidad, la superstición y la ignorancia. Si el sincretista responde que nuestro concepto de la «religión», de Dios, etc., es distinto, entonces también nos está dando la razón, pues implícitamente confiesa que no todas las religiones, ni todas las creencias, ni todos los «dioses» son iguales.

«La fe cristiana como creencia distintiva, no puede sobrevivir cuando renuncia al particularismo. Se mantiene firme o cae según la insistencia que haga en el hecho de que fue Dios mismo, en forma de hombre, quien pisó esta tierra hace dos mil años y murió entre dos ladrones en una cruz para salvarnos. La fe cristiana no se basa en símbolos (éstos pueden multiplicarse), sino en unos *hechos históricos únicos* (2.ª Pedro 1:16-21; 1.ª Juan 1:1-3) que expresan la suprema realidad de la verdad.»[18]

Conclusiones

Frente al sincretismo hemos de proclamar:

1.º Cristo es único como Salvador.

2.º La Revelación bíblica que culmina en Jesucristo es única como expresión divinamente inspirada de la verdad.

3.º La proclamación del Evangelio es el único medio de salvar a los hombres, ya que tenemos una única Revelación y una salvación también única en Cristo solamente.

4.º El sincretismo es del todo inaceptable.

CUESTIONARIO:

1. ¿Por qué es imposible el sincretismo? — 2. ¿Cree usted que al cristianismo le es posible sobrevivir si no toma una actitud particularista? Explicite bien su respuesta.

---

18. H. D. Lewis y R. L. Slater, *World Religions*, pp. 190-196. C. A. Watts, Londres, 1966.

LECCION 27.ª

"NO HAY OTRO NOMBRE" (1)

La Revelación de Dios en la historia, y la salvación que se desprende de dicha auto-revelación divina que culmina en Cristo, son *hechos históricos únicos* y sin paralelo posible. La proclamación de esta verdad levanta oposición siempre (1.ª Cor. 1:23).

Nuestra época aceptará cualquier doctrina —y la considerará como una posible aportación a la verdad— siempre que no tenga pretensiones de *exclusividad,* ni signifique una negación de la validez de otras contribuciones. Y ello, pese a la clara incompatibilidad y contradicción de las diferentes «contribuciones». Como señala Francis A. Schaeffer en sus libros (*Huyendo de la razón, Dios está ahí*), la mentalidad moderna ha perdido la lógica de la tesis y la antítesis, para abandonarse a una *síntesis* completamente ilógica. En estas condiciones, el mensaje del Evangelio sigue siendo para el hombre del siglo xx —como lo fue para el del primer siglo, aunque por distintas razones— «tropezadero» y «locura».

Nuestra respuesta es: «diálogo, sí; sincretismo, no»; «comprensión, sí; confusión, no». Nos declaramos contrarios a cualquier forma de intolerancia, pero no al abandono de las convicciones. Mucha gente hoy confunde la tolerancia con el relativismo. Gran error. Hemos de trabajar por la tolerancia como virtud social; tenemos que fomentar el diálogo para la convivencia, pero no en aras

141

de renunciar a la distinción fundamental, y esencial, que existe entre la verdad y el error.

Otras creencias no exigen este planteamiento, pero por lo que atañe al cristianismo, o bien se trata de una falsedad o, por el contrario, denuncia como falsos o incompletos todos los demás sistemas.

1. ¿Qué opinión, pues, nos merecen las otras religiones?

En términos generales, los cristianos han dado tres clases de respuesta:

A) *Las Otras Religiones Como Una Preparación*

Fue la postura de Justino Mártir y la escuela de filósofos cristianos de Alejandría en los siglos II y III, escuela que ha tenido sus partidarios a lo largo del curso de la historia de la cristiandad.

Según este punto de vista, los elementos de verdad que pueden hallarse en las demás religiones —así como la devoción y las virtudes de algunos de sus adeptos— podrían ser considerados algo así como una *«praeparatio evangelica»*; vendrían a ser lo que el judaísmo del A.T. representó en relación con el Evangelio. Así lo hizo el Vaticano II en su *Constitución Dogmática sobre la Iglesia,* p. 16.

Estos elementos de verdad se explican como restos de la Revelación natural original y también como la obra del mismo Cristo, el eterno *Logos* «que ilumina a todo hombre que viene a este mundo». Una expresión extrema la da W. Temple cuando escribe: «Por la Palabra de Dios —Jesús—, Isaías y Platón, Zoroastro, Buda y Confucio declararon las verdades que enseñaron. Hay sólo una Luz Divina y cada hombre es iluminado en alguna medida por ella. Schelling decía: «Cristo se halla presente en cada época y en cada raza, pero no es reconocido como tal.... Cristo estaba dentro del paganismo como una potencia natural, pero no todavía como un principio personal.» Raimundo Pániker, entre nosotros, escribe: «El hindú que lo es de buena fe se salva por Cristo y no por el hinduísmo, pero eso sí: adquiere su salvación por medio de los *sacramentos hindúes*, a través del mensaje de moralidad y recta conducta, a través de los *"misterios"* que aprende en el hinduísmo; es así como Cristo salva al hindú normalmente». Por esta cita, podemos comprobar cómo la postura que estudiamos es fácilmente arrastrada hasta caer en un sincretismo más o menos disimulado.

B) *Las Otras Religiones Como Inventos Del Diablo*

Es la posición que defendió Tertuliano, y muchos después de él hasta el día de hoy.

El énfasis se da a los aspectos más sombríos de las otras religiones: sus perversiones morales, la bajeza de sus principios, la crueldad de sus prácticas, etc. ¿Cómo explicar los «rayos de luz» que esporádicamente puedan aparecer dentro de estas creencias? El Diablo también sabe vestirse como «ángel de luz», responden citando palabras de S. Pablo.

Todas esas religiones niegan implícitamente —cuando no lo hacen explícitamente, como es el caso del Islam y de los «cultos» modernos, bahaísmo, rosacrucianismo, etcétera— la singularidad de Cristo, «la Palabra hecha carne», que diluyen en híbridas alternativas y así sustituyen el Evangelio único por otros evangelios.

C) *Las Otras Religiones Como Meros Esfuerzos Humanos*

Según esta postura, la religión no es obra ni de Dios ni del diablo; se trata simplemente de las aspiraciones del hombre (más o menos logradas) y sus esfuerzos para solucionar los misterios de la vida y de la muerte.

Los adherentes de este punto de vista suelen dividirse, a su vez, en dos grupos:

i) Los cristianos de sana ortodoxia bíblica que comparten mucho del punto 2.º arriba expuesto y consideran todas las demás religiones como tentativas humanas fallidas de escalar el cielo y descubrir a Dios. Frente a estos esfuerzos brilla la Revelación de Cristo descendiendo hasta el hombre.

ii) Los «cristianos» de dudosa ortodoxia (más bien suelen ser «modernistas» teológicamente considerados) para los que el cristianismo no es más que el logro más alto del ser humano en su larga evolución religiosa y el que más cerca ha llegado de la verdad última o «el fondo del ser». Las demás religiones son tenidas por escalones menos afortunados de dicha evolución secular del genio religioso del hombre. Este punto de vista es inadmisible para cualquier creyente que se tome en serio la Biblia y el significado de la venida de Cristo al mundo.

2. ¿Existe Una Cuarta Alternativa?

J. N. D. Anderson —y otros con él— afirma no poder aceptar ninguna de las tres posturas, con independencia total de las demás. En cada una de ellas hay algo de verdad.

El estudio de las religiones comparadas presenta un cuadro desolador de confusión, superstición y crueldad. Pero también es cierto que, aquí y allí, brilla alguna luz, más o menos (casi siempre menos que más) refulgente. Los elementos de verdad tienen que proceder de Dios mismo: 1.°) a través de la Revelación natural original; 2.°) a través de contacto directo o indirecto con Israel o la Iglesia, y 3.°) a través de la acción de Dios en los corazones que le buscan. Algunos textos que nos orientarán: Hechos 10:34 y 35; Génesis 14:17-24; Números 22-24 (historia de Balaam).

Pero *la corrupción* hace su obra en todos estos posibles «vestigios ruinosos» de verdad que puedan quedar en algunas creencias no cristianas. Muchos elementos de estas religiones son claramente falsos y proceden, sin duda, del «padre de mentira», cuyo primer objetivo es, siempre, no tanto el hacer caer al hombre en pecados más o menos groseros como en apartarlo de todo aquello que pueda llevarlo al conocimiento del verdadero Dios y verdadero Salvador.

Y también es cierto que mucho de lo que hallamos en las religiones, además de la posible actividad del diablo, es fruto del esfuerzo humano con todo lo que de negativo o de positivo pueda tener. Es decir, en ocasiones es el resultado de ciertas aspiraciones del alma por la verdad; en otros casos, motivos más complejos y oscuros condicionan todo el proceso de formación de una creencia dada (mazdeísmo, islamismo, etc.).

Bien sea el diablo, o el hombre, en todas las religiones es dable reconocer las huellas tanto de *la corrupción*, la perversión y el deterioro de la Revelación natural original, como de *la frustración* inherente a toda actividad humana. Y esto es válido incluso para el cristianismo cuando el Evangelio queda reducido a mera religión.

CUESTIONARIO:

1. ¿Qué opinión deben merecernos las otras religiones? — 2. Explique el punto de vista de Justino Mártir y el de Tertuliano. — 3. ¿Qué le parece la «cuarta alternativa» de Anderson?

LECCION 28.ª

"NO HAY OTRO NOMBRE" (2)

3. ¿Cuál es la situación del hombre antes —y aparte— de Cristo?

Para los males del hombre sólo hay un remedio: el Evangelio. No existe otro, pues «en ningún otro hay salvación —como anunciaron los apóstoles a su generación y a todas las generaciones venideras—; porque no hay otro Nombre bajo el cielo, dado a los hombres, en que podamos ser salvos» (Hechos 4:12).

Siendo así, ¿cómo pudieron los hombres, antes de Cristo, conocer a Dios y ser salvos? [19]

A) *En El Pueblo de Israel*

Es obvio, para cualquier lector un poco familiarizado con la Biblia, que cuantos recibieron la Revelación de Dios cuyo depósito guardó Israel durante siglos, hasta la venida de Cristo, fueron salvos por la fe en las promesas del Señor y en virtud de los méritos del Cristo que había de venir (no por sus méritos, pues nadie puede cumplir la Ley), así como nosotros lo somos por el Cristo que vino ya.

---

19. Aquí sigo muy de cerca las ideas de J. N. D. Anderson expuestas en *Christianity and Comparative Religion* (IVF), Londres, 1971, una obra muy completa sobre la materia, escrita por un cristiano que conoce de cerca las grandes religiones por haber vivido en la India durante muchos años.

146

La Roca que guiaba a Israel era Cristo mismo (1.ª Cor. 10:4), y la palabra de los profetas que predijo la pasión del calvario fue mensaje dado por el mismo Espíritu de Cristo (1.ª Pedro 1:11). Abraham se alegró en Jesucristo (Juan 8:56). Y si nadie ha visto al Padre sino el Hijo y aquél a quien el Hijo quisiere revelarlo (Juan 1:18), hemos de concluir que Moisés habló cara a cara con Cristo mismo y que las apariciones del Angel de Jehová en el A.T. no son más que teofanías de la Segunda Persona de la Trinidad.

Los judíos piadosos de antaño no fueron salvos por las obras (nadie lo ha sido nunca) sino por la gracia de Dios, por medio de la fe. Ahora bien, su estado de conocimiento era imperfecto; veían como en un espejo muy borroso, mientras que nosotros, comparativamente, vemos con más claridad «cara a cara» (1.ª Cor. 13:12). En los tiempos del A.T. tenían la «sombra» pero no la verdadera imagen o sustancia de las cosas que habían de venir (Hebr. 10:1); de ahí que tuvieran que repetir constantemente unos sacrificios que jamás podían por sí mismos llevar a la perfección, mientras que nosotros sabemos que la ofrenda de Cristo, una vez por todas, es perfecta y trae paz y seguridad (Hebr. 10:10).

El conocimiento de los antiguos hebreos era deficiente, sus seguridades no eran tantas, pero el perdón de Dios idéntico al nuestro, pues se apoyaba en la misma gracia. ¡Cuánta vergüenza debiéramos sentir al compararnos con Enoc, Abraham, David o Daniel y considerar lo poco de su conocimiento con lo mucho de sus vivencias en contraste con nuestro gran conocimiento y la miseria de nuestras experiencias!

B) *Fuera Del Pueblo De Israel*

Si el único camino de acceso al Padre es por medio de Cristo —el Cristo revelado ya profética y tipológicamente a Israel— y la única base del perdón, y la aceptación delante de Dios, el sacrificio expiatorio realizado en la cruz del calvario, entonces, ¿qué decir de todos estos innumerables millones en todo el mundo —ayer y hoy— que viven y mueren sin haber oído hablar del único Mediador entre Dios y los hombres?

Esta cuestión ha recibido, también, varias respuestas que podríamos resumir, generalizando, en tres grupos:

1.º El Camino de las Obras

Ha sido la actitud, durante mucho tiempo, de la mayoría de autores católico-romanos y se comprende al tener en cuenta la teología de Trento según la cual el hombre no es justificado por la sola gracia y la sola fe sino *también* mediante sus obras. De ahí que el recurso católico-romano —todavía popular entre nuestras gentes— estriba en afirmar que Dios juzgará a cada hombre según haya obrado en su vida, independientemente del conocimiento que haya tenido de Dios, o mejor dicho: de la ignorancia del Evangelio. ¿No habla Pablo en estos términos en Romanos 2:11-15? La «buena fe», «las buenas obras», «el seguir la ley de la conciencia», etc., son caminos de salvación para el que no ha oído jamás de Cristo ni del Evangelio.

2.º Un Rechazo Radical

Nadie que no haya escuchado el mensaje del Evangelio y no haya dado una respuesta positiva al mismo se salvará. Todos los que han muerto sin tener esta oportunidad están condenados, pero no por no haberla tenido sino porque son pecadores y como tales son reos de la justicia divina.

Esta actitud radical fue la de muchos misioneros y también de algunos teólogos.

3.º El Cristo Presente En Todas Las Religiones

Es la postura de R. Pániker ya citado. Constituye una nueva vertiente de la respuesta católico-romana apuntada. El hombre se salva sólo a través de Cristo; pero Cristo se halla presente en todas las religiones. Se trata, en realidad, de la respuesta del «neo-sincretismo católico» actual, por llamarla de algún modo.

«Un budista que se salva, o un hindú, o un musulmán que son salvos —escribe otro autor en esta corriente— lo son dentro del budismo, dentro del hinduísmo y dentro del islamismo, pero en virtud del hecho de que Dios es la clase de Dios que Cristo ha revelado ser.» Esta frase es típica del estilo que presenta medias verdades arropadas con errores de bulto, porque efectivamente si alguien es salvo lo es porque Dios es el Dios revelado en Jesucristo, pero de esto no se sigue que un hindú pueda ser salvo *en tanto* que hindú y dentro del sistema de misterios y sacramentos (como diría Pániker) del hinduísmo, sino a pesar de todo ello. Por otra parte, el Dios revelado por Cristo no es sólo «gracia», sino también: «Luz», «verdad», «justicia» y en su Palabra nos plantea el dilema perenne de la verdad y el error: «¿Qué comunión tiene la luz con las tinieblas? ¿Y Cristo con Belial?» Recordemos lo dicho en la lección anterior sobre el sincretismo.

4.° *Por Una Cuarta Respuesta Bíblica*

¿Qué dice la Biblia? ¿Ofrece alguna respuesta a nuestros interrogantes sobre el destino de los millones de personas que jamás han oído acerca de Cristo?

4. El testimonio bíblico

El pasaje de *Romanos 2:11-15* en que pretenden apoyarse los partidarios de la Teología Natural católica, enseña, efectivamente, que los hombres serán juzgados de acuerdo con las luces que hayan recibido. El judío será examinado por la Ley del Sinaí y el gentil por la ley de su conciencia, «escrita en sus corazones». Ahora bien, hemos de leer lo que sigue. Así como ningún judío se salvará por haber guardado la ley, así tampoco ningún pagano habrá sido capaz de vivir conforme a la ley de su conciencia que, por otra parte, en la mayoría de casos habrá pervertido e insensibilizado. Cuando del segundo capítulo de Romanos pasamos al tercero, Pablo nos da el resumen de su enseñanza: «ningún ser humano podrá justificarse delante de Dios», ni judío ni gentil. En realidad, ¿cuál es la función de la Ley (la del Sinaí o la escrita en el corazón)?: despertar nuestra conciencia de pecado (Rom. 3:20). El veredicto de Dios es concluyente: «todos han pecado y, por consiguiente, todos se hallan excluidos de la gloria de Dios» (Rom. 3:23). La salvación y la comunión con Dios no pueden venir por las sendas de la auto-justificación y el propio empeño.

A) *No hay otro Nombre*

De capital importancia para nuestro tema es el texto de Juan 14:6: «YO SOY EL CAMINO, LA VERDAD Y LA VIDA; NADIE VIENE AL PADRE SINO POR MI.»

Paralelos a este pasaje podríamos considerar: Mateo 11:27 y 1.ª Juan 2:23. Textos que no dejan lugar a dudas. Igualmente explícito es Hechos 4:12. El conjunto de evidencias bíblicas lleva a la conclusión de que sólo a través de Cristo puede el hombre llegar a un conocimiento personal y a la comunión con Dios; solamente por medio de Cristo, de su muerte y de su resurrección, aplicadas con poder a nuestra vida, es capaz el ser humano de experimentar la salvación y el conocimiento de Dios.

B) *Dios quiere que todos los hombres sean salvos*

El anhelo de Dios es que «todos los hombres sean salvos y lleguen al conocimiento de la verdad» (1.ª Tim. 2:4), pero esto solamente es posible mediante Jesucristo, quien es «la propiciación por nuestros pecados, y no solamente por los nuestros, sino por los de todo el mundo» (1.ª Juan 2:2).

Al llegar a este punto, muchos autores ven un paralelismo entre *la actitud* (no el contenido de sus ideas y menos de las creencias que les condicionaban) de los paganos y la actitud del judío en los tiempos del Antiguo Pacto. Los piadosos de aquella época en Israel *no merecían* la gracia por los sacrificios en sí, ni por sus obras. Lo que ocurría era que su arrepentimiento y su fe (productos de la acción de Dios en sus corazones) abrían la puerta, por así decirlo, a la gracia, a la misericordia y al perdón de Dios. Este Dios quería su salvación y la misma fue lograda una vez por todas en la cruz, donde Cristo «se dio a sí mismo en rescate por todos, de lo cual se dio testimonio a su debido tiempo» (1.ª Tim. 2:6). ¿No podemos pensar —escribe un autor evangélico inglés— que lo mismo podría afirmarse del seguidor de cualquier religión en cuyo corazón el Dios de toda gracia hubiese obrado por su Santo Espíritu, hasta conducirle a darse cuenta de su pecado y su necesidad de perdón, habiendo sido capacitado de este modo para arrojarse en brazos de la misericordia del verdadero Dios? ¿No es éste, tal vez, el significado de las palabras de Pedro en casa de Cornelio (Hechos 10:34, 35)? No queremos decir, siguiendo el ejemplo de Cornelio, que cualquier hombre que se esfuerza en ser religioso y moral *ganará* la salvación, o *amontonará méritos* para hacerse acreedor a la misma. Toda la Biblia niega esta posibilidad. Lo que sí significa es que cualquier persona que despierta a la realidad de su condición de pecado, ignorancia e impotencia, y que se arroja a la sola misericordia de Dios con sinceridad y honestidad de propósitos (todo lo cual, por supuesto, indica la acción del Espíritu Santo en su corazón, mayormente si nunca ha tenido ocasión de escuchar el Evangelio), esta persona hallará misericordia —aunque sin comprenderla— en la cruz sobre la que Cristo murió por todos (2.ª Cor. 5:14).

Al comentar este pasaje G. Campbell Morgan escribió: «El apóstol no enseña que el hombre sea recibido por Dios sobre la base de su moralidad, ya que sólo puede serlo en virtud de lo que Cristo ha hecho por él. Ahora bien, nadie es salvo por el solo hecho de comprender la doctrina de la expiación, en tanto que simple doctrina (que, por otra parte, nadie puede entender completa y perfectamente). El hombre se salva, no cuando comprende, sino cuando siente temor de Dios y obra en consecuencia...., y ello gracias, no a su moralidad, sino a los méritos infinitos de Cristo.»

Al hablar, pues, de la manera como anduvieron —según la luz recibida— los que jamás oyeron de Cristo, hemos de entender este sentimiento de *necesidad* y de impotencia que suscita el deseo de *confiar en Dios*, y únicamente en él. Zwinglio escribía al respecto: «No ha habido un solo hombre justo, un solo corazón piadoso o una sola alma creyente desde el comienzo del mundo, que no haya sido objeto de la acción de Dios y en la que no se vea allí la presencia del Cordero.»

C) *Dios puede hablar al corazón del hombre*

Dios puede hablar al corazón del hombre. Puede asimismo utilizar todas aquellas influencias de la Revelación natural original cuyos vestigios todavía sean discernibles, así como el impacto indirecto de la luz de Israel y de la Iglesia. ¿No hablan en este sentido nombres como Melquisedec, Job, Balaam, etc? ¿Y qué diremos de los sueños de Nabucodonosor y Abimelec?

Este sentimiento de necesidad y de impotencia lo hallamos en Séneca («Todos somos pecadores —escribió— y lo que reprocho en otro se encuentra en mí») y en Horacio («Veo y apruebo lo bueno, pero sigo lo malo»). ¿Y la esperanza mesiánica que encontramos no sólo en Virgilio sino en gran número de poetas y pueblos antiguos?

Ahora bien, si alguno de estos hombres fue salvo no lo fue dentro de sus sistemas o coordenadas ideológicas sino *a pesar de ellas* y por la gracia de Dios. La misericordia del Señor que obra apoyada en Cristo es la única fuente de salvación.

Hay quien avanza la sugerencia de que, acaso, Dios juzgue a los hombres en su omnisciencia según hubieran obrado en el caso de que hubiesen tenido conocimiento del Evangelio. El Señor sabe cuál hubiese sido la respuesta en cada caso (cf. Lucas 10:13).

Dios es bueno para con todos los que le buscan de alguna manera (Lament. 3:25; Prov. 8:17). Ahora bien, es igualmente cierto que el hombre no tiene inclinación por esta búsqueda (Salmo 53:2,3; Rom. 3:11). Pero, a la luz de Lucas 11:9,10 que nos conserva palabras de Cristo mismo, lo que el salmista y el apóstol querrán decir es que nadie busca a Dios aparte de la acción de la gracia divina en el corazón y que aun los que le buscan no merecen nada y todo cuanto reciben es por pura misericordia del Dios que salva y perdona. Leamos también Hechos 17:27, en donde tenemos el encuentro de Pablo con los atenienses y en donde habla en términos parecidos a lo que leemos en Hebreos 11:6. Los elementos esenciales de esta búsqueda y este encuentro palpando en las sombras —según Anderson, ya citado— serían: *un sentido de pecado y de necesidad obrado por Dios y un total abandono a la misericordia del Señor intuido, apenas vislumbrado pero experimentado en el fondo del corazón.*

Un hombre así preparado cuando luego escucha el mensaje del Evangelio —si llega esta oportunidad— está listo para abrazarlo en seguida. No es raro encontrar personas que reciben alborozadas el Evangelio y exclaman: «Esto es lo que yo he estado esperando durante muchos años; esta es la verdad en la que implícitamente ya creía. ¿Por qué no me hablaron antes del Evangelio?» En el caso de que estas personas no lleguen a escuchar el Evangelio, ¿podemos dudar de que al otro lado de la tumba Cristo las está esperando? No olvidemos que no es el conocimiento perfecto, sino la *actitud* frente a Dios lo que cuenta.

No dogmatizamos, solamente reflexionamos a la luz de la Escritura y con la prudente vigilancia del que desea ser fiel a la totalidad de su testimonio y enseñanza.

Como reflexión final y concluyente, al menos para nosotros, está el hecho de que Dios es justo y el destino de los hombres, de todos los hombres, se halla en manos de esta justicia divina. ¿Qué mejor esperanza y qué mejor garantía de que finalmente triunfará lo justo?

5. Algunas implicaciones misioneras

Si lo dicho hasta aquí es correcto, ¿disminuye en algo la urgencia de la tarea evangelizadora de la Iglesia de Cristo? En absoluto.

Consideremos:

1) Tenemos las órdenes explícitas de Cristo de ir y predicar su Evangelio hasta lo último de la tierra. Todo creyente tiene no sólo este privilegio sino que es responsabilidad y deber suyos el llevarlo a cabo.

La «Gran Comisión» del Señor es un mandamiento (Mateo 28:16-20), no una simple posibilidad optativa.

2) Un hombre como Cornelio —o el centurión en quien fue hallada tanta fe, que nos presentan los Evangelios— puede, seguramente, haber alcanzado la misericordia del Señor, pero necesita, además, desesperadamente, la enseñanza que le traerá paz y seguridad a su corazón, dándole asimismo la capacitación y los estímulos necesarios para comunicar el mensaje a los demás.

Acaso sea a esto a lo que se refiere Zacarías cuando habla de «dar *conocimiento* de salvación a su pueblo» (Lucas 1:77). Tal vez sea, en parte al menos, también el sentido del mensaje especial del Señor a Pablo en Corinto (Hechos 18:9,10): «Tengo mucho pueblo en esta ciudad.» Campbell Morgan comenta: «Dios conocía la agonía de muchos —inarticulada, tal vez; no expresamente comprendida ni formulada— y Pablo tenía que ministrar y dar el Evangelio a estas gentes. Estas palabras del Señor a su apóstol tienen que ver, no con los ya cristianos, sino con aquellos que Dios cuenta como suyos.»

3) Nadie debe contentarse con el mínimo de Evangelio o el mínimo de la gracia de Dios. El contacto con el Señor —por la iniciativa de su gracia— debe proseguir siempre. Así que deber de la Iglesia es dar instrucción, apoyo,

amor y estímulo a cuantos demuestran por su actitud una disposición para aceptar el Evangelio.

4) No podemos negar a nadie la presente experiencia de gozo, paz y poder que todo cristiano consciente —con una experiencia personal definida de conversión a Cristo y comunión diaria con el Padre— disfruta. Esto es posible solamente por la predicación plena del Evangelio a las almas.

Dios siempre tuvo alguna clase de «testigo», o testimonio, en el mundo (Hechos 14:17); ahora nos toca a nosotros seguir dando fe de lo que Dios es, Dios quiere y Dios hace en aquellos que le reciben personal, consciente y totalmente en sus vidas.

El testimonio, hoy, desea Dios proseguirlo por medio nuestro.

Todas las gentes tienen que escuchar el Evangelio. Todos los cristianos tienen, pues, que proclamarlo.

Humanamente hablando, la Iglesia apostólica tenía más excusas y dificultades para salir a dar a conocer el Evangelio al mundo. Pero aquellos cristianos salieron. Basta una ojeada al libro de los Hechos para comprobar lo que ellos hicieron y lo que *nosotros* tenemos que hacer.

CUESTIONARIO:

1. ¿De qué manera llegaba el conocimiento salvador a Israel antes de Cristo? — 2. ¿Qué le parece la teoría católica de «la buena fe» o las «buenas obras»? — 3. ¿Cuál es la interpretación correcta de Romanos 2:11-15? — 4. ¿Puede Dios hablar al corazón de los hombres? — 5. ¿Afecta a nuestra postura en algo la responsabilidad misionera de la Iglesia?

BIBLIOGRAFIA

G. C. Berkouwer, *General Revelation*, Eerdmans, Grand Rapids, 1964.

G. C. Berkouwer, *General and Special Divine Revelation*, en «Revelation and the Bible», ed. por Carl F. H. Henry, Baker, Grand Rapids, 1958.

Juan Calvino, *Institución de la Religión Cristiana*, I, capítulos 1-6. Fundación Editorial de Literatura Reformada, Países Bajos, 1968.

Charles Hodge, *A commentary on the Epistle to the Romans*, Kregel, Grand Rapids, 1886.

J. N. D. Anderson, *Christianity and comparative Religion*, Inter-Varsity Press, London, 1971.

H. D. Lewis and R. L. Slater, *World Religions*, C. A. Watts, Londres, 1966.

José Pijoan y Juan Salvat, *Historia del Mundo*, Salvat Editores, S. A., Barcelona, 1969. Interesante por la información que ofrece, pero no por la interpretación que hace de las grandes religiones ni del cristianismo en algunos puntos.

L. Newbegin, *The Finality of Christ*, S.C.M. Press, Londres, 1969.

P. Tillich, *Christianity and the encounter of the world Religions*, Columbia University Press, 1964.

W. A. Visser't Hooft, *No other name*, S.C.M. Press, 1963.

R. Pániker, *The unknown Christ of Hinduism*, Darton, Longman, 1965. Ejemplo del nuevo neo-sincretismo católico-romano.

Tercera parte
LA REVELACION ESPECIAL

LECCION 29.ª

REVELACION Y PALABRA: DIOS HA HABLADO

Hemos visto que Dios no se manifiesta sólo por las obras de la naturaleza, sino que se ha revelado también de una manera especial en ciertos hechos de la Historia, los que culminan en la obra y persona de Jesucristo. Precisamente, uno de los títulos más expresivos que se dan a Cristo es «el Verbo», la Palabra. En efecto, Cristo es la Palabra de Dios encarnada. Y de la misma manera que la palabra es el medio por el cual expresamos nuestros pensamientos, así Cristo es el medio por el cual Dios nos ha revelado sus pensamientos divinos. «A Dios nadie le vio jamás; el unigénito Hijo que está en el seno del Padre, El le ha dado a conocer» (Juan 1:18).

De todo ello hemos deducido que hay una Revelación General de Dios, a través de las obras de la Creación, y otra Revelación Especial, más particular, por medio de intervenciones y mensajes directos de Dios al hombre. Pero, surge la pregunta: ¿cómo podemos nosotros llegar a conocer tal Revelación? Si Dios habló en el pasado de diversas maneras y en varias ocasiones, ¿cómo puedo yo oír su voz hoy?

Y, sobre todo, ¿qué conocimiento tendríamos nosotros de esta Palabra encarnada, de la Revelación de Dios en su Hijo, si no hubiera quedado registrada de algún modo que la hiciera permanente?

159

1. Revelación Especial y Palabra escrita

La respuesta a nuestros interrogantes es la Biblia. En sus páginas tenemos el testimonio de que Dios no sólo obró en la Historia mediante intervenciones especiales, sino que su Providencia buscó a aquellos que, guiados por el Espíritu Santo, pusieran por escrito el relato de los hechos de Dios y su interpretación divinamente inspirada.

Del mismo modo que no basta que la huella de Dios se vislumbrara en la Creación, y precisábamos una Revelación más perfecta, así tampoco esta manifestación directa del Señor, revelándose más claramente por sus acciones extraordinarias en la Historia, sería de ninguna utilidad si no hubiera quedado registrada en las páginas de un Libro. Este libro es la Biblia.

El mismo Brunner, uno de los más destacados representantes de la Neo-Ortodoxia, se ve obligado a admitir que «sin la Biblia no sabríamos nada de Cristo, de quien precisamente nos viene el nombre de cristianos. La fe cristiana es la fe en Cristo, y sólo en la Biblia podemos entrar en relación con El para escuchar sus palabras. La fe cristiana es una fe bíblica».[1]

El que la Revelación Especial de Dios se conserve mediante la Escritura es algo lógico y de sentido común. El propósito de la escritura es precisamente el de dar forma permanente a la de otro modo fugaz expresión verbal. En lo escrito el discurso toma como una existencia propia, libre de las limitaciones del tiempo y del espacio.

Escribe Calvino: «Si consideramos la mutabilidad de la mente humana, cuán fácilmente cae en el olvido de Dios, cuán grande es su propensión a errores de toda clase, cuán violenta es su pasión por la constante fabricación de religiones nuevas y falsas, será fácil percibir la necesidad de que la doctrina celestial quedara escrita, a fin de que

---

1. Emilio Brunner, *Nuestra fe*, p. 16, Ed. «Pro-Hispania», 1949.

no se perdiera en el olvido, se evaporara en el error o se corrompiera por la presunción de los hombres» (Calvino, Inst. I, cap. VI).

En otras palabras: «El hombre, en estado de inocencia, conversaba con Dios y aprendía la voluntad divina. Pero cuando el hombre pecó se produjo una ruptura entre el hombre y Dios de efectos definidamente terribles. El hombre necesita un nuevo tipo de Revelación por dos razones: 1.ª, está en pecado y necesita una revelación de gracia; 2.ª, el hombre en pecado corrompe la Revelación de modo que tiene necesidad de una Revelación incorruptible para poder tener un conocimiento verdadero de Dios y de la voluntad divina. La Escritura, como revelación externa, se hizo necesaria a causa del pecado del hombre. Esta Revelación tiene que venirnos «de fuera», de manera externa y no interna y subjetivamente, ya que una Revelación externa es la única que puede neutralizar las tendencias corruptoras de la naturaleza humana. Así que la Escritura es la voz de Dios en un mundo de pecado. Siendo un Libro es objetivo; por ser la Palabra de Dios tiene autoridad absoluta. En último término, el hombre piensa y obra o bien sometiéndose a la autoridad de Dios o a la del hombre. Y toda filosofía, fuera de la Biblia, es autoridad humana. La Biblia es, pues, para el cristiano la autoridad final, absoluta e infalible.» [2]

Examinemos ahora los hechos de la Escritura tal como los hallamos en la misma Biblia:

A) En el Antiguo Testamento

En la antigua dispensación, la transmisión de la plena verdad revelada no se efectúa por el mero recuerdo, o tradición. La Revelación se transmite mediante libros divinamente inspirados.

Se le promete a Israel que, después de Moisés, el Señor levantará profetas que, como el Caudillo que los sacó

---

2. Van Til, *Christian Theistic Ethics*, 1947, pp. 19-21.

de Egipto, hablarán en el nombre de Dios (Deut. 13:15, 18). Ahora bien, la profecía se da como don, como carisma, no como algo vinculado a una institución, ni siquiera la sacerdotal (pese a haber escogido el Señor a Israel como vaso de su Revelación Especial y haber designado a la tribu de Leví para el sacerdocio).

El profeta daba sus mensajes al pueblo, pero de éstos los únicos que han quedado como Revelación Especial garantizada de Dios son los que se han preservado en forma escrita. Para todo hebreo, el mensaje de sus profetas en el pasado sólo podía llegar a él por la Escritura. Esto era obvio porque la infalibilidad del mensaje profético iba ligada a la persona del profeta en tanto que profeta, pero no al recuerdo que del mismo pudieran tener los oyentes.

Una Revelación preservada por tradición oral hubiera requerido una de dos: o el Señor inspiraba a todos los creyentes para recordar «infaliblemente» la tradición concerniente a su Revelación, o bien daba este «don» a una institución. Pero ninguna de las dos cosas se dieron en Israel. La Palabra de Dios que, en ciertos momentos de su Historia, llegaba hasta Israel quedaba vinculada a la Escritura. Así, la Palabra de Dios por antonomasia era la Palabra registrada en los Sagrados Libros.

Cierto que, sobre todo a partir del período intertestamentario, se introdujo la tradición de los escribas y fariseos que pretendía ser una fuente de revelación igual que la conservada en las Escrituras. Pero esto fue una desviación. Y Cristo expresó muy claramente su opinión sobre el particular. Negó de manera enfática que la tradición fuese Palabra de Dios. Acusó a la tradición de invalidar, de anular, la misma Palabra reveladora (Mateo 15:3). El vino para que se cumpliese la Escritura, no la tradición.

B) *En el Nuevo Testamento*

No es, pues, de extrañar que la norma que sirvió para el Antiguo Testamento sirva igualmente para el Nuevo.

Cuando el apóstol Pedro ve cercanos sus últimos días, se preocupa de que la enseñanza apostólica sea preservada. Y para ello piensa en la Escritura. Las palabras que de él tenemos en su 2.ª epístola (1:12-15; 3:2-15) muestran cómo era consciente de que ellos, los apóstoles, en tanto que apóstoles, eran depositarios de la verdad revelada. Eran los testigos vivos del Cristo vivo.

Juan, el último de los apóstoles en dejar el tabernáculo terrestre, siente asimismo la gran necesidad de que la Revelación de Cristo se conserve de manera escrita. A la luz de los tres evangelios sinópticos procura escribir otro evangelio que complete a aquéllos y así el pueblo cristiano pueda tener una más acabada información acerca de su Redentor. Y, luego, es el Señor mismo quien le ordena ponga por escrito las palabras de la última revelación del Apocalipsis (1:19).

Del mismo modo que Cristo es la Revelación final, completa y perfecta, de Dios a los hombres, así también los escritos apostólicos cierran completamente el canon de los libros inspirados. Es un hecho reconocido por todo lector imparcial del Nuevo Testamento que el apostolado era intransferible. Porque el apostolado y la Revelación de Jesucristo van íntimamente unidos: aquél es el testimonio de ésta. Y la verdad es que después del período apostólico no ha habido más Revelación especial. La misma Iglesia Romana, que pretende la «sucesión» apostólica en su jerarquía, se ve obligada a confesar y reconocer que la Revelación «quedó completa con los apóstoles».[3]

Así, no quedaba otro medio más eficaz para preservar el mensaje de Dios en Cristo que la escritura. Por esto dice, con razón, Calvino: «Es solamente en las Escrituras que al Señor le ha placido preservar su verdad en memoria perpetua....» (Calvino, Inst. I, cap. VII.)

---

3. Decreto del Santo Oficio «Lamentabili», del 3 de julio de 1907, bajo Pío X.

Tanto el Antiguo Testamento como el Nuevo fueron recibidos por el pueblo de Dios como Palabra divina. Aunque el tema del canon de las Escrituras será tratado en otro lugar, conviene sin embargo hacer notar ya ahora que los libros de la Biblia se impusieron por sí mismos como Palabra inspirada de Dios y que no deben a ninguna Sinagoga, ni concilio, el que fueran aceptados como tal. No hubo ninguna acción por parte de la Iglesia que determinase cuáles eran los libros divinamente inspirados y cuáles no. Lo único que la Iglesia hizo fue reconocer, aceptar la existencia de los libros de la Escritura por el propio peso de ellos mismos. Esto es en sí una fuerte prueba de su genuinidad y autenticidad.

Cuando en el siglo IV el Concilio de Nicea (325) se reunió para tratar sobre la crisis arriana, tanto Atanasio como Arrio apelaron a la Escritura como a un cuerpo de doctrina infalible que estaba fuera de toda discusión. Y así también cuando el Tercer Concilio de Cartago (397), más tarde, aconsejó a las iglesias que no leyeran en el templo otros libros que los canónicos, no hizo más que reconocer formalmente el hecho aceptado por toda la Cristiandad acerca de la Biblia. A finales del siglo II, la Biblia contenía esencialmente los mismos libros que tenemos hoy y eran considerados con el mismo respeto que tenemos por ellos los cristianos en la actualidad.

CUESTIONARIO:

1. ¿Cómo se relacionan la Revelación Especial y la Biblia? — 2. ¿Considera correcta la definición de Van Til? 3. ¿De qué manera fue preservada la Revelación Especial en Israel? — 4. ¿Dónde encontraba la primitiva Iglesia la Revelación Especial?

LECCION 30.ª

LA REVELACION ESPECIAL

1. El hecho de la revelación

La realidad de una revelación de parte de Dios se apoya en la misma naturaleza y carácter del hombre —creado a semejanza de Dios (Génesis 1:27) y a su imagen— y llamado a tener comunión con su Creador.

A) *Dios habló al hombre* en su estado original perfecto:

    1. Antes de la caída (Génesis 1:28-30; 2:16-25).

    2. Después de la caída (Génesis 3:9).

B) *Dios habló a las naciones, esporádicamente*

    1. De una manera general (Isaías 33:3; 34: 1-2).

    2. De manera más concreta (Daniel 2 y 4).

C) *Dios fue conocido en Israel de manera especial*

    1. Habló a los patriarcas (Génesis 6:13; 7:1; 8:15; 9:1 y 12:1-3, etc.).

    2. Habló a Moisés (Exodo 3 y 4; 20; 31:18, etc.).

    3. Habló a los profetas (Isaías 6; Jeremías 1 y 2, etcétera).

    4. Habló definitivamente por medio de su Hijo y de sus apóstoles (Hebreos 1:1-4; 1.ª Tesal. 2:13; 2.ª Pedro 3:14-15).

2. Las formas de la revelación

Según enseña Hebreos 1:1-4, Dios comunicó su revelación especial de diversas formas, pero convirtió a Israel en el vehículo de esta revelación (Romanos 3:1-2).

Entre las diversas formas de la comunicación especial de Dios, destaquemos las siguientes:

A) *Teofanías*, o manifestaciones visibles —aunque más o menos veladas— de la Divinidad:

1. En medio de fuego y nubes (Exodo 3:2; 33:9; Salmo 78:14; 99:7).
2. En medio de vientos impetuosos (Job 38:1; Salmo 18:10-16).
3. En el silbo apacible y delicado (1.ª Reyes 19:12).
4. Por medio del llamado «Angel de Jehová» (no «un ángel», sino «el Angel de Jehová), la segunda Persona de la Trinidad (Génesis 16:13 y 31:11).

B) *Comunicaciones directas*

1. Así habló a Moisés (Deuteronomio 5:4) particularmente.
2. Por la operación interior del Espíritu Santo en los corazones y las mentes de los profetas (1.ª Pedro 1:11).
3. Por sueños y visiones y también por el misterioso Urim y Tummim (Números 12:6; 27:21; Isaías 6).
4. En el N. Testamento, Jesucristo es el Maestro divino que revela la voluntad del Padre y por su Espíritu los apóstoles se convierten en órganos de la revelación posterior y final (Juan 14:26; 1.ª Corintios 2:12-13).

C) *Milagros*

Berkhof dice atinadamente: «Los milagros narrados en la Biblia no debieran ser nunca considerados como meras maravillas para llenar de asombro a los hombres, sino como partes esenciales de la revelación de Dios. Son manifestaciones de un poder divino especial y de la presencia de Dios de un modo particular. En muchos casos son símbolos de verdades espirituales, de la venida del Reino de Dios y del poder divino para la redención. El mayor de los milagros fue la venida del Hijo de Dios en forma humana. Es en Cristo que la creación entera es restablecida y restaurada a su belleza original» (1.ª Timoteo 3:16; Apoc. 21:5).

Los milagros constituyen las credenciales divinas, obradas por Dios para confirmar toda nueva comunicación divina a la Humanidad. Así los milagros y la revelación van juntos. Las grandes épocas de los milagros en la Biblia —el tiempo de Moisés, el de los profetas y el de la primera y la segunda venida de Cristo— corren paralelas a las grandes épocas de la revelación especial. Los milagros servían para corroborar las nuevas verdades y cesaban cuando estas verdades eran ya cosa admitida.

3. La humildad que exige la revelación

La verdad de la existencia de Dios —y de la Palabra de Dios— la admitimos por fe, pero esta fe se basa en información auténtica y veraz. No es, pues, una fe ciega sino una fe apoyada en evidencias, y la primera de estas evidencias es la que hallamos en el hecho mismo de la Revelación; hecho atestiguado por la Biblia, es decir: por la existencia misma del Libro de Dios que es registro de las comunicaciones divinas a los hombres. Sobre la BIBLIA como objetivación concreta de la Palabra de Dios revelada, volveremos más detenidamente al estudiar el tema de la «Inspiración de las Escrituras».

El orgullo del hombre se siente herido, al descubrir que el Evangelio exige humildad y arrepentimiento intelectual tanto como moral. Pablo lo expresa así en 2.ª Corintios 10:5.

La humildad de la mente finita, y tarada por el pecado, frente al Dios infinito es una señal de auténtica sabiduría. Porque la Revelación de Dios es revelación de verdad.

CUESTIONARIO:

1. ¿A quién habló Dios en la antigüedad? — 2. ¿Cómo habló Dios o se manifestó a los hombres? — 3. ¿Qué relación tienen los milagros con la revelación divina? — 4. Si Dios ha hablado, ¿qué actitud debe tomar el hombre con respecto a esta revelación?

LECCION 31.ª

LOS INSTRUMENTOS DE LA REVELACION (1): LOS TESTIGOS

Dios ha hablado. Su voz ha sido oída y en Jesucristo bajó a la tierra. Esta voz ha hecho su impacto sobre la Humanidad y de este impacto surgió la Biblia. Pero la Biblia misma no cayó del cielo como un meteorito, ni nos fue entregada tampoco por mano de ángeles en forma de libro.

La Biblia es el depósito de la Palabra de Dios. Es el testimonio humano de lo que dijo e hizo el Verbo encarnado y de la expectación profética del mismo. No obstante, se trata de un testimonio humano controlado por la Providencia.

Dios quiso que su revelación especial (registrada en las páginas de la Biblia) llegara hasta nosotros a través del testimonio de unos hombres a quienes fue manifestada esta Revelación (Moisés, profetas, apóstoles, etc.).

¿Cómo hemos de entender este «testimonio humano» que, cual vaso de barro, contiene un tesoro divino?

Los testigos reunieron ciertas características:

1. Testigos

Se entiende por tal al que da testimonio de algo; los testigos bíblicos escucharon, vieron y «palparon» los hechos históricos por los que se manifestó la Revelación divina (Lucas 24:28; 1.ª Juan 1:1; 1.ª Corintios 15:6; Hechos 26:26).

2. Testigos escogidos e inspirados

Estos testigos fueron escogidos por el Señor mismo para ser no sólo recipientes sino portadores de la Revelación, para lo cual fueron equipados de manera única por el Espíritu Santo (Hechos 5:32; Juan 15:26,27). El Espíritu guió a los profetas y apóstoles a «toda verdad» (1.ª Pedro 1:10-13); (2.ª Pedro 1:21; 1.ª Timoteo 2:7). No bastaba que fueran simplemente testigos. Tenían que ser testigos *inspirados* —ayudados por Dios y controlados por él— para dar un testimonio veraz sin posibilidad de error.

3. Testigos indispensables

Al ser no sólo receptores sino transmisores de la Revelación Especial, estos testigos bíblicos (Gálatas 1:1 y ss.; Juan 20:31) son hechos «enviados» al pueblo de Dios de todos los tiempos y quedan así constituidos como fundamento indispensable de la Iglesia (Efesios 2:20). Esta se edifica sobre la Piedra angular que es Cristo mismo, pero, a su vez, sobre los testigos queridos y llamados por Jesucristo: los apóstoles y los profetas, llamados explícitamente «el fundamento» de la Iglesia (Efesios 2:20; Mateo 16:18).

Eso fue así porque los apóstoles habían sido divinamente designados y sobrenaturalmente equipados para ser instrumentos de la Revelación que habrá de llegar a todos los hombres, en todo tiempo, para bendición de los que han de creer en Cristo *por la palabra de ellos* (de los apóstoles) (Juan 17:20).

4. Testigos perennes

Por su carácter único, estos profetas y apóstoles no pueden tener sucesores. El fundamento se coloca una vez por todas. Los requisitos para el apostolado prueban nuestra afirmación.

¿Cuáles eran estos requisitos?:

a) Haber sido llamado por Cristo mismo (Gálatas 1:1), por revelación del Señor (Gálatas 1:12).

b) Haber sido testigo de la resurrección de Cristo, es decir: haberle visto resucitado (Hch. 1:21-22; 1.ª Corintios 9:1 y 15:8).

c) Ser inspirado y libre de todo error como maestro, de tal manera que pudiera exigir para su enseñanza el respeto debido a la doctrina de Cristo mismo —dado que era la misma— (1.ª Corintios 14:37; 1.ª Tesalonicenses 2:13).

d) Presentar un ministerio corroborado por milagros (2.ª Corintios 12:12).

Los apóstoles testificaron de Cristo *una vez para siempre* (Judas 3) en la consumación de los siglos y a su testimonio quedan ligados la Iglesia y el mundo, que serán juzgados por ellos.

Unas consideraciones:

La Revelación llega a nosotros con la garantía de estar cimentada sobre *hechos* (2.ª Pedro 1:16), no meras hipótesis o simples ideologías o misticismos. La Revelación ha sido dada por medio del testimonio de unos hombres humanamente veraces y sobrenaturalmente inspirados. Unos hombres que, además, ellos mismos experimentaron el poder de la Palabra transmitida que los salvó.

Así, no sólo la salvación sino su misma proclamación por testigos inspirados pertenece al plan redentor de Dios. Esto es lo que no han sabido ver ciertas escuelas teológicas como la neo-ortodoxia.

La singularidad del testimonio apostólico y la imposibilidad de sucesores de los apóstoles son doctrinas bíblicas fundamentales que, no obstante, no reciben la debida atención ni en el Catolicismo Romano, ni en la llamada Ortodoxia, ni en la Iglesia Anglicana (por lo menos en muchos sectores de la misma), ni en los modernos exponentes de la pretendida «Iglesia Apostólica» de cariz pentecostal.

CUESTIONARIO:

1. ¿Arrojó Dios una Biblia desde el cielo, o envió a hombres para que diesen testimonio de su verdad? — 2. Señale las características de estos «testigos» llamados por Dios.— 3. ¿Pueden tener sucesores los profetas y apóstoles? Razone su respuesta con argumentos. — 4. ¿En qué se apoya la Revelación? ¿En hipótesis, en filosofías o en hechos históricos? — 5. ¿Qué escuelas teológicas y qué iglesias han prestado poca, o ninguna atención, a las verdades reveladas expuestas en esta lección?

LECCION 32.ª

LOS INSTRUMENTOS DE LA REVELACION (2): LA TRADICION APOSTOLICA

¿De qué manera el testimonio de unos hombres *escogidos* para ser testigos *indispensables* y *perennes* (véase lección anterior) —profetas y apóstoles— llega hasta nosotros hoy? ¿Cómo es posible que dicho testimonio alcance a todas las generaciones hasta que Cristo vuelva?

La respuesta a todos estos interrogantes se halla en la Biblia; no sólo en su contenido, sino en el hecho mismo de su existencia. Es así porque la Revelación Especial se identifica con la Sagrada Escritura.

Para *preservar* y *transmitir* lo que había sido revelado, Dios ordenó que fuera puesto por escrito (Deuteronomio 18:18; Isaías 51:16; 59:21; Jeremías 1:9; Apocalipsis 1:11,19). No significa esto que la Biblia contiene todo lo que Dios ha dicho o ha hecho (2.ª Crónicas 9:29; Juan 21:25), pero sí *todo lo que es necesario* para nuestra salvación, instrucción y santificación. Y, aparte de ella, ya nada más sabemos de la Revelación divina (Juan 20:31), de manera que ninguna tradición histórica, eclesiástica o religiosa es capaz de aportarnos datos fidedignos tocantes a la Revelación Especial. Sólo la tradición apostólica es de fiar, porque sólo los apóstoles (y los profetas en el Antiguo Testamento) recibieron de Cristo el ministerio de ser testigos sobrenaturalmente equipados y fundamento de su Iglesia (Efesios 2:20).

1. La Tradición apostólica, norma para la Iglesia

La Tradición apostólica es, pues, norma para la Iglesia (1.ª Tesalonicenses 2:13; 2.ª Tesalonicenses 3:6). Por consiguiente:

a) *La Tradición apostólica debe ser guardada y transmitida.*

1.ª Corintios 11:23 (cf. 11:2); 15:3; 2.ª Tesalonicenses 2:15 (ej. de la «Santa Cena» como tradición apostólica custodiada y proclamada por la primitiva Iglesia).

b) *Porque dicha Tradición viene de Dios y merece acatamiento.*

Gálatas 1:12; 1.ª Tesalonicenses 2:13.

Compárese, por vía de contraste, el valor nulo de la tradición humana: Colosenses 2:8; Mateo 15:3.

2. ¿Cómo llega a nosotros esta norma apostólica?

Por la *Escritura* —la Biblia— que recoge la tradición profética y apostólica: Romanos 1:1-3; 16:26.

Debía ser así, puesto que los apóstoles no viven siempre en el mundo, ni pueden tener sucesores, según vimos en la lección anterior. El Espíritu Santo les prometió su asistencia, no obstante, para que fueran capaces de transmitirnos *siempre* e *infaliblemente* el contenido de la Revelación Especial. Veamos cómo halló cumplimiento la promesa divina:

a) *La triple promesa del Señor y su cumplimiento:*

PROMESA	CUMPLIMIENTO
Juan 14:26	Los Evangelios
Juan 16:13,14	Las Epístolas
Juan 16:13	El Apocalipsis y demás pasajes proféticos de los Evangelios y las Epístolas.

b) *La conciencia apostólica de su puesta en práctica:*
En Pedro: 2.ª Pedro 1:14,16; 3:12,15.
En Juan: Juan 21:24; 20:31; Apocalipsis 1:11,19; 19:9.
En Pablo: 1.ª Corintios 14:37; 1.ª Tesalonicenses 5:27; 2.ª Tesalonicenses 3:14.

c) *Nuestra comunión con la verdad pasa a través (de las Escrituras) de los profetas y apóstoles:*
Juan 17:20; 1.ª Juan 1:1; 2:19.

d) *Por consiguiente, somos amonestados a guardar la Palabra escrita:*
Colosenses 2:8; 1.ª Corintios 4:6; Hechos 20:28, 31,32; Isaías 8:20.

No es verdad, pues, como afirman algunos autores católico-romanos, que Cristo nunca ordenó a sus apóstoles que escribieran. Toda la evidencia bíblico-histórica está en contra de tal afirmación.

3. **La Tradición apostólica y la Tradición eclesiástica**

El error de la doctrina oficial católico-romana (error expuesto en el Concilio de Trento, refrendado en el Vaticano I y repetido en el Vaticano II) que pretende poseer la Revelación Especial no sólo en la Biblia sino en una difusa y supuesta Tradición —una Tradición que progresa en la Iglesia, mediante su magisterio infalible y bajo la autoridad del Papa— obedece a *una triple confusión:*

a) *Confunde la tradición eclesiástica con la tradición apostólica.*

Esta es única y bien *concreta,* habiendo quedado registrada en las páginas de la Escritura. Aquélla no es más que el testimonio y la proclamación de la Iglesia con respecto de la segunda. La segunda está exenta de error, mientras que la tradición eclesiástica es falible porque no sólo testifica de la Revelación sino que, en ocasiones, ha sido infiel a la misma.

b) *Confunde apostolado con episcopado.*
Se trata de dos ministerios totalmente distintos. El primero corresponde al fundamento y el segundo al edificio de la Iglesia.

c) *Confunde magisterio revelador de los apóstoles con el magisterio expositivo —y subordinado— de la Iglesia cristiana.*

«Al aceptar el Canon y reconocer sus límites, la Iglesia no sólo distinguió entre escritos canónicos (inspirados) y no canónicos, sino que señaló los límites donde se encierra la única tradición apostólica autorizada. Todo esto carecería de valor si, al mismo tiempo, hubiera de haber continuado una tradición oral ilimitada también canónica» (H. Ridderbos).

CUESTIONARIO:

1. ¿Registra la Biblia todas las palabras y todos los hechos de Dios? — 2. ¿Es posible hallar algún «fragmento» de Revelación Especial aparte de la Biblia? — 3. Señale la diferencia entre «Tradición apostólica» y tradiciones humanas. — 4. ¿Ordenó Dios a los profetas y a los apóstoles que escribieran su testimonio de la Revelación Especial? ¿O dejó dicho testimonio a la tradición oral? — 5. Explique el triple malentendido de la postura católico-romana respecto a la Revelación Especial.

LECCION 33.ª

LOS INSTRUMENTOS DE LA REVELACION (3): LA INSPIRACION DE LAS ESCRITURAS

Vimos en la lección anterior cómo la *Tradición Apostólica* debía quedar codificada en un libro (la *Biblia*) para poder ser así guardada y proclamada.

El mensaje de este libro fue inspirado por Dios, quien controló a profetas y apóstoles para librarles de todo error, exactamente como les había guiado en la proclamación oral. La Biblia, pues, es la Palabra de Dios dada a los hombres por medio de unos hombres escogidos, controlados e inspirados por el Espíritu Santo. El Espíritu de verdad obró de tal manera en los escritores sagrados —los mismos hombres que antes habían sido testigos escogidos— que lo que ellos escribieron no es ya simple palabra humana, sino plena y perpetuamente la Palabra de Dios para todas las generaciones.

1. ¿Cómo hemos de entender la inspiración?

Digamos, en primer lugar, lo que no es la inspiración en términos bíblicos:

A) *La inspiración mecánica,* como si Dios hubiese dictado a la oreja de los hagiógrafos lo que tenían que escribir, sin tener en cuenta el estilo y la manera de ser personal de cada uno de ellos.

177

Cada libro de la Escritura refleja suficientemente las huellas humanas de su autor.

B) *La inspiración parcial* (liberalismo o modernismo - teológico) y personal, como si unos textos fuesen más «inspirados», o mejor: inspirasen más que otros. En esta hipótesis, cada lector es abandonado a su propio discernimiento para descubrir lo que es «mensaje religioso de algún valor» y lo que es «error» o «mito». Esta postura emplea indebidamente el vocablo «inspiración», ya que no le da más valor que el que pueda tener al referirse a la inspiración artística, literaria o de cualquier otra suerte.

C) *La inspiración parcial de la neo-ortodoxia* según la cual la Biblia no es, objetivamente, la Palabra de Dios, sino que se convierte en «Palabra de Dios para mí» en ciertos momentos únicamente, y de manera esporádica. El reconocer que la Sagrada Escritura es Palabra de Dios —o mejor dicho: que *puede llegar a ser* palabra de Dios— es cosa subjetiva y constituye la experiencia esporádica de algunos individuos.

Esta posición confunde el *«encuentro» del alma con Dios* con la *Revelación* misma que hace posible tal encuentro. Confunde la *verdad objetiva* del Señor que se revela, con nuestra *apreciación subjetiva* de dicha verdad.

Cristo era igualmente Dios y Salvador cuando era creído por la samaritana que cuando fue crucificado y desechado por los judíos y los romanos; asimismo, la Biblia es Palabra de Dios tanto si se la rechaza como si se la cree y acepta.

Positivamente, la inspiración bíblica es:

a) *Una inspiración orgánica.* El Espíritu Santo obró en los escritores de acuerdo con su manera de ser, aprovechando su idiosincrasia personal y cultural. Iluminó sus mentes, guió su memoria y controló la influencia del pecado y del error para que no se malograse su trabajo; en todo, sin embargo, los dejó expresarse a su manera, según su estilo y vocabulario y de acuerdo con su tiempo. Por ejemplo, el estilo de Amós es muy distinto del de Isaías y el de Miqueas del de Oseas; en el Nuevo Testamento, los escritos de Juan difieren mucho de los de Pablo y, no obstante, todos estos testimonios nos dan Palabra de Dios. Es decir: *Palabra de Dios a través de las palabras de unos hombres* (2.ª Pedro 1:19-21).

b) *Una inspiración plenaria.* «Toda Escritura es inspirada por Dios y útil....» (2.ª Timoteo 3:16).

El sentido original griego es que «Toda Escritura» se refiere a *cada uno de los escritos sagrados;* «pasa *graphé*», distributivamente, o sea: «las Sagradas Escrituras» —las *«hierà grammata»* del verso anterior (v. 15)— en su totalidad, sin excepción. Y esta Sagrada Escritura, en cada uno de sus partes y libros, «es inspirada». ¿Qué significa la expresión «inspirada por Dios»? El vocablo griego *«theopneustos»* quiere decir literalmente: «expirada —de dentro hacia afuera—, soplada por Dios». Así, la Sagrada Escritura es el producto de la acción de Dios en el hombre por El escogido para ser su instrumento y escriba; la Biblia surge de Dios, viene de El y por consiguiente es Palabra de Dios.

c) *Una inspiración verbal.* Si bien no mecánica (véase más arriba).

Pablo cita a Lucas y a Deuteronomio como Sagrada Escritura y Pedro considera los escritos de Pablo dentro de la misma categoría (1.ª Timoteo 5:18; 2.ª Pedro 3:16). Lo que está escrito no es tan sólo palabra de hombres sino Palabra de Dios: Mateo 19:4,5; Hechos 4:25,26; 13:34,35; Hebreos 1:6 y ss.; 3:7, etc.

2. ¿Para qué fue dada la inspiración?

El texto de Timoteo nos dice no sólo que «toda Escritura es inspirada» sino que «es útil para que el hombre de Dios sea perfecto en toda buena obra»; así su cometido es «enseñar, redargüir, instituir en justicia» y equipar al creyente para su crecimiento espiritual. Tal es su objetivo.

La autoridad divina de la Escritura es una autoridad *revelacional*, o reveladora. En su esencia constituye la auto-revelación de Dios consignada en unas páginas inspiradas por El mismo. De ello se sigue que la autoridad de la Biblia no es *científica*, o política, o económica, etc.

«Dios no nos ha dado la Biblia para que sepamos cómo es el cielo sino para ir al cielo», dijo Galileo al ser procesado por la Inquisición. Muchos siglos antes, Agustín había escrito: «Dios, al darnos las Escrituras, no quiso enseñarnos matemáticas o astronomía; El quería hacer santos y no sabios.»

Aunque no sea *primariamente* un libro de ciencia, la Biblia contiene un cierto número de afirmaciones de tipo científico que, en ocasiones, significa anticiparse a muchas verdades científicas modernas. Hay asimismo otras verdades reveladas que rozan el ámbito de la ciencia; por ejemplo, la afirmación de que toda la raza humana se deriva de una pareja original —Adán y Eva— y que la materia no es eterna sino cosa creada por Dios. Asimismo, hemos de admitir que la Escritura tiene mucho que decir sobre las *presuposiciones* de todas las demás ciencias. Sin embargo, no podemos perder de vista el hecho de que la finalidad primera de la Escritura es la de llamar a los hombres a la fe en Dios mediante la presentación de Jesucristo como Salvador y Señor. El estudio de las realidades de la creación lo ha dejado Dios a la investigación de los hombres. Para que se ocupasen en ello les dio la razón y las demás facultades que constituyen al hombre en un ser hecho a semejanza de la Divinidad (Gén. 1: 26, 27). El descubrimiento de estas verdades naturales no es objeto de Revelación. En cambio sí lo es todo lo que atañe a Dios y a las relaciones del hombre con él, ámbito éste que, como ya vimos en las primeras lecciones, sería infranqueable si el ser humano fuera dejado a sus solas fuerzas.

«*Estas cosas han sido escritas para que creáis....*» (Juan 20:31).

CUESTIONARIO:

1. ¿Por qué no podemos aceptar un concepto mecánico de la inspiración? — 2. ¿Por qué es distinta la inspiración bíblica de la «inspiración poética», por ejemplo? — 3. Señale los errores de la teoría de la «inspiración parcial». — 4. Defina la inspiración bíblica, tal como se desprende del testimonio de la misma Biblia en pasajes como 2.ª Timoteo 3:16 y 2.ª Pedro 1:19-21. — 5. ¿Cuál es el objetivo primario de la Revelación bíblica?

LECCION 34.ª

LA INSPIRACION (1): 2.ª PEDRO 1:19-21

1. ¿Qué es la inspiración?

Una influencia externa que produce en su objeto efectos que van más allá de sus poderes ordinarios intrínsecos.

Se trata de un *término* derivado de la traducción latina de la Vulgata: «*inspirare*», para verter el concepto original bíblico: «*soplo de Dios*».

Textos: Génesis 2:7; 2.ª Timoteo 3:16 (verbo «inspirar»); 2.ª Samuel 22:16; Job 32:8; Hechos 17:25; Salmo 33:6 (nombre *inspiración*).

Podemos comprobar que en estos textos tiene sentidos diversos, pero siempre de alguna manera se hace referencia a la acción poderosa de Dios. El origen de tal actividad es siempre divino.

2. El sentido técnico del vocablo

Aplicado a los autores bíblicos o a los libros de la Biblia:

a) *Autores inspirados:* 2.ª Pedro 1:21
   Los hombres de Dios recibieron el impacto del Espíritu Santo de manera que, como resultado, sus testimonios —orales o escritos— trascienden la mera autoridad humana y se convierten en órganos de la verdad revelada de Dios.

b) *Libros inspirados:* 2.ª Timoteo 3:16
   Los escritos bíblicos son productos determinados por la inspiración divina que obraba en los autores.

3. ¿Qué significa, pues, el término "inspiración" ("soplo de") de Dios?

Tanto el vocablo hebreo («N^eSHâMâH») como la expresión griega («theópneustos»), indican el poder omnipotente y creador de la Palabra de Dios (Salmo 33:6). Se usa esta palabra cuando se describen las operaciones de Dios. Ninguna otra hubiese enfatizado tanto el hecho de que la Escritura es producto de la acción poderosa de Dios y de que sus autores fueron objeto de la influencia omnipotente de Dios que obró en ellos y por ellos, para bien de todos. En ocasiones, como es el caso de 2.ª Pedro 1: 19-21, se usan expresiones sinónimas para expresar la misma verdad.

Dudar de la inspiración de Dios, es dudar de su misma omnipotencia.

El «soplo de Dios» es portador del poder de la Palabra de Dios.

Examinemos algunos textos clave:

A) *2.ª Pedro 1:19-21*

En los versículos anteriores (16-18) se presentan los mismos apóstoles como testigos audiovisuales de la verdad de Cristo.

En los versículos 19-21 se indica que la «palabra profética» es todavía «más segura», porque recoge el testimonio, no de una generación, sino de muchos siglos y, sobre todo, porque es «palabra *profética*», es decir, se trata de la palabra de unos hombres inspirados por Dios (véanse lecciones 3.ª y 4.ª).

1) *¿Qué es la «palabra profética»?*

    a) *Toda la Escritura,* ya que toda ella es palabra profética. El profeta no es, primeramente, el que ve el futuro sino el que transmite mensaje de parte de Dios.

    En la división judía de las Escrituras (LEY, PROFETAS y SALMOS) la segunda sección encierra más que lo que nosotros solemos entender por profetas (Josué, Jueces, Samuel, Reyes, etc.).

Sería, cuando menos, todo el Antiguo Testamento.

b) *Una sola sección de la Escritura*
Aun cuando fuera así, lo que se dice de una sección es verdad de toda ella.

Creemos que 2.ª Pedro 1:20 es paralelo de 2.ª Timoteo 3:16; la «palabra profética» sería «toda la Biblia» y cada una de sus partes. Porque toda la Escritura testifica de Cristo: Lucas 24:27.

2) *¿De dónde viene esta «profecía de la Escritura»?*

a) *Negativamente:*
«.... toda profecía de la Escritura no es obra de la propia iniciativa (solución, o explicación); que no por voluntad de hombre fue traída la profecía....» (trad. Bover-Cantera).

b) *Positivamente:*
«.... sino que, llevados del Espíritu Santo, hablaron los hombres de parte de Dios» (trad. Bover-Cantera).

Esta versión se ajusta más literalmente al texto original que la de la Biblia Reina-Valera, la cual aquí es tributaria de la Vulgata latina. No aparece en el griego la palabra «inspirados», sino «*llevados*», o «*movidos*» (B. de Jer. y Nácar-Col.), «*impulsados*» (Nuevo Testamento Hispanoamericano), expresiones todas ellas sinónimas, en este caso, de la «inspiración», o acción del Espíritu Santo en los hagiógrafos, según Warfield y los mejores exegetas, de acuerdo con la lógica del contexto.

(Cf. traducciones en el mismo sentido indicado: francesa de L. Ségond e inglesa King James.)

«.... llevados, impulsados por el Espíritu Santo, hablaron *algunos* hombres de parte de Dios» (Nuevo Testamento Hispanoamericano).

B) *2.ª Pedro y la instrumentalidad profética*

(Cf. lecciones anteriores sobre apostolado y tradición apostólica.)

El profeta, y el apóstol luego, fueron objeto de una operación especial del Espíritu Santo que les hizo órganos capaces de la Revelación divina. No sólo fueron guiados, orientados o controlados. Las palabras «impulsados», «movidos», «llevados», etc., que traducen el original de 2.ª Pedro 1:21, implican mucho más que simple dirección u orientación. Entrañan la misma idea de «inspiración» que se da en 2.ª Timoteo 3:16, según Warfield en: *The inspiration and authority of the Bible*.

Estos hombres que hablaron de parte de Dios, fueron *tomados* por el Espíritu Santo de manera total y absoluta y conducidos a la meta querida por Dios. Así, lo que hablaron —bajo la operación del Espíritu que obraba en ellos— no procedía de ellos sino de Dios. De ahí que la palabra profética sea segura, porque es palabra dada por inspiración divina. Pero esta palabra tiene que permanecer.

C) *De la palabra hasta el escrito profético*

2.ª Pedro 1:16-21 traza un puente entre la *inspiración personal* y la *inspiración de los escritos* que fluyen de aquélla.

«Algunos hombres *hablaron* de parte de Dios.» Pero su testimonio nos llega por sus escritos (Romanos 1:1-4). Era la situación a que se refiere Pedro (2.ª Pedro 1:20 = = «profecía de la *Escritura*»).

De modo que Pedro une el *hablar* y el *escribir* al considerar el hecho de que los órganos de la Revelación fueron tomados y movidos por el Espíritu para darnos la Palabra profética de verdad.

Es palabra segura por ser profética («inspirada», «movida» por Dios), pero es tanto más segura cuanto que ha quedado fijada en escritos igualmente infalibles por ser el producto de la acción del soplo de Dios en sus autores (v. 19).

2.ª Pedro 2:21 es el gran texto de la *instrumentalidad humana* en el hecho de la revelación. Pero también lo es de la *instrumentalidad escrituristica,* porque ambas se dan cita en el testimonio profético. Este texto abre el camino al otro de Pablo que le es afín y paralelo (2.ª Timoteo 3:16).

4.   ¿Qué significa la instrumentalidad humana?

Es útil la analogía con Cristo —Palabra encarnada—: la humanidad del Salvador no implicó jamás pecado, pero sí limitaciones. Así, el elemento humano en las Escrituras (unos idiomas concretos, el transfondo de unas culturas determinadas, de un tiempo y unas civilizaciones dadas, etcétera) no implica tampoco nunca error, pero sí limitaciones y ciertas dificultades que la crítica textual y el estudio del fondo histórico-literario-geográfico de cada libro ayudan a superar. «Tenemos el tesoro en vasos de barro....» podría decirse también del elemento humano en la formación de la Biblia. Pero el gran milagro de Dios que llamamos «inspiración» ha hecho posible que, no obstante, y pese a todos los condicionamientos humanos, *tengamos el gran tesoro*: el registro infalible de la Palabra de Dios dada a los hombres.

Parafraseando otro texto, también podríamos decir aquí: «¡Gracias a Dios por su don inefable!»

CUESTIONARIO:

1. ¿Qué significa el término «inspiración» en su sentido bíblico? — 2. ¿Qué texto enseña que los autores de la Escritura eran inspirados? — 3. ¿Cuál es el tema de 2.ª Pedro 1:19-21: la interpretación o la inspiración de la Biblia? — 4. ¿Qué significó la instrumentalidad humana para la Biblia?

LECCION 35.ª

LA INSPIRACION (2): 2.ª TIMOTEO 3:15,16

5. La "inspiración" según S. Pablo

El texto clave ahora es:

2.ª Timoteo 3:15-16

En esta sección Pablo explica a Timoteo las ventajas de haber aprendido desde pequeño la verdad salvadora de Dios. ¿Cómo la aprendió?

a) *Tuvo buenos maestros* (v. 15) que le enseñaron bien. Debía estarles agradecido.

b) *Tuvo las Escrituras* (v. 16)
Este hecho fue el decisivo. Porque ellas constituyen la suprema garantía de la verdad salvadora.

6. ¿Cuál es el origen y el valor de las Escrituras?

a) *Origen último de las Escrituras*
«Toda Escritura es inspirada por Dios....» (v. 16). El origen, o causa primera, radica en «el soplo de Dios» («Toda Escritura es [lit.] *soplada por Dios*»). Es el mismo soplo que estuvo presente en la creación del mundo (Salmo 33:6) (Génesis 1:2); el mismo aliento divino que crea al hombre como «alma viviente» (Génesis 2:7) y que le infunde el espíritu de inteligencia (Job 32:8) es el que crea un depósito de verdad revelada en forma escrita.

1) *«¿Toda Escritura» o «Cada Escritura»?*

Podría traducirse de ambas maneras, pero en cualquier caso dice lo mismo. Parece ser que la mayoría de exegetas se inclinan, sin embargo, por «Cada Escritura».

2) *Malas traducciones de este texto*

Para arrancarle a este pasaje toda su fuerza —y guiados por prejuicios— hay quien traduce (en realidad interpreta) así: «Cada Escritura, inspirada de Dios, es útil....» Como si en la Biblia hubiese textos inspirados y otros que no lo son tanto. Sin la coma, el malentendido es todavía mayor: «Cada Escritura inspirada de Dios es útil....» Esta versión no se ajusta, sin embargo, a las exigencias del texto original.

3) *La forma pasiva de «theópneustos»*

El texto no dice que cada Escritura inspira de parte de Dios al lector. Esta podría ser la versión tal cual les gustaría a los liberales.

En el original se afirma que «Cada Escritura es *inspirada* por Dios». El objeto de la inspiración es aquí el libro, la Biblia. El sujeto es Dios. Exactamente como en 2.ª Pedro 1:19-21, en donde el objeto de la inspiración son los escritores sagrados pero el sujeto es siempre Dios.

b) *El valor de las Escrituras*

«Util para enseñar, para redargüir....» (vs. 16 y 17). El valor le viene de su origen inspirado.

Estos dos versículos concretan el campo de Revelación que la Escritura se asigna a sí misma. El objetivo de la Biblia es doble: 1.º ofrecer el conocimiento salvador que es en Cristo (v. 15), y 2.º enseñar, corregir, instruir, «a fin de que el hombre de Dios sea perfecto». En resumen: SALVACION Y EDIFICACION.

Se trata, pues, de una Revelación SOTERIOLOGI-
CA y SANTIFICANTE.

7. ¿Qué abarcan las Sagradas Escrituras?

Las «Sagradas Escrituras» del v. 15 abarcan, por lo
menos, todo el Antiguo Testamento. La expresión usada
por Pablo era una locución técnica por la que los judíos
de su tiempo (se da con frecuencia en Filón y en Josefo)
designaban la totalidad de los escritos canónicos del Antiguo Testamento. Pero ¿no abarca implícitamente el Nuevo Testamento, o parte del mismo, en la mente de Pablo?
Así parecen sugerirlo textos como 1.ª Tesalonicenses 4:15-
17 ó 2.ª Timoteo 5:18 (cf. Mateo 10:10 y Lucas 10:7); pero
más decisivo todavía es Pedro 3:16.

Para nosotros, 2.ª Timoteo 3:16 incluye todos los escritos de la Biblia, si bien no queremos ser dogmáticos en
este punto. Aun cuando 2.ª Timoteo 3:16 se refiera solamente al A.T., lo que aquí se dice vale para toda la Escritura, tanto como para una parte de ella.

CUESTIONARIO:

*1. Explique 2.ª Timoteo 3:15-16. — 2. ¿Podemos considerar
como inspirada la totalidad de la Escritura o solamente
algunas porciones? — 3. ¿Con qué objetivo nos ha dado
Dios la Escritura? — 4. ¿Qué incluye la expresión «Sagradas Escrituras» en 3:15?*

LECCION 36.ª

LA INSPIRACION (3): EL TESTIMONIO DE JESUS

8. ¿Qué opinión le merecía a Cristo la Escritura?

Jesucristo se refirió al Antiguo Testamento en términos inequívocos para señalar que se trataba de un conjunto de libros inspirados.

A) *«Está escrito»*

Esta expresión era una fórmula técnica entre los judíos para designar un libro sagrado y divinamente inspirado.

Jesús la emplea para referirse a 4 de los 5 libros del Pentateuco, al libro de los Salmos, a Isaías, a Malaquías y a Zacarías (Mateo 4:4,6,7; 11:10; Marcos 14:27; Lucas 4:4-12).

B) *«Ni una jota ni una tilde pasará de la Ley»*

En esta frase que encontramos en Mateo 5:18, Jesús usa el vocablo «Ley» para designar no sólo el Pentateuco sino la totalidad de las Escrituras, como lo prueba el v. 17, en donde declara que no ha venido para abrogar «la Ley o los Profetas». Para Cristo —como para los judíos de su tiempo—, «Ley» y «Profetas» eran términos sinónimos e intercambiables que describían el conjunto de los escritos sagrados del Antiguo Testamento.

C) *«La Escritura no puede ser quebrantada»*

Expresión contundente de la alta y suprema autoridad de las Escrituras en opinión de Cristo mismo (Juan 10:34).

En este pasaje tenemos, además, otra prueba de lo que afirmábamos más arriba. Para referirse a la Escritura, Cristo habla de la «Ley» («¿no está escrito en vuestra Ley?», v. 34); ahora bien, la cita que da no es del Pentateuco, sino del libro de los Salmos, la tercera división de la Biblia hebrea. En este caso, «Ley» aparece como sinónimo de «Salmos».

Obsérvese, por añadidura, que lo que aquí Cristo vindica no es una sola parte de la Revelación escrita —los salmos o la Ley—, pues hemos visto que ambos conceptos han de entenderse como sinónimos e intercambiables, sino la totalidad de dicha Revelación, ya que alude a ella en *singular —è graphé*: la Escritura (no las Escrituras)—, con lo que se subraya la idea de unidad fundamental de los libros inspirados y con ello la autoridad que todos ellos, y cada uno, encierran.

Los judíos concedían autoridad de «Ley» a toda la Escritura y así solían designarla con este vocablo que se convirtió en designación técnica (Juan 12:34). Jesús siguió la misma práctica. En Juan 15:25 afirma algo que estaba «escrito en la Ley», para citar el Salmo 35:19. Igual hicieron los apóstoles: Pablo se refiere a los Salmos y a Isaías (1.ª Corintios 14:21) como la Ley (cf. también Romanos 3:19).

Vimos cómo Pedro (2.ª Pedro 1:16-21) identificaba toda la Escritura con el vocablo «profecía», y comprobamos ahora cómo esta misma identificación puede darse mediante el uso de la palabra «Ley». Estos tres términos: *Ley, Profecía* y *Escritura* son estrictamente sinónimos y subrayan la unidad de la *Escritura* como Revelación inspirada de Dios.

La palabra «quebrantar» («la Escritura no puede ser

quebrantada») es otro término muy en boga entre los judíos para señalar la infracción del sábado, o de las leyes (Juan 5:18; 7:23; Mateo 5:19). Aquí significa que es totalmente imposible negar la autoridad de la Biblia, pretender anularla o vulnerarla sin consecuencias nefastas. El pensamiento de Jesús en este pasaje (Juan 10:34 y ss.) indica que si *la Escritura* no puede ser quebrantada —y alude en esta oración al carácter unitario de la misma— ninguna parte de ella puede serlo tampoco; y así la cita, en concreto, que aporta a los judíos debe ser tomada con todo el peso de autoridad que deriva por ser parte de la Biblia.

Con esta afirmación, Cristo afirma de la manera más contundente que la autoridad de la Escritura es única y suprema. Y ello tiene que ver con todas sus partes, aun las más mínimas. La cita del Salmo 82:6 es, en cierto modo, una frase casi casual en la pluma del salmista. ¿Qué significa, pues, esto? Que para el Salvador la autoridad de la Biblia abarca incluso sus formas más aparentemente casuales de expresión. Si es así, la inspiración divina controla todos los escritos originales tal como salieron de la pluma de los autores inspirados. De ahí que S. Pablo pudiera decir: «*Toda* Escritura es inspirada....» (2.ª Timoteo 3:16) y cada una de sus partes.

D) «*Era necesario que se cumpliese todo lo que está escrito....*»

Todo el Antiguo Testamento señala a Cristo. Así, es necesario *que se cumpla* todo lo que está escrito de él en la «Ley», en los Profetas y en los Salmos (Lucas 24:44). La expresión «*es necesario*» tiene carácter enfático («muy enfático» señala B. Warfield); ¿por qué?, porque «*así está escrito* y así fue necesario....» (v. 46). Es insensato todo el que alberga dudas sobre lo que está escrito en la Biblia (v. 25 y ss.). Aquí de nuevo aparece el factor sinónimo que identifica una parte de la Escritura con la totalidad de la misma («Moisés.... todos los profetas.... todas las Escrituras» —v. 27, cf. v. 25—).

Con frecuencia advertía Jesús a sus discípulos de que «todo lo que estaba escrito acerca de él» debía hallar cabal cumplimiento (Marcos 14:19; Juan 13:18; 17:12; Marcos 9:12,13). Sobre la base de las declaraciones bíblicas, anunció que ciertos acontecimientos iban a acaecer pronto («seréis escandalizados en mí; porque *está escrito....*» —Mateo 26:31 y 54; Marcos 14:27; cf. Lucas 20:17).

E) *«Escudriñad las Escrituras»*
Jesús no censura a los judíos por ser lectores de la Biblia; todo lo contrario, les anima a continuar siéndolo. Pero en las palabras del Señor hay un tinte de amargura porque los judíos leían las Escrituras con un velo puesto sobre el corazón (cf. 2.ª Corintios 3:15 y ss.).
«Escudriñad las Escrituras....»: cosa necesaria.
«a vosotros os parece que en ellas tenéis la vida eterna»: pensamiento correcto, si no fuera por el velo que os oculta el objetivo mismo de la Biblia y la verdad de Aquel de quien da testimonio: Jesucristo, autor de la vida.
«ellas son las que dan testimonio de mí»: «ellas son» es un término muy enfático y la expresión «dan testimonio» significa un proceso continuo de testimonio.
«y no queréis venir a mí para que tengáis vida»: ¡Esta es la tragedia!
La finalidad de la Escritura es conducir a Aquel que da vida. El fracaso de los judíos estribaba, no en que las Escrituras fuesen insuficientes, sino en la manera como se acercaban a la Biblia. El fallo se halla, por consiguiente, en el hombre y no en el Libro de Dios.

F) *«¿No habéis leído....?»*
En cinco ocasiones Jesús dirigió una misma pregunta

a diferentes personas: «¿No habéis leído....?», refiriéndose a las Escrituras y en las cuales él trataba de hallar el argumento que debía convencer a sus interlocutores.

Estas cinco ocasiones se nos relatan en los textos siguientes: Mateo 12:3-5, sobre el sábado; Mateo 19:4, sobre el divorcio; Mateo 21:16, parábola de los labradores malvados, y Mateo 22:31, sobre la resurrección de los muertos.

De estas declaraciones de Jesús se infiere que el Salvador apelaba a la Escritura para hallar la solución a todos los grandes problemas básicos de la vida y de la muerte. Sus respuestas demuestran que todo cuanto dijo e hizo lo llevó a cabo porque tenía la firme convicción de que estaba plenamente justificado, apoyado y refrendado por la Escritura.

9. ¿Se acomodó Cristo a su tiempo?

Por la serie de textos que hemos venido estudiando, se llega a la conclusión de que Jesús concedía tanta autoridad a la Escritura debido a que la consideraba Palabra de Dios, no porque —además, y correctamente— sus contemporáneos (a diferencia de muchos contemporáneos nuestros) la considerasen como a tal.

El testimonio de Jesús afirma, inequívocamente, que todo lo que está escrito en la Biblia es Palabra de Dios y por lo tanto merece el máximo respeto y acatamiento.

Es cierto que su concepto de la Escritura era, asimismo, el prevaleciente en su tiempo. Pero no nos queda ninguna duda de que era el sostenido por Cristo sobre la base, no de que fuera la opinión común, sino porque como Hijo de Dios y mediante su conocimiento humano-divino sabía que tal concepto era verdad. Esto explica que los grandes instantes de su ministerio terrenal vengan enmarcados en textos bíblicos que salieron de sus labios para consuelo, fortaleza o testimonio. En la tentación, en la cruz y en la agonía, Jesús se sirvió de la Palabra inspirada de su Padre (Mateo 4; Juan 19:28, etc.). En estos momentos supremos es inaudito imaginar que Jesús hiciera uso de unos escritos por el mero hecho de que eran popularmente aceptados, si no hubiese sabido que eran, al mismo tiempo, portadores de la Palabra divina.

Que Cristo no seguía fácilmente las modas de su tiempo, se echa de ver en la actitud que tomó frente a la «tradición» de los rabinos judíos (Mateo 15:3-6; Marcos 7:7-9), mucho más popular que el acatamiento a la Sagrada Escritura. No se entenderían los ataques durísimos de Jesús en contra de la tradición y su silencio con respecto a las Escrituras si éstas no tenían más valor que aquélla.

Jesús se opuso a la manera como sus contemporáneos celebraban y entendían las normas del Antiguo Testamento sobre el sábado (Marcos 2:27), sobre la pureza externa (Marcos 7:15), sobre el divorcio (Marcos 10:2), etc. El vino, no a abrogar la Ley, sino a cumplirla (Mateo 5:17); pero ¿cómo?, ¿a la manera legalista de los rabinos?, ¿según la letra....? Todo lo contrario; Cristo cumplió la Ley demostrando en su vida perfecta *el sentido* espiritual y profundo de la misma, con menoscabo y desprecio de las formas externas de la tradición rabínica.

Por lo que concierne a los escritos del Nuevo Testamento, hemos estudiado en las lecciones anteriores suficientemente las promesas y la dirección de Cristo por su Espíritu Santo sobre las personas de los apóstoles, para que abundemos ahora otra vez en ello. Remitimos a lo dicho en las primeras cuatro lecciones.

CUESTIONARIO:

1. ¿Qué opinión le mereció a Jesús el Antiguo Testamento? — 2. ¿Qué quería señalar Cristo al exclamar: «¡Está escrito!»? — 3. ¿Qué abarcaba la expresión judía «Ley» en tiempos de Cristo: los primeros libros de la Biblia (el Pentateuco) o la totalidad de las Escrituras? — 4. ¿Creía Cristo en la inspiración de las Escrituras y en su suprema autoridad o, por el contrario, se amoldaba al sentir de su tiempo?

LECCION 37.ª

LA INSPIRACION (4): EL TESTIMONIO DE LOS APOSTOLES

Al igual que su Maestro, los discípulos de Jesús afirmaban «*Está escrito*» para señalar la autoridad divina de cuanto se halla registrado en la Biblia.

10. El Evangelio apostólico, basado en la Escritura

El ministerio oficial de Cristo comenzó con un «Está escrito» (Mateo 4:4). Asimismo, la proclamación del Evangelio da comienzo con esta frase: «Como está escrito en....» (Marcos 1:2).

Así como Cristo justificaba su obra con la solemne exclamación: «Así está escrito y así fue necesario que el Cristo padeciese, y resucitase....» (Lucas 24:46), asimismo los apóstoles vindican el Evangelio que predican, detalle sobre detalle, mediante su apelación a las Escrituras: «Cristo murió por nuestros pecados, conforme a las Escrituras» y «resucitó al tercer día, conforme a las Escrituras» (1.ª Corintios 15:3-4; cf. Hechos 8:35; 17:3; 26:22, y también Romanos 1:17; 3:4,10; 4:17; 11:26; 14:11; 1.ª Corintios 1:19; 2:9; 3:19; 15:45; Gálatas 3:10,13; 4:22,27). El Evangelio que proclamaron los apóstoles era un mensaje basado en la Escritura (Hechos 17:2; 18:24,28). Aún más, invitaban a que se examinara su enseñanza, contrastándola con la Revelación del Antiguo Testamento (Hechos 17:11), es decir: la Escritura existente entonces.

11. La vida cristiana, inspirada en la Escritura

A) La santidad de vida es una exigencia de la Escritura, según los apóstoles, y de ahí que la inculquen en sus discípulos (1.ª Pedro 1:16).

B) Los deberes cristianos han de fundarse en la Escritura (Hechos 23:5; Romanos 12:19).

C) La «perfecta ley del amor» tenía sanción divina (Santiago 2:8).

D) Las circunstancias de la vida, los eventos y las experiencias eran contrastados mediante el examen de las Escrituras para poder ver su significado último y profundo (Romanos 2:26; 8:36; 9:33; 11:8; 13:9,21; 2.ª Corintios 4:13).

12. La Escritura tiene que cumplirse

Tal principio era verdad para Cristo y también lo fue para sus apóstoles.

Era necesario que la Escritura dada por David, mediante la acción del Espíritu Santo, hallara su cumplimiento (Hechos 1:16). Aquí tenemos, en un buen ejemplo, los varios elementos o instrumentos de que se vale Dios para hacernos llegar su mensaje en forma escrita.

Es suficiente que algo se halle en la Escritura (1.ª Pedro 2:6) para que tenga autoridad absoluta, dado que lo que se contiene en ella es la declaración del Espíritu Santo por medio de la instrumentalidad de un autor humano y, por lo tanto, siendo mensaje de parte de Dios debe ser verdad y hallar cumplimiento.

13. Las declaraciones de la Escritura son declaraciones divinas

Lo que dice la Escritura lo dice Dios mismo:

«Porque la Escritura dice a Faraón: Para esto mismo te he levantado....» (Romanos 9:17).

«Y la Escritura, previendo que Dios había de justificar por la fe a los gentiles....» (Gálatas 3:8).

Afirmaciones sorprendentes que personifican el Libro de Dios. Se da una identificación entre «Dios» y «Escritura». ¿A qué se debe ello? Simplemente, es la expresión de una profunda convicción: la palabra de la Escritura puede ser identificada con la Palabra de Dios. No fue la «Escritura» —en tanto que tal— la que habló a Faraón, o la que dio las grandes y maravillosas promesas a Abraham, sino Dios. Pero los conceptos «Escritura» y «Dios» se hallan tan unidos en la mente de los escritores del Nuevo Testamento que, con toda naturalidad, personifican el registro escrito de la Revelación y se refieren a la Escritura como si ésta hablara, o previera, para señalar el hecho de que Dios habló y previó.

A) *La palabra bíblica es palabra divina*

Los dos ejemplos citados no son únicos. Hay un buen número de otros casos similares: Marcos 15:28; Juan 7:38, 42; 19:37; Romanos 4:3; 10:11; 11:2; Gálatas 4:30; 1.ª Timoteo 5:18; Santiago 2:23; 4:5 y ss. Ciertamente, como dice Santiago, la Escritura no habla en vano (Santiago 4:5).

B) *Se le atribuyen a Dios las palabras bíblicas*

Los apóstoles citan a Dios como diciendo lo que la Escritura afirma. Encontramos expresiones como ésta: «Soberano Señor, tú eres Dios.... que por boca de David tu siervo dijiste: ¿Por qué se amontinan las gentes....?» (Hechos 4:25, citando el Salmo 2:1); también: «Por lo cual, como dice el Espíritu Santo: Si oyereis su voz....» (Hebreos 3:7, citando Salmo 95:7-11). Todavía otro ejemplo: «.... Dios ha cumplido.... y en cuanto a que le levantó de los muertos.... lo dijo así: Os daré las misericordias.... Por eso dice también en otro Salmo....» (Hechos 13:34, citando a Isaías 55:3 y Salmo 16:10).

En cada uno de estos ejemplos las palabras atribuidas a Dios no fueron palabras salidas literalmente de la boca de Dios, no se trata de declaraciones de Dios consignadas en la Escritura, sino de textos bíblicos. Son pasajes de la Escritura que se le atribuyen a Dios.

Si unimos lo dicho en el primer punto y en este segundo, si meditamos en los dos grupos de pasajes —aquel en que las Escrituras adquieren una personificación y hablan como Dios y, luego, aquel otro grupo de textos en el que se habla de Dios como si fuera la misma Escritura— nos damos cuenta de cuán estrecha, habitual, era para los apóstoles la identificación en sus mentes de la palabra de las Escrituras y la Palabra de Dios.

Podemos todavía comprobar esta identificación en aquellos pasajes en los que se produce una especie de «cadena de citas» y en los cuales se reúnen juntos un cierto número de textos procedentes de diferentes libros, pero relacionados estrechamente los unos con los otros.

B. Warfield ofrece un ejemplo elocuente de estas cadenas de citas sacado del primer capítulo de la carta a los Hebreos en sus *Biblical Studies*. Podemos empezar en el versículo 5:

«Porque ¿a cuál de los ángeles *dijo Dios* jamás: Mi Hijo eres tú, Yo te he engendrado hoy....»; y otra vez:	Cita del salmo 2:7 colocada en los labios de Dios.
Yo seré a él Padre, y él me será a mí Hijo?	Cita de 2.ª Samuel 7:14 en la que Dios mismo es el que habla.
Y otra vez, cuando introduce al Primogénito en el mundo, dice:	
Adórenle todos los ángeles de Dios.	Cita de Deuteronomio 32:43 (Versión Septuaginta) o bien Salmo 97:7; en ninguna de las dos citas posibles es Dios el que habla directamente.

199

Ciertamente, de los ángeles dice:	Cita del salmo 104:4, en donde tampoco habla Dios directamente y es aludido en tercera persona.
El que hace a sus ángeles espíritus y a sus ministros, llama de fuego.	
Mas del Hijo dice: Tu trono, oh Dios, por el siglo del siglo.... Y:	Cita del salmo 45:6,7, en donde tampoco es Dios el que habla directamente, sino a quien se dirige el salmista.
Tú, oh Señor, en el principio fundaste la tierra, y los cielos son obra de tus manos....	Cita del salmo 102:25,27, en donde tampoco habla Dios directamente, sino que más bien se le habla a él.
Pues, ¿a cuál de los ángeles dijo Dios jamás: Siéntate a mi diestra....?	Cita del salmo 110:1, en la cual es Dios mismo quien habla directamente.

Tenemos en este ejemplo pasajes en los cuales Dios es quien habla directamente y otros en los que, más bien, los escritores bíblicos le hablan a él. Pero todos estos textos —todos sin excepción— son atribuidos a Dios. ¿Por qué? Simplemente, porque tienen en común que todos ellos son palabras de la Escritura, y en tanto que palabra de la Escritura son Palabras de Dios.

De manera similar, en Romanos 15:9 y ss. se encuentra una serie de citas, la primera de las cuales es ofrecida con el término: «como está escrito....», y las otras, por medio de la frase: «Y otra vez», o bien: «Y otra vez dice.» Las citas son tomadas de Deuteronomio 32:43; Salmo 18: 49; Salmo 117:1, y la última de Isaías 11:10. Solamente la última —la única designada por su autor humano en este pasaje— es una palabra directa de Dios en el texto del Antiguo Testamento.

CUESTIONARIO:

1. ¿Es verdad que lo que dice la Escritura lo dice Dios mismo? — 2. Explique Hechos 1:16 y vea el alcance de la doble instrumentalidad en la formación de los escritos bíblicos: la acción del Espíritu y la colaboración humana. — 3. ¿Por qué Dios asume como suyas palabras pronunciadas por sus siervos?

LECCION 38.ª

DIVERSAS ACTITUDES FRENTE A LA REVELACION ESPECIAL

1. La posición Católico-Romana

Fue fijada de manera definitiva en el Concilio de Trento (1545-63). El católico-romano cree que tiene dos fuentes de Revelación que se interpretan mutuamente: la Biblia y la Tradición. De ahí que el católico no crea necesario buscar toda la doctrina en la Biblia, sino que tiene suficiente con lo que él considera meras alusiones a sus dogmas.

Conviene señalar que por encima de la Escritura y de la Tradición está la autoridad de la Iglesia que, en la persona del Papa, es infalible y es quien, en realidad, define la doctrina.

Los errores fundamentales de este sistema, a nuestro entender, son:

A) A la Revelación única de la Palabra de Dios, registrada en la Biblia, añade la tradición oral, sin garantía bíblica, apoyada únicamente en las preferencias de Roma.

B) Somete la Escritura a la Iglesia, en vez de someter la Iglesia a la Palabra de Dios.

C) Y todo esto lleva a la formación de nuevas doctrinas, como si la Revelación de Dios no hubiera sido cerrada en el período apostólico (Judas 3). Teóricamente, como hemos visto, el Catolicismo Romano admite que con los apóstoles se termina la Revelación, pero en la práctica desmiente su teoría. Su concepto de la Iglesia muy «sui generis» le lleva necesariamente a no poder mostrarse consecuente con aquella teoría. Dice Jean Daniélou, S.J.: «Hay en la Iglesia —y en la Iglesia como institución— algo que es no solamente una autoridad humana infinitamente respetable, sino el órgano a través del cual una autoridad divina se manifiesta.» [4]

Cierto que estas palabras pueden tomarse en un buen sentido: la conciencia que tiene el pueblo de Dios de ser portador del mensaje divino al mundo. Pero el significado obvio de estas líneas de Daniélou es muy otro: se refiere a la pretensión que tiene el magisterio de la Iglesia romana de ser, no heraldo sumiso y obediente de la Palabra de Dios, sino esta misma Palabra encarnada en la Historia de manera indefinida y que le permite enseñar como Palabra divina lo que cree descubrir en una pretendida «revelación progresiva». De ahí la mariología (no olvidemos, como ejemplo, la proclamación del dogma de la Asunción de María) para cuya justificación no se preocupa demasiado en encontrar fundamentos bíblicos.[5]

Dos son las principales implicaciones de esta posición católico-romana:

1) Desmiente prácticamente el testimonio bíblico e histórico, del cese de la Revelación en la época apostólica.

2) Adopta un sistema de «Revelación» «sui generis» que consiste en la pretensión de que Dios se revela constantemente (no en determinados momentos, como sucedió en el pasado) en la Historia de la Iglesia.[6] Roma se compromete con la Historia, y de tal modo, que sus doctrinas,

---

4. J. Daniélou, J. Guitton, J. Bosc, *Le Dialogue Catholique-Protestant*, La Palatine Ed., p. 140.
5. Véase F. Lacueva, *Catolicismo Romano*, pp. 56-58.
6. Véase C. Vaticano II, *Const. Dogm. sobre la divina Revelación*, p. 8.

su misma vida y desarrollo, son en gran parte producto de circunstancias históricas determinadas. Porque identifica y confunde Revelación con Iglesia. Una de las razones por las que Roma no puede volver atrás es porque si rectificara su Historia se negaría a sí misma. Está comprometida con la Historia y no puede desligarse de ella.

2. La posición de la Teología liberal

El teólogo liberal se levanta en contra de la autoridad bíblica, para poner en su lugar la autoridad de la razón humana.

El cristiano fiel a la Palabra de Dios piensa que si Dios ha hablado es lógico que el hombre preste obediencia a la voz del Señor. El liberal afirma, por su parte, que el árbitro supremo en todos los campos del conocimiento humano, e incluso el religioso, es su propia razón a la que debe someterlo todo. Incluso cualquier pretendida Revelación.

Los principios del liberalismo son:

A) La Biblia debe ser tratada como cualquier otro libro humano.[7] Deben aplicarse a su estudio las mismas reglas que cuando estudiamos otros documentos de la antigüedad, o los autores clásicos.

B) Todo lo sobrenatural ha de ser rechazado. Los milagros no pueden aceptarse científicamente. Las doctrinas del pecado, la expiación, la Trinidad, etc., son desechadas porque no encajan con el sistema racionalista que se ha impuesto la teología liberal.

C) Consecuentemente, tampoco acepta la Biblia como inspirada por Dios.[8] Al rechazar toda actividad trascendente y milagrosa de Dios, se desecha al mismo tiempo toda doctrina sobrenatural acerca de la inspiración y la Revelación.

La «inspiración» queda reducida al poder que la Biblia tiene, como un buen libro de religión, para «inspirar»

---

7. H. E. Fosdick, *The Modern Use of the Bible.*
8. Fosdick, *op. cit.,* pp. 30-31.

(suscitar) experiencia religiosa. La Revelación, según el concepto liberal, no es más que el discernimiento humano de ciertas verdades religiosas.

D) Un principio muy importante dentro de la concepción liberal es el de la «evolución religiosa de los pueblos». No olvidemos que en el siglo XIX, en que nació esta escuela, estaba en auge la influencia filosófica de Hegel, además de las teorías de Darwin. Ambas corrientes de pensamiento moldearon el liberalismo teológico.

Para los teólogos liberales, el cristianismo no es más que la culminación de la evolución religiosa de la Humanidad; el *clímax* de esta evolución que tuvo su origen en las formas más groseras de la superstición y el paganismo para irse purificando y llegar hasta la perfección moral de los evangelios.

En el estudio de la Biblia las tesis liberales fueron aplicadas por hombres tales como Wellhausen (en el Antiguo Testamento) y Strauss y la escuela de Tubingen (en el Nuevo Testamento). Wellhausen afirmó que el Pentateuco no fue escrito por Moisés, sino que consistía en realidad en una recopilación de diversas tradiciones, leyendas y documentos, llevada a cabo por los sacerdotes del Templo de Jerusalén.

En el Nuevo Testamento veían el producto de la fe de la Iglesia más bien que considerar a ésta como el producto del Evangelio. Según Harnack (*La Esencia del Cristianismo*), típico representante de la escuela liberal, Cristo no es más que un buen hombre a quien las especulaciones teológicas de algunos judíos bajo la influencia de la metafísica griega han convertido en el extraño Hombre-Dios de los Credos de la Iglesia.

El liberalismo ve en Jesús el continuador exaltado del ministerio de Juan el Bautista, adquiriendo gradualmente conciencia de su función profética hasta llegar a la convicción de que es el Mesías. Uno más entre tantos que pretendían lo mismo, pero mejor dotado por una natural predisposición religiosa.

E) Como sustituto de la aridez liberal, Schleiermacher abogó por un pietismo emocional en el que la experiencia religiosa queda reducida casi a mero sentimiento. Es también una derivación del idealismo filosófico de Hegel y su punto de partida lo constituye el ego pensante individual. Una vez destruidas las bases objetivas de la verdad religiosa, el liberalismo teológico intenta ofrecer a cambio una experiencia que es puro subjetivismo.

Son manifiestos los errores del liberalismo teológico. Cabe destacar:

1) Su método de estudiar la Biblia no es científico (aunque a dicha escuela le parece lo contrario), toda vez que empieza desconociendo deliberadamente lo que la misma Escritura dice de sí, o sea, que es la Palabra de Dios.

2) Su rechazo de todo lo sobrenatural, limitando la experiencia religiosa dentro del ámbito controlado por la razón y negando la posibilidad de la actividad trascendente de Dios, es un absurdo. Constituye, en realidad, la negación de toda Revelación.

3) Su optimismo desmesurado en las capacidades innatas del hombre, siempre en evolución creciente y perfeccionadora, ha tenido que ser rectificado después de las dos últimas grandes guerras que ha sufrido el mundo. El racionalismo exagerado de la escuela liberal ya apenas encuentra adherentes, por lo menos en su aspecto filosófico, y la antropología ya no acepta los postulados optimistas del evolucionismo respecto al hombre. Por otra parte, en la esfera del estudio bíblico, las posiciones radicales de los máximos representantes de esta escuela, en el siglo pasado, están siendo rectificadas en la actualidad. La piqueta del arqueólogo y los estudios de hombres como Albright,[9] aun sin ser netamente ortodoxos, están echando abajo el edificio de la alta crítica negativa que tan pomposamente fue levantado a mediados del siglo pasado por

_____
9. Véase F. Albright, *De la Edad de Piedra al Cristianismo*, Ed. Sal Terrae, 1961.

el liberalismo. Esto no quiere decir que el liberalismo haya capitulado completa y definitivamente. Todavía hoy se deja sentir su perniciosa influencia.

«Según la Biblia —observa J. Gresham Machen— el hombre es un pecador condenado por la justicia de Dios; pero según el moderno liberalismo no hay tal cosa como eso que llaman pecado. En la misma raíz del moderno movimiento liberal está la pérdida de la conciencia de pecado. El predicador liberal no denuncia el pecado. En vez de proclamar la fe *en* Jesús para salvación proclama la fe *de* Jesús como ejemplo. En su errado desvarío, el liberalismo afirma que Jesús cree en el poder del hombre "para llegar a ser", en lugar de predicar el poder transformador del Espíritu de Cristo en favor de una raza de pecadores impotentes. El liberal se dirige a la gente con estas palabras: "Sois muy buenos; respondéis a todos los llamamientos que se os hacen para promover el bien de la Humanidad. Ahora bien, tenemos en la Biblia —especialmente en la vida de Jesús— algo tan bueno que creemos que será suficientemente bueno incluso para vosotros que sois tan buenos." Esta es la predicación liberal. Completamente estéril y fútil. Ni siquiera Nuestro Señor llamó a los justos al arrepentimiento, y probablemente no vamos nosotros a tener más éxito que Él.» [10]

Solamente una concepción de la teología que crea imposible una Revelación sobrenatural por parte de Dios, puede seguir aceptando los postulados del liberalismo. Para el Cristianismo Evangélico son inadmisibles.

3. La posición neo-Ortodoxa

La Neo-Ortodoxia fue una reacción frente al racionalismo extremo del liberalismo. La experiencia de la primera gran guerra llevó a muchos teólogos, entre ellos al célebre Karl Barth, a perder su fe en el exagerado optimismo de las teorías evolucionistas. La experiencia estaba

10. J. Gresham Machen, *Christianity and Liberalism*, pp. 67-68, Eerdmans, 1923.

demostrando que el hombre no era tan bueno, ni tan sabio, como se había supuesto. La segunda guerra mundial vino a confirmar el error del liberalismo teológico.

La neo-Ortodoxia volvió a colocar al hombre en su sitio. Reconoció el hecho del pecado y la depravación del hombre. Y al mismo tiempo admitió la soberanía de Dios quien, por su gracia, salva a los hombres en Cristo, mediante su Palabra.

Pero, desgraciadamente, la neo-Ortodoxia no fue una vuelta completa a la ortodoxia. Sigue adoptando en sus líneas generales algunos de los principios de la crítica de Wellhausen y, por consiguiente, toma frente a la Biblia una actitud impropia:

A) Para el neo-ortodoxo, la Biblia es el instrumento a través del cual Dios habla al hombre. Pero en sí misma la Biblia es algo sin vida y sin significado redentor. Contiene mucho que es humano y aun erróneo. Es solamente Dios quien, hablando por medio de ella, puede hacerla vivir en el corazón del hombre como Palabra de Dios.

B) La Revelación se produce en el «encuentro» del hombre con Dios. Solamente cuando el hombre experimenta la gracia de Dios en Cristo, por medio de la lectura de las Escrituras, éstas son propiamente Palabra de Dios. Y la fe por la que el hombre obtiene esta experiencia es completamente independiente, por ejemplo, de la historicidad del relato evangélico o del Pentateuco.

C) O sea, la Biblia para devenir Palabra de Dios está condicionada a la experiencia subjetiva de cada individuo. Pero en sí, «per se», la Biblia no es una Revelación infalible. La Biblia es tan sólo el registro de una serie de experiencias religiosas, pero contiene muchas inexactitudes históricas y aun contradicciones y errores.

Lo que imparte autoridad y garantía no es la Escritura como un cuerpo de verdad dado por Dios al hombre mediante un proceso de Revelación e inspiración en la Historia, ni la calidad y carácter divinos que inherentemente posee la Escritura, sino otra cosa que debe ser distinguida de cualquier otra acción en el pasado e independientemente de cualquier cualidad inherente. Es el «encuentro» en el que Dios habla al hombre por medio de las páginas de la Biblia.

Los errores de este sistema son, a veces, difíciles de descubrir, pues suelen presentarse con un vocabulario rico en conceptos y expresiones de recio sabor ortodoxo y además las sutilezas de sus afirmaciones pueden desorientar a quien toma contacto por primera vez con él.

A primera vista, por ejemplo, parecen netamente ortodoxas las palabras de Karl Barth cuando declara: «La revelación se halla, o más bien tiene lugar, en la Escritura, no detrás de ella; tiene lugar, no podemos escapar a la realidad de ese hecho, en los textos bíblicos en las palabras y frases, en lo que los profetas y apóstoles desearon decir y dijeron.» [11] Estas palabras parecen apuntar a la inspiración plenaria de las Escrituras, pero debemos subrayar por nuestra parte el especial cuidado que Barth pone en destacar que la revelación «tiene lugar». Para el famoso teólogo de Basilea la revelación es «un acto contemporáneo» por el cual Dios nos habla mediante el testimonio de profetas y apóstoles; de lo que se deduce que para Barth la Biblia no es un «registro» de la Revelación de Dios consumada en los días apostólicos, sino un «testimonio» de la revelación a lo largo de los tiempos hasta nuestros días, un «eco» de la voz de Dios (op. cit., p. 337).

La verdadera posición neo-Ortodoxa la apreciaremos con mayor realismo en la afirmación de Barth de que debiéramos tener el «valor dialéctico» para unir tranquilamente la falibilidad humana de las palabras con la infalibilidad divina del contenido (op. cit., p. 346). Pero, preguntamos nosotros, ¿qué confianza podría merecernos el «testimonio» de la revelación de Dios, la Biblia, si no podemos tener seguridad de la veracidad de sus palabras?

---

11. Barth, *Die Lehre vom Worte Gottes*, vol. I de *Die Christliche Dogmatik im Entwurf*, München, 1927, citado por Cornelius van Til en *The New Modernism*, p. 138.

Las equivocaciones de esta teología, entre otras, son:

A) Confunde el «encuentro» con la Revelación.

Indiscutiblemente, de nada le sirve a un hombre el que exista una Revelación de Dios directa (en este caso la Biblia) si no se la apropia, si no se realiza este «encuentro» con Dios que hace efectivo el mensaje bíblico en el corazón. Es lo que anunciamos cuando evangelizamos y es lo que imploramos cuando meditamos, devocionalmente, la Biblia para que mediante una fe viva las enseñanzas que aprendemos se truequen en experiencia y algo vital. Nadie discute la necesidad de la iluminación del Espíritu de Dios, para «que conozcamos lo que Dios nos ha dado» (1.ª Corintios 2:12). Pero de esto a decir que la Escritura es sólo Palabra de Dios cuando es experimentada por mí, media un abismo. Es como si dijéramos que Cristo es Dios y Salvador únicamente cuando lo reconocemos Señor y Redentor en nuestras vidas. Funesto error. Cristo era igualmente Dios y Salvador cuando fue creído por la Samaritana que cuando era crucificado y despreciado por los judíos y romanos. Así también, la Biblia es la Palabra de Dios tanto cuando la meditamos como cuando el incrédulo la desprecia.

B) Al aceptar la línea general de interpretación bíblica de la escuela liberal, considerando a la Biblia como libro humano y falible, viene a decirnos la neo-Ortodoxia que Dios está dispuesto a comunicar su verdad en esta experiencia llamada «encuentro» a través de las páginas de una obra que contiene error. Grave contradicción de fatales consecuencias.

C) Niega la neo-Ortodoxia la infalibilidad de la Biblia y hace al hombre, de hecho, el árbitro y la autoridad final, a semejanza de la escuela liberal. En efecto, si bien acepta que lo «espiritual» del mensaje bíblico puede desligarse de los hechos históricos y que estas porciones de la Palabra son las que utiliza el Espíritu para revelar la verdadera Palabra de Dios, acepta al mismo tiempo que el hombre es pecador y cabe, pues, preguntarse: ¿qué garantía tiene el hombre pecador, y por tanto errado, de poder discernir sin error en medio de las páginas semiciertas y semi-equivocadas de la Biblia?

D) Negando la infalibilidad de la Biblia, rechaza el testimonio de Cristo. Esto para nosotros es conclusivo.

4. La posición Cristiana-Evangélica

Para el Cristiano Evangélico, la Biblia es la Palabra infalible de Dios. El registro de la Revelación Especial que completa la Revelación General de Dios en la naturaleza. Esta fue la posición de la Iglesia Primitiva y de los Reformadores.

La teología de la Reforma fue esencialmente una teología de la Revelación. A la autoridad de la Iglesia opuso la autoridad de la Palabra: «Sola Scriptura» fue su lema. Creían los Reformadores que la Biblia fue dada por Dios y que era inspirada tanto en su contenido como en su forma. Aun el caso de Lutero, con sus reservas críticas sobre algunos libros, no fue más que un tributo al alto concepto que de la Palabra tenía y que le exigía obrar con cautela y no recibir sin discernimiento aquello que le era transmitido por una Iglesia que había estado en tinieblas cerca de mil años.

El pretendido retorno a la tradición reformada, de que blasona la neo-Ortodoxia, es una afirmación gratuita sin fundamento. Los Reformadores usaban indistintamente los términos «la Escritura dice» y «Dios dice», refiriéndose a la Biblia, porque para ellos las palabras de la Escritura y la Palabra de Dios eran sinónimas.

No es en la Reforma en donde la neo-Ortodoxia tiene sus orígenes sino en el Existencialismo. La neo-Ortodoxia debe a Kierkegaard lo que el Liberalismo a Hegel. «Sin Kierkegaard no hubiera habido Barth, ni teología dialéctica, ni esta clase de vuelta a la Biblia que busca la respectabilidad científica.» [12] Sin duda, la razón de ser de la

12. Martin J. Heinecken, *The Moment Before God*, p. 19; citado en *Revelation and the Bible*, Ed. Carl F. H. Henry, p. 233.

neo-Ortodoxia hay que buscarla en esta obsesionante preocupación por la «respectabilidad científica». ¿La ha logrado, sin embargo? Permítasenos que lo dudemos. Más bien vemos a la neo-Ortodoxia como un movimiento de anárquico subjetivismo individual que precisamente por esto se coloca fuera de la órbita del carácter científico.

Lo más grave, con todo, es que la neo-Ortodoxia hace de Cristo una Persona «difusa, un mero intruso en la Historia, como alguien ha dicho, que ha turbado a los hombres con su mensaje pero que no ha dejado ni una sola palabra para la posteridad» (*op. cit.*, p. 234).

Para el cristiano evangélico, sin embargo, la palabra final debe tenerla Cristo. Y si mantenemos la posición de la Iglesia Primitiva y de los Reformadores es porque es la misma que sostuvo el Redentor.

Notemos:

A) La Palabra encarnada da testimonio de la Palabra escrita. En Juan 10:35 el Señor afirma enfáticamente que «la Escritura no puede ser quebrantada».

B) Ya hemos visto cómo Jesús condenó la tradición, porque anulaba la eficacia de la Escritura que para El era la Palabra de Dios.

C) En muchos otros textos de los Evangelios reconoce Cristo la autoridad e infalibilidad de la Biblia en su totalidad, no haciendo diferencia entre unos pasajes y otros.

Cristo sella con su autoridad numerosos hechos y acontecimientos de la Escritura. El cree en la Creación, en la existencia de la primera pareja (Mateo 19:4), en Caín y Abel (Lucas 11:51), en Noé y en la realidad del diluvio y sus consecuencias, en el arca y su función salvadora (Mateo 24:37-39); testifica de la destrucción de Sodoma y de la trágica muerte de la esposa de Lot (Lucas 17:28-30,32). Moisés, al cual concede inspiración divina (Mateo 15:3,4) es su profeta (Juan 5:46). Cree en el milagro del maná (Juan 6:31-33, 48-51) en la curación de quienes tan sólo confiaron en la promesa de Dios fijando sus ojos en la serpiente de metal (Juan 3:14). Cree en el milagro de Jonás y en el arrepentimiento de los Ninivitas (Mateo 12: 39-41; 16:4; Lucas 11:32). Y acepta la paternidad davídica del Salmo 110, así como la plena inspiración de David.

D) En el Aposento Alto, prometió a sus apóstoles la asistencia especial del Espíritu Santo para que les enseñase y les guiase al conocimiento de toda verdad y así estuvieron capacitados para completar con sus escritos y en virtud de haber estado con Cristo desde el principio, el canon del Sagrado Libro (Juan 14:26; 16:13; 15:27).

Conclusión:

La posición del Cristianismo Evangélico puede ser formulada con palabras de la misma Biblia: «Toda Escritura es inspirada divinamente y útil para enseñar, para redargüir, para instituir en justicia, para que el hombre de Dios sea perfecto, enteramente instruido para toda buena obra» (2 Timoteo 3:16).

Tenemos, pues, en la Biblia la Revelación perfecta y completa de la voluntad de Dios para los hombres. En las Escrituras tenemos la Palabra de Dios infalible. Para el cristiano, la Revelación Especial se identifica, por consiguiente, con la Sagrada Escritura. No que haya una cierta relación entre el Libro y la Revelación sino que de hecho creemos que hay una completa identificación. No queremos decir con ello que la Biblia registra «todos» los hechos de la Revelación divina (Juan 20:30, 31). Simplemente afirmamos que la Escritura es la única Revelación *existente* plenamente garantizada y providencialmente legada por Dios al hombre. Esta es la posición Evangélica que, con la ayuda de Dios, defenderemos siempre.

Se nos ha tildado, a veces, de «bibliólatras», reprochándonos que adoramos al Libro en vez de adorar a Dios y de que limitamos al Espíritu Santo «encerrándolo» en las páginas de un Libro. Esta acusación, sin embargo, no es válida. Cuando reverenciamos la Palabra de Dios, honramos a Dios mismo. No pueden separarse la palabra de una persona y la persona misma. Y acatando el espíritu del mensaje bíblico acatamos al Espíritu Santo que es su autor. Se nos podría acusar de bibliolatría si rodeáramos al Libro de veneración supersticiosa o le atribuyéramos propiedades mágicas o sacramentales. Pero, si escuchamos su mensaje, escuchamos a Dios mismo.

Al considerar a la Biblia como Palabra de Dios, no hacemos más que seguir las pisadas del Maestro, quien en la tentación, en la cruz y en todo momento buscó en el texto sagrado palabras de consolación y verdad.

«La Escritura no puede ser quebrantada.» Es inalterable, indestructible en su verdad; indiferente a cada negación, a la ignorancia humana y a la crítica, al error y a los ataques del subjetivismo. Permitamos, pues, ser instruidos y convencidos por ella. El Espíritu Santo nos previene de aceptar la opinión de quienes dicen que Cristo se dejaba llevar por la perspectiva intelectual de su tiempo y su país, y de quienes se oponen al testimonio del Señor en nombre de pretendidos «métodos científicos modernos». Para nosotros, el pensamiento del Maestro es canónico. Es una autoridad externa superior a las más venerables autoridades rabínicas, eclesiásticas y científicas. El testimonio del Espíritu Santo en nuestro corazón nos inclina a preferir las afirmaciones de Jesús. Para nosotros, la autoridad de Cristo es un hecho de primera magnitud, porque sabemos y conocemos el poder con que su Palabra ha sellado nuestra fe. Con humildad recibimos su testimonio.[13]

CUESTIONARIO:
1. ¿Qué concepto de la Revelación Especial tiene la Iglesia romana? — 2. ¿Cuál es el punto de vista de la teología liberal sobre la Revelación Especial? — 3. ¿Y la postura neo-Ortodoxa? — 4. ¿Cuáles son los principios básicos de la teología evangélica en lo que respecta a la Revelación Especial? — 5. ¿Cuál fue la actitud de la Reforma?

---

13. Pierre Ch. Marcel, *Our Lord's Use of Scripture*, en *Revelation and the Bible*, p. 134.

LECCION 39.ª

AUTORIDAD Y CANONICIDAD DE LAS ESCRITURAS

1. Definición

La palabra «Canon» se deriva del griego y significa «norma» o «medida». En el lenguaje de la Iglesia llámase *canónico* a todo lo que se conoce como conjunto de escritos que forman la Sagrada Escritura. Se emplea, pues, en el sentido de «lista» o «catálogo» de libros inspirados por el Espíritu Santo y reconocidos universalmente por la Iglesia como Palabra de Dios.

En contraposición, llamamos «apócrifos» a aquellos escritos que habiendo pretendido entrar en el Canon no son inspirados y no pueden, por lo tanto, ser reconocidos como normativos por el Pueblo de Dios.

2. ¿Cómo reconoce la Iglesia el canon bíblico?

La Iglesia acepta como «canónicos» los libros que reúnen las siguientes características:

A) *La inspiración divina*, ratificada por Cristo mismo o bien por alguna de las señales siguientes:

B) *La apostolicidad* en el caso del Nuevo Testamento, y el *profetismo* en el del Antiguo Testamento. Tal como vimos en lecciones anteriores, Dios convirtió a los profetas y apóstoles en transmisores, divinamente comisionados y equipados, de la Revelación; por lo tanto, sus escritos son la garantía del Canon (Juan 14:26; 16:13-14; 2.ª Pedro 1:21; Efesios 2:20; Deuteronomio 18:18).

Sin embargo, hay escritos en la Biblia que no fueron escritos ni por profetas, ni por apóstoles. Pero lo fueron bajo *la autoridad apostólica* que avala dichos escritos y los impone a la Iglesia.[14] Así, por ejemplo, Pablo entrega a la Iglesia el Evangelio de Lucas, escrito por un discípulo suyo en quien discernió el carisma de la inspiración, a pesar de no ser apóstol (1.ª Timoteo 5:18).

C) *La autoridad en la doctrina* es una consecuencia lógica de los dos puntos anteriores; si faltara ésta habría que dudar de que se daban las otras dos premisas primeras.

D) *La autenticidad de los escritos.* Es decir: genuinidad por lo que se refiere a autoría y otros detalles textuales, de acuerdo con la crítica honesta y reverente, tan alejada de prejuicios filosóficos como del oscurantismo.

3. ¿Cuál es el significado del Canon para la Iglesia?

«La Santa Iglesia Cristiana, de la que Cristo es Cabeza, ha nacido de la Palabra de Dios, en la cual permanece y no escucha la voz de los extraños» (Zwinglio).

La relación entre la Iglesia —pueblo de Dios— y la Escritura —Palabra de Dios— es la siguiente, según comprobamos el alcance del reconocimiento del Canon para las generaciones todas hasta que vuelva Cristo:

A) *La Iglesia confesó* —pero no confirió— la canonicidad de los libros inspirados.

B) *La Iglesia informó al mundo* —y sigue informándole— tocante al fundamento sobre el cual se apoya. Pero ella no *formó* dicho fundamento.

---

14. Cf. Tertuliano y B. Warfield, citados en *El fundamento Apostólico,* J. Grau, pp. 117 y 118.

C) *La Iglesia fue la editora* —no la autora— del Canon. Puso en circulación los escritos que había recibido primero.

D) *El reconocimiento del Canon* —no la formación del Canon, que es una expresión poco feliz— por parte de la Iglesia fue aquel proceso mediante el cual el pueblo fiel fue discerniendo, con creciente toma de conciencia, su fundamento apostólico y profético.

E) *El Canon debe controlar a la Iglesia,* no la Iglesia al Canon.

Dios es soberano no sólo como Salvador sino como Revelador. Ninguna Iglesia es garantía del Evangelio, todo lo contrario: el Evangelio es garantía de la Iglesia que se le somete.

F) *El Canon es una norma cerrada:* ha sido dado «una vez por todas» en el cumplimiento de los tiempos. No habrá ya más revelación hasta la segunda venida de Cristo. La Biblia es la totalidad de la Palabra de Dios para nuestra dispensación hasta el final de los tiempos.

G) *La autoridad precede a la canonicidad.* «Los escritos bíblicos están en el Canon porque son inspirados. Así, no tienen autoridad divina porque se hallan en el Canon, sino que se hallan en el Canon porque tienen autoridad divina, es decir: son inspirados» (Stonehouse).

H) *La Iglesia es el fruto del Canon.*
La canonicidad equivale a la autoridad, puesto que como canónico sólo se reconoce lo apostólico y lo apostólico se deriva de la autoridad del mismo Cristo. Así, el Canon es de autoridad divina y constituye la regla infalible, suprema y definitiva por la que debe regirse el cristiano, y la Iglesia, en todo lo que atañe a su fe y a su conducta.

El Canon se identifica con la totalidad de los libros que tenemos nosotros en la Biblia.

CUESTIONARIO:

1. Defina qué se entiende por «Canon» y «canónico». — 2. ¿Sobre qué base reconoce la Iglesia los libros que son canónicos y los que no lo son? — 3. ¿En qué sentido la apostolicidad es signo de canonicidad? — 4. ¿Surgió la Biblia de la Iglesia, o la Iglesia de la Biblia? — 5. ¿Por qué tiene la máxima autoridad el Canon?

LECCION 40.ª

LA BIBLIA Y LOS APOCRIFOS

1. ¿Qué hemos de entender por libros apócrifos?

Aclaremos, en primer lugar, que no todos entienden lo mismo por la designación de «apócrifo». Digamos, no obstante, que de alguna manera la expresión se refiere a determinado número de escritos compuestos durante los dos últimos siglos antes de Cristo y también, algunos de ellos, en el primer siglo de la era cristiana.

¿Cuáles son estos libros? Por lo que respecta al Antiguo Testamento, podemos citar los siguientes: Tobías, Ester (adiciones a partir del capítulo 10, al que se le añaden 10 versículos y los caps. 13 y 14), Judit, Sabiduría, Eclesiástico, Baruc, algunas profecías añadidas al libro canónico de Daniel (3:24-49 y caps. apócrifos 13 y 14), Primero de Macabeos y Segundo de Macabeos. Todos estos libros fueron añadidos oficialmente al canon bíblico de la Iglesia Romana en el siglo xvi,[15] por las decisiones tomadas al respecto en el Concilio de Trento. Se les llama libros «deuterocanónicos», con lo cual la misma Iglesia romana admite que su inclusión en el Canon fue hecha mucho después de haberse cerrado el canon de los libros indispu-

_____

15. Un concilio romano local (Denzinger, 179) reconoció y promulgó estos libros como canónicos en el año 382, pero no fue hasta el Tridentino en que fueron sancionados *dogmáticamente* para toda la Iglesia; era el año 1546 (Denzinger, 1502 y ss.).

tados. Ahora bien, hemos de decir que la literatura judía no inspirada —los apócrifos y otras obras de autores hebreos— abarca un número mayor de composiciones que las arriba citadas: Primero y Segundo Libro de Esdras (que no tiene nada que ver con el Esdras canónico), la Oración de Manasés y fragmentos de los siguientes libros: Enoc, Asunción de Moisés, Asunción de Isaías, Libros de los Jubileos, Salmos de Salomón (o mejor dicho: atribuidos a él), Testamento de los 12 Patriarcas, etc. No hay, sin embargo, ningún grupo religioso, ninguna Iglesia, ni ninguna secta, que haya considerado jamás como Sagrada Escritura a ninguna de estas obras. Solamente los citados en primer lugar lo fueron por el Concilio de Trento. Hemos de recordar, no obstante, que dicho Concilio tuvo lugar en el siglo xvi y la decisión sobre el canon apócrifo fue tomada el año 1546. La posición de todas las Iglesias Protestantes, hasta el día de hoy, es que deben ser rechazados estos libros por no tener el carácter de inspirados y, por consiguiente, no ser normativos para el pueblo de Dios.

Existen también un buen número de composiciones apócrifas que surgieron en los primeros siglos de nuestra era: como los Evangelios apócrifos y supuestas cartas apostólicas escritas a partir del segundo siglo o finales del primero. Ninguno de estos escritos fue admitido jamás por la Iglesia, que vio siempre en ellos narraciones fantásticas o leyendas piadosas sin ningún valor sagrado.

Por lo que respecta a los apócrifos judíos, conviene señalar el valor literario de alguno de ellos. Otros poseen un interés histórico y hasta sociológico como fiel reflejo —a veces, no tan fiel— de costumbres, ambientes y épocas. Los hay con ciertas enseñanzas religiosas que, por estar de acuerdo con la Escritura inspirada, no dejan de tener cierta valía espiritual. Todo esto ha sido siempre reconocido por los protestantes. El problema, pues, que hemos de plantearnos no es tanto el de saber hasta dónde llega el mérito de determinado escrito, o de todos ellos, como el de esclarecer —para tener ideas claras al respecto— si merecen o no un lugar en el Canon. Nadie negará los valores literarios del *Quijote*, por ejemplo, pero nadie tampoco lo incluiría en el Canon.

El examen histórico de estos escritos y el testimonio de la misma Biblia testifica en contra de dicha inclusión. A esto nos atenemos las Iglesias Evangélicas, como Iglesias de la Palabra sumisas a la Revelación y conscientes de que el carisma de la infalibilidad lo posee sólo el Libro que Dios ha entregado a su Pueblo.

La Iglesia de Roma atribuye a las decisiones del Papa o de los obispos reunidos en Concilio el mismo carácter de infalibilidad que poseen las Escrituras. Roma es consecuente con ella misma al admitir como canónicos unos libros que le han sido dados como tales por el Concilio de Trento; es consecuente con su propia doctrina. Pero los protestantes tenemos que serlo con la nuestra. ¿Cuál es nuestra posición que no se basa en decisiones de Concilios ni quiere ser orientada por otra autoridad que la autoridad soberana del Señor?

2. Nuestra postura evangélica

Existe un texto clave que debe orientar nuestra investigación. Se trata del pasaje que hallamos en Romanos 3:1-2,4:

> «¿Qué ventaja tiene, pues, el judío?, ¿o de qué aprovecha la circuncisión? Mucho, en todas maneras. Primero, ciertamente, que les ha sido confiada la palabra de Dios.... sea Dios veraz y todo hombre mentiroso.»

La ortodoxia protestante sigue las pisadas de la Iglesia de los primeros siglos, y de los reformadores del siglo XVI, cuando pregunta al pueblo judío cuáles son los

Libros que componen el Canon del Antiguo Testamento. Después, pregunta a los Evangelios cuál fue la actitud de Cristo y finalmente qué dijeron los apóstoles sobre el particular.

CUESTIONARIO:

1. ¿Qué se entiende por «libros apócrifos»? — 2. ¿Incluye lo que la Iglesia de Roma llama «deuterocanónicos» la totalidad de la literatura apócrifa judía? — 3. ¿Cuál es la actitud de las Iglesias Protestantes respecto a los deuterocanónicos católico-romanos? — 4. ¿Qué valor tiene el texto de Romanos 3:1-4 para la problemática de los apócrifos?

LECCION 41.ª

EL CANON JUDIO

A) *¿Cuál fue el Canon de Cristo y de los Apóstoles?*

El canon judío (la Biblia usada por Cristo y preservada providencialmente en el pueblo de Israel) constaba de tres partes: 1) La Ley, 2) Los Profetas, y 3) Los Salmos o Escritos (cf. Lucas 24:44):

1) LA LEY (5 libros)
   Génesis, Exodo, Levítico, Números y Deuteronomio (Pentateuco).

2) LOS PROFETAS (8 libros)
   i) Los Primeros Profetas: Josué, Jueces, Samuel y Reyes.
   ii) Los Profetas Posteriores:
       a) Mayores: Isaías, Jeremías y Ezequiel.
       b) Menores: Los Doce restantes.

3) LOS SALMOS O ESCRITOS (11 libros)
   i) Poéticos: Salmos, Proverbios y Job.
   ii) Los 5 rollos: Cantar de los Cantares, Rut, Lamentaciones, Eclesiastés y Ester.
   iii) Tres libros históricos: Daniel, Esdras, Nehemías y Crónicas.

El contenido de este Canon es idéntico al de nuestras Biblias protestantes. Solamente es distinta la distribución de los libros. Por ejemplo, los judíos contaban como una sola unidad los dos libros de Reyes y los de Crónicas. Igual hacían con Esdras y Nehemías que nosotros diferenciamos y separamos en dos escritos.

La triple división del Canon judío del Antiguo Testamento parece que se originó por la posición —u oficio— desempeñado por los autores de cada libro y, asimismo, por el uso litúrgico que se hacía de ellos en el ritual del templo de Jerusalén y después en las sinagogas.

Vienen en primer lugar los escritos de Moisés. El fue quien inauguró la historia de Israel como pueblo organizado para el servicio de Dios: el primer caudillo hebreo, el primer profeta de Israel, el punto de partida de la historia del pueblo escogido.

Los autores de la segunda división son todos ellos hombres que desempeñaron el *oficio profético* y, consiguientemente, poseyeron el *don de la profecía,* siendo guiados por el carisma de la inspiración sobrenatural.

Los autores de la tercera sección eran siervos de Dios que, en algún momento, tuvieron el *don de la profecía* sin ser profetas de oficio o vocación. Es decir: se trataba de hombres a quienes Dios concedía, en determinados momentos, el carisma de la inspiración que corresponde al don profético, o sea: la capacidad de transmitir sin error Palabra de parte de Dios. Hombres inspirados por Dios, como Daniel, David y Salomón, entre otros, pero sin que su función específica dentro del pueblo de Dios fuera la de ser profetas, ya que recibieron otras vocaciones del Señor; David fue llamado para ser rey, así como Salomón; y Daniel para desempeñar funciones políticas en cortes extranjeras. Estos autores de la tercera sección son parecidos a los llamados «varones apostólicos» por Tertuliano al hacer referencia a Marcos, Lucas y Judas que no eran apóstoles pero que escribieron bajo la inspiración del Espíritu Santo garantizada por el testimonio y el refrendo de los apóstoles. Para una discusión más amplia del tema, véase mi libro *El fundamento apostólico.*

Uno de los escritos más «movidos», que más «traslados» sufrió, es el de Lamentaciones. En tiempos de Cristo figuraba en la tercera sección, pero según el testimonio de Josefo y Jerónimo no siempre fue así. En ocasiones, juntamente con Rut, se encontraba en la segunda sección como si se tratara de un Apéndice de Jeremías, y, asimismo, se hallaba Rut algunas veces como Apéndice de Jueces. Se supone que tal colocación era la anterior al siglo II a.C. y que a partir de ese siglo fue trasladado a la tercera sección por razones litúrgicas y prácticas motivadas por el uso que se hacía de tales libros en el culto público.

Sabemos, pues, con claridad cuál fue el Canon hebreo. Este Canon es el que fue usado por Cristo. Fue también el Canon de los apóstoles. Cierto que éstos hicieron uso de la versión griega de los Setenta (que contenía apócrifos; más adelante explicaremos por qué), pero jamás citaron un solo versículo apócrifo, al menos de los apócrifos convertidos en «canónicos» por Roma en Trento. Son muchos, varios centenares, los textos del Antiguo Testamento que Jesús y sus apóstoles citan en los Evangelios y en las Epístolas, pero no se encuentra ni un solo versículo de los llamados «deuterocanónicos» por Roma. No ha de extrañarnos tal comprobación, si tenemos en cuenta cuál fue el Canon admitido por los judíos.

Y, según vimos en el texto de Romanos 3: *a los judíos les fue confiada la Palabra de Dios».

CUESTIONARIO:
1. ¿Por qué los libros de la Biblia hebrea están ordenados de manera distinta a como se hallan en nuestras Biblias? 2. ¿Es idéntico el canon judío al que se encuentra en nuestra Biblia protestante? — 3. ¿Qué similitud se da entre los autores de la tercera sección del canon hebreo y los llamados «varones apostólicos» (Marcos, Lucas y Judas)? — 4. ¿Qué diferencia existe entre «el oficio profético» y «el don de la profecía»? — 5. ¿En qué sección del canon hebreo figuraba el libro de «Lamentaciones»?

225

LECCION 42.ª
¿POR QUE NOS OPONEMOS A LOS APOCRIFOS?

B) *¿Qué razones tenemos para rechazar los Apócrifos?*

Son varias estas razones; se escalonan y van acrecentando la validez total de nuestra postura:

1) La razón ya subrayada: no formaron nunca parte del Canon judío, el cual fue normativo para S. Pablo y lo es para nosotros. No existe, además, ningún ejemplar del A.T. editado por los judíos, con pretensiones de presentar la Palabra de Dios, que contenga los Apócrifos.

2) Los Apócrifos no fueron jamás citados por Jesús como Palabra de Dios. Tampoco los citaron los apóstoles (según admite el *Diccionario de la Biblia* católico, editado por Herder; cf. artículo «Canon del A.T.», p. 269). Se calcula que el Nuevo Testamento cita al Antiguo 280 veces —y casi siempre de la versión alejandrina de los Setenta, que incluía los Apócrifos— sin que nunca haga referencia a ningún apócrifo como Palabra de Dios.

3) Josefo, el gran historiador judío, da testimonio de que los Apócrifos no formaron nunca parte del Canon judío (*Contra Apionem*, I, 38-42).

4) Filón, filósofo judío de Alejandría, así como la comunidad judía de dicha ciudad de habla griega (que solía usar la versión de los Setenta) no consideraron jamás a los Apócrifos como Sagrada Escritura. La teoría de que, tal vez, hubo un Canon alejandrino y otro palestino no es más que una fantasía sin ninguna base histórica. Según esta teoría, el Canon judío sería exactamente el mismo que hoy, pero el alejandrino estaría compuesto no

solamente de los libros canónicos sino también de los apócrifos. En su *Introducción a los Apócrifos* (*Introduction to the Apocripha*), pp. 172, 262, el profesor Bruce M. Metzger escribe: «Resulta extremadamente difícil creer que los judíos de Alejandría recibieran estos libros (apócrifos) como autoritativos en el mismo sentido en que recibieron la Ley y los Profetas. Todos los testimonios históricos están en contra de este pretendido «canon alejandrino».

5) No se menciona a los Apócrifos en ningún catálogo o lista de libros admitidos por la Iglesia Cristiana en los primeros tres siglos. El más antiguo Catálogo de libros canónicos del Antiguo Testamento, realizado por la Iglesia, es el de Melitón, obispo de Sardis en el año 170. No contiene los Apócrifos. Tampoco los incluye Orígenes —que murió en la mitad del siglo III (cf. su obra *Historia Ecles. 1:25*). Esta fue también la postura de Hilario de Poitiers, de Rufino y muy especialmente de Jerónimo, para quien el Canon hebreo y sólo este Canon tenía los «*libri canonici*». Por lo que respecta a Agustín, el sabio teólogo de Hipona, nos consta que al hablar del libro de Judit afirmó que no pertenece al Canon judío, y en una ocasión en que alguien intentaba apoyarse sobre un pasaje de Macabeos para demostrar un argumento, el obispo de Hipona replicó que no era buena defensa la que se fundaba en un libro que no era considerado por los judíos en la misma categoría de inspirado que los canónicos. Tenemos también el testimonio de Cirilo que viene a sumarse a los ya mencionados. Pero, después del de Jerónimo, el más importante es el que aporta Atanasio —el infatigable defensor de la ortodoxia trinitaria frente a Arrio—, el cual en su Carta 39 nos da una lista de los libros de ambos Testamentos (párrafo 4.°) que acepta la Iglesia como Palabra de Dios. En los párrafos 6.° y 7.° expresa clara-

mente la *no canonicidad* de los Apócrifos. La firmeza de Jerónimo, en el siglo v, al rechazar estos escritos es bien evidente y debería ser suficiente para resumir todo el cúmulo de testimonios que nos suministra la antigua Iglesia Cristiana.

6) Los mismos libros apócrifos delatan no ser de inspiración divina. Por ejemplo, los libros de Macabeos —los cuales tienen un cierto interés histórico que nadie niega, a pesar de los elementos de leyenda que se dan, sobre todo, en el 2.° Libro— renuncian ellos mismos a toda pretensión de canonicidad, es decir: por su propio testimonio hemos de considerarlos como libros no inspirados. Veamos, si no, II Macabeos 15:39: «cerraré también aquí mi narración. Si la redacción de la obra ha sido buena y acertada, es precisamente lo que yo desearía. Si es de poco valor y solamente mediana, es que no he podido hacer más»; otra traducción de este texto podría ser: «Si ha resultado bella como corresponde a la historia, es lo que yo desearía; si es mediocre y de poco valor, será que no he podido hacer nada mejor.» Este no es, ciertamente, el lenguaje de los profetas. Como dice bien Bruce M. Metzger (*op. cit.*, p. 262): «no vale la pena excluir a estos libros, se excluyen ellos mismos».

7) Los Apócrifos enseñan doctrinas contrarias a las que revelan los libros canónicos. Baste comparar, por ejemplo, Sabiduría con Génesis 6:5-7. Merril F. Unger ha señalado con razón que «cualquier libro que presente hechos falsos, doctrinas erróneas o una falta de sentido moral, es indigno de haber sido escrito por Dios o inspirado por él. Juzgados por este criterio, resulta que los Apócrifos se condenan a sí mismos» (*Introductory Guide to the Old Testament,* p. 109). La influencia del paganismo se deja sentir en estos escritos y no de manera leve. Sus autores toleran la salvación por los propios

esfuerzos del hombre pecador, los encantamientos mágicos, las oraciones por los difuntos, etc.

8) La mayor parte de los Apócrifos fueron escritos después que el Canon del Antiguo Testamento se hubo cerrado.

Los judíos entendían que un requisito de canonicidad, entre otros, era el siguiente: todo libro inspirado tenía que haber sido escrito dentro del período que ellos denominaban «el periodo profético», es decir: el tiempo que va desde Moisés hasta Malaquías en días del emperador persa Artajerjes. Esto se echa de ver claramente en los escritos de Josefo. Por ejemplo, escribe sobre el particular: «Cierto es que nuestra historia ha sido escrita desde tiempos de Artajerjes, pero lo que se ha escrito desde entonces no tiene igual autoridad que los primeros escritos antes mencionados; esto es así porque no ha habido una exacta continuidad de profetas desde aquellos días....; de ahí que, desde entonces, nadie se atreve a añadir nada ni a quitar nada....» (Op. cit., pp. 40-42.)

El Canon hebreo era un Canon cerrado al final de la era profética (es decir: alrededor del año 400 a.C.). Esta idea de un Canon cerrado era común a los judíos de Palestina y a los de Alejandría. Para ambos el Canon era algo cerrado y fijado. Sólo quedaba esperar la manifestación mesiánica.

Esto es un punto de evidencia histórica, no un simple punto de vista. Nos guste o no, el criterio sobre el que los judíos discernían la canonicidad era el apuntado por Josefo y el que evidenciaba el mismo testimonio interno de la propia Escritura veterotestamentaria. Se trata, por otra parte, de un criterio muy antiguo y que, además, seguía vigente mucho tiempo después de Cristo.[16]

16. Cf. *The Apocrypha*, por G. Douglas Young, en *Revelation and the Bible*, A Symposium, p. 180.

El silencio profético, a partir de Malaquías, sólo será turbado por Juan el Bautista, el que abrirá el camino al Mesías. Así, pues, cualquier escrito redactado después del 400 a.C. y antes de la venida del Bautista no es profético y no puede ser inspirado. Y, cosa curiosa, el mismo libro apócrifo de los Macabeos da testimonio fehaciente de este hecho: «Fue una opresión terrible para Israel, como no ha habido otra desde los tiempos en que *cesaron de aparecer los profetas*» (I Macabeos 9:27). En el mismo libro (I Macabeos 3:46-49) se explica que desde Malaquías, Israel se gobierna, o debería gobernarse, por el Libro de la Ley, buscando en él lo que los gentiles consultan a los ídolos mudos.

Para una refutación de la crítica radical —tanto católica como de signo protestante liberal —en el sentido de que algunos libros canónicos del Antiguo Testamento fueron escritos después de Artajerjes, consultemos las obras de Introducción al A.T. de autores tales como Edward J. Young, R. K. Harrison y las excelentes monografías-comentarios de la Tyndale Press de Londres.

Por supuesto, hemos de distinguir entre la redacción original de un escrito —antes del siglo IV a.C.— y las copias que de la misma pudieron hacer uno o varios escribas posteriores.

Estas ocho razones que tenemos para no aceptar la Apócrifa en nuestras versiones de la Biblia, son suficientemente claras y evidentes para que no podamos hacer otra cosa aparte de protestar por cualquier intento de inclusión de dichos libros en las ediciones protestantes de la Escritura.

CUESTIONARIO:

¿Qué razones tenemos para rechazar los apócrifos? Enumérelas y coméntelas.

LECCION 43.ª

ALGUNAS VERSIONES DE LOS APOCRIFOS

3.   ¿Por qué la versión de los Setenta incluyó los apócrifos?

Esta versión hecha en Alejandría por setenta sabios judíos —según la leyenda— no fue editada por motivos religiosos, sino meramente culturales. Ptolomeo Filadelfo II quería reunir en la famosa Biblioteca de Alejandría (destruida siglos después por un incendio) toda la sabiduría del mundo antiguo y ordenó la traducción al griego de *todos* los escritos hebreos que tuvieran que ver con la cultura del pueblo de Israel. De esta manera, podría disponer del acervo cultural hebreo que quedaba al alcance de todo el mundo civilizado gracias a su versión en la lengua internacional de aquel entonces, el griego.

Se calcula que la traducción tuvo lugar en el año 200 a.C. y que fue llevada a cabo por judíos alejandrinos.

Los apóstoles usaron esta versión, pero citaron únicamente de los libros canónicos. El disponer de una traducción griega de las Escrituras sobre las que podían apoyar su predicación del Cristo del que daban testimonio, fue algo providencial. En el caso de no existir esta versión, muy difícilmente la hubieran podido ellos llevar a cabo antes de los últimos años del primer siglo. Mas, disponiendo de una edición griega del A.T., pudieron extender mejor el conocimiento del Evangelio por las tierras del Imperio romano en donde el griego era la lengua común de la gente culta y de gran parte del pueblo.

4. ¿Por qué algunas versiones anglicanas y luteranas contienen los apócrifos?

Una cosa es negar el valor canónico de un libro y otra muy distinta es negarle todo valor. De ahí que desde siempre la Iglesia recomendara la lectura de estos libros, toda vez que suministraban datos sobre la historia del pueblo judío entre Malaquías y los Evangelios y explicaban, en parte, los condicionamientos religiosos y sociales del judaísmo tal como le vemos en tiempos de Cristo, muy transformado en relación con el prevaleciente en el siglo IV a.C.

Atanasio explicitaba muy bien que «los Apócrifos no estaban incluidos en el Canon», pero añadía: «su lectura es de utilidad». En el mismo sentido, Jerónimo, que negaba el carácter de *libri canonici* a estas obras, comentaba que podían ser consideradas *libri ecclesiastici*.

No obstante, al perder el primitivo interés por las Escrituras, la Iglesia fue entregándose más y más a la filosofía escolástica hasta que la misma idea del Canon se convirtió en algo difuso y de valor controvertido.

Hombres como el franciscano Buenaventura, —canonizado después por Roma— llegaron a referirse a la Biblia (que desconocían bastante) como «una selva intrincada» en la que es mejor no aventurarse por no perderse en ella. La ignorancia de las enseñanzas bíblicas llegó hasta el mismo desconocimiento de la antigua doctrina del Canon, o al menos a su exacta delimitación. Para complicar las cosas, como suele suceder en tiempos de ignorancia, los testimonios claros —citados ya en nuestros artículos— en contra de los Apócrifos apenas se tuvieron en cuenta y se perdieron. En contraste, la decisión errada de cualquier sínodo o concilio —como uno celebrado en Cartago que incluyó en su Catálogo los Apócrifos— era aceptado como orientación infalible y añadía confusión al general desconocimiento de las cuestiones bíblicas. Es así como se llegó al siglo XVI. La confusión era total.

El que las primeras versiones de la Biblia hechas por protestantes en el siglo XVI (la versión castellana de Casiodoro de Reina, la inglesa del rey Jaime, la alemana de Lutero, etc.) fuesen publicadas, en sus primeras ediciones, con los Apócrifos tiene su explicación; una explicación de orden histórico muy simple.

Una de las primeras preocupaciones de los reformadores era encontrar el texto de la Sagrada Escritura que verdaderamente fuese Palabra de Dios, sin mixtificaciones. No podían, pues, rechazar cualquier libro que pretendiese ser canónico sin antes haber examinado atentamente todos los pros y todos los contras. Las pocas versiones completas de la Biblia que había entonces, casi todas en latín, o en traducciones muy deficientes —no de los originales sino del latín—, incluían los libros apócrifos. Ellos recibieron una Biblia con Apócrifos y, antes de pasar a discriminar entre los libros que la componían, tenían que ser muy cautos. Eran tiempos de confusión y, en muchos aspectos, casi tenían que empezar la investigación desde cero. Pese a lo que dicen algunos autores católicos polémicos, la verdad es que los reformadores fueron muy respetuosos con las tradiciones de la Iglesia romana y sólo rechazaron aquello que la Palabra de Dios les obligaba a refutar, pero, sin embargo, jamás obraron con precipitaciones.

Nada tiene de extraño, entonces, que los reformadores editaran la Biblia tal cual la encontraron por lo que se refiere al Canon. Su primera gran labor fue la de traducir directamente de los originales hebreo y griego. Luego vino la problemática del Canon.

Esta preocupación por el Canon verdadero llevó a Lutero a un examen crítico de muchos libros de la Escritura. Esto explica que durante algunos años dudara de la carta de Santiago, por ejemplo. No obraba por recelo frente a la Biblia, sino todo lo contrario: por respeto a la Palabra de Dios que deseaba redescubrir en toda su pureza y autenticidad, desligada de toda adherencia espúrea. Muy pronto se llegó a un completo acuerdo con Roma por lo que se refiere al Canon del N.T. No así en cuanto al A.T., debido a que Trento admitió —contra el consenso de los antiguos Padres de la Iglesia y de todo el testimonio de la historia eclesiástica— los Apócrifos en el Canon de la Iglesia romana. O mejor dicho: sólo admitió algunos de los Apócrifos.

¿Por qué no los admitió todos? Uno de los puntos más débiles de la posición romana estriba precisamente en esto: apela a la versión de los Setenta y, no obstante, esta versión incluye otros apócrifos además de los que Roma acepta como deuterocanónicos. ¿Por qué? El hecho es que la Apócrifa está compuesta de un conjunto de libros mucho más amplio que el que hallamos en las ediciones católicas de la Escritura.

Por otra parte, ¿qué valor cabe atribuir a Trento? Una lectura de las actas de las sesiones de aquella malhadada asamblea nos revela que la única preocupación de los delegados (más de las tres cuartas partes de los prelados no tenían preparación teológica sólida) era el oponerse sistemáticamente a cualquier cosa que pudieran afirmar los reformadores, por el simple hecho de que lo sostuvieran ellos. Esto lo admiten, hoy, incluso un buen número de historiadores católicos. Además, existe en toda la Iglesia romana un deseo de superar Trento que muestra bien a las claras la naturaleza de aquel sínodo. Para un estudio, desde perspectivas evangélicas, véase la obra de Javier Gonzaga *Concilios*, tomo II, *El Concilio de Trento*.

CUESTIONARIO:

1. ¿Por qué algunas versiones del siglo XVI incluyeron los apócrifos? — 2. ¿Por qué dudó Lutero de la inspiración de algunos libros de la Biblia (como la carta de Santiago, por ejemplo)? — 3. ¿Se limita la Apócrifa hebrea a los libros «deuterocanónicos» del canon romano? — 4. ¿Por qué impuso Trento los libros apócrifos?

LECCION 44.ª

EL MODERNISMO TEOLOGICO Y LOS APOCRIFOS

5. ¿Cuál es nuestra posición?

Nuestra postura es bien clara. Hemos desarrollado los argumentos de orden bíblico e histórico que la avalan. Creemos ser fieles a la norma que gobernó al pueblo de Israel y a la Iglesia apostólica al rechazar los Apócrifos y al no concederles ni siquiera el carácter de «deuterocanónicos» que pretende Roma.

Esta ha sido la convicción de las Iglesias surgidas de la Reforma durante siglos.

¿Qué ha pasado, pues, para que hoy esta convicción se vea debilitada en algunos círculos hasta el punto de que se piense en la edición de Biblias —llamadas generalmente «ecuménicas»— en colaboración con católico-romanos y con inclusión de los Apócrifos?

A) *La teología liberal*

A partir de Schleiermacher (1768-1834) la teología liberal (o modernista) arrastrada por los prejuicios de la «alta crítica» de Wellhausen dejó de considerar los libros de la Biblia como el registro inspirado de las intervenciones de Dios en la historia de los hombres.

Las Escrituras no son ya para estos críticos —como no lo serán luego para Tillich o Bultmann— otra cosa sino la narración de algunas experiencias religiosas vividas por gente de acusada sensibilidad religiosa y con inclinación al misticismo. De esta manera, se acababa negando toda distinción entre libros canónicos y no canónicos. Si admitimos como obras religiosamente interesantes las contenidas en el Canon judío, ¿por qué no aceptar también como de interés para el estudio de las religiones los otros escritos de judíos que demuestran, asimismo, esta predisposición hebrea hacia el mundo del espíritu? ¿No se trata, al fin y al cabo, del estudio de la evolución de las aptitudes y las experiencias religiosas de un pueblo religioso por excelencia?

Es así como, aunque por caminos diferentes y presuposiciones distintas, el subjetivismo de ciertas teologías radicales se siente libre para aceptar una Biblia con Apócrifos, exactamente como hizo Trento.

Ahora bien, la motivación principal de Trento fue la infalibilidad supuesta de una institución eclesiástica que, como tal, obra e impone sus juicios a sus miembros. Roma es consecuente con su actitud.

Pero la motivación fundamental de la teología liberal es el subjetivismo extremo (disfrazado de racionalismo —como demuestra el profesor Derek Bigg en su ensayo *La racionalidad de la Revelación*, Ediciones Evangélicas Europeas, Barcelona, 1971)—, subjetivismo que en su endiosamiento del hombre conduce al menosprecio de la Palabra de Dios y —¡cosa paradójica!— acaba con la misma racionalidad y aboca en el absurdo y el nihilismo.

B) *La teología liberal católica*

Nos preguntamos, hoy que la teología liberal y la crítica bíblica están hallando tan buena acogida en el seno de la Iglesia romana, si la inclusión de los Apócrifos en las ediciones llamadas «ecuménicas» de la Biblia no es todo un indicio del futuro que nos espera. Recordamos al respecto unas palabras del teólogo convertido del catolicismo, Dr. Lacueva, en el sentido de que «encima de las ruinas del concepto tradicional (católico y reformado) de la Biblia como Palabra infalible de Dios se pretende construir un cómodo puente para la nueva religión del mañana, hecha a base de las ruinas de la Escritura».[17] En esta nueva fe será posible meterlo todo: ¿por qué, pues, limitar la literatura sagrada judía al testimonio de unos pocos hebreos? ¿Por qué no incorporarlos a todos? Aún más, ¿por qué limitarse a los judíos? ¿Por qué no introducir el testimonio religioso de toda la humanidad? No hay más inspiración, no queda ya Revelación y el problema de la canonicidad deja de serlo, porque el mismo concepto de la canonicidad deja de tener sentido. Lo único importante son las «experiencias». Las experiencias (tengan significado o no) según enseña el existencialismo: cada vivencia, de la índole que sea, se justifica a sí misma. La Biblia, los Apócrifos, cualquier libro, cualquier relato religioso, ilustra algo de estas experiencias posibles en lo religioso y, por consiguiente, puede garantizar un evento religioso. Pero no hay revelación, no hay comunicación del cielo con la tierra. La dimensión vertical se ha perdido, sólo queda una terrible horizontalidad en la que el hombre es dejado a sus solas fuerzas.

Ciertamente, el modernismo protestante se da la mano con el Catolicismo mal llamado progresista. Un ejemplo a nivel popular lo tenemos en la Biblia en fascículos que difunde la versión Nácar-Colunga con comentarios sacados de la más radical crítica bíblica en muchos casos y que hace dudar del título general de la obra: «La Biblia Tiene la Respuesta». Un amigo no creyente que comenzó a leer estos fascículos comentó: «En todo caso, deberían titularles "La Biblia Tiene las Preguntas y Nosotros no tenemos ninguna Respuesta o sólo Muy Pocas".»

C) *Nuestra tarea*

Decir —como algunos con ligereza han afirmado— que la edición de la Biblia con Apócrifos servirá de ayuda a los católicos, pues les permitirá aceptar ciertas versiones y así podrán leer las Escrituras, decir esto equivale

---

17. Cf. «Presencia Evangélica», n.º 19, Barcelona, 1971, pp. 20 y ss.

a desconocer la verdadera problemática de nuestros días y de todo lo que en ella se pone en juego. Representa desconocer la realidad triste de que para mucha gente la Biblia no es Palabra de Dios y que el único interés en ella es del tenor del que tenía Ptolomeo Filadelfo al ordenar la versión de los Setenta, un interés meramente cultural, cuando no de simple «snobismo». Estas ediciones de la Biblia nacen en un ambiente de indiferencia y de confusión.

Si nuestra tarea como cristianos evangélicos consiste en difundir el conocimiento redentor de Cristo por medio de la Palabra de su Revelación —la Biblia—, resulta que la promoción de una versión con Apócrifos constituye un vergonzoso engaño, pues ofrecemos un libro en la portada del cual se lee: SANTA BIBLIA y en el interior ofrecemos lo que no es tal Palabra de Dios.

Si la Biblia es Palabra de Dios —¡y para nosotros lo es!—, entregar un ejemplar de documentos mezclados, en donde el error se abraza con la verdad, sin discriminación, significa fomentar la confusión y la mentira espirituales.

Y, no obstante, hemos de aclarar que no estamos en contra de la publicación de la literatura apócrifa judía —como material útil para la investigación histórica y literaria— siempre que se haga en volumen independiente. A lo que nos oponemos, pues, no es a los Apócrifos como a tales, sino a su inclusión en un mismo volumen juntamente con los libros inspirados.

Vivimos tiempos de turbación, ¿por qué hemos de añadir más nosotros? Seamos luz y no sombras.

La Biblia y la historia están de nuestra parte.

CUESTIONARIO:

1. ¿Cuál es la actitud liberal frente a los apócrifos? — 2. ¿Qué puntos de contacto existen entre la teología liberal y la católico-romana progresista? — 3. ¿Cuál es nuestra tarea en la situación presente?

LECCION 45.ª

LA BIBLIA, PALABRA DE DIOS

1. Dios ha hablado y ha obrado para salvar

He aquí el resumen de cuanto hemos venido aprendiendo hasta hoy: *Dios ha obrado y ha hablado* en medio de la historia de los hombres; *ha llamado y usado a hombres* (profetas y apóstoles) como instrumentos de su Revelación a la Humanidad; *movidos por el Espíritu Santo,* estos hombres hablaron de parte de Dios y luego *pusieron por escrito el mensaje divino* de que fueron hechos depositarios y así la *Revelación ha quedado garantizada y preservada* para todos los seres humanos de todos los tiempos. ¿Con qué finalidad? *Con un objetivo salvífico:* la Revelación culmina en Jesucristo, quien no es solamente la Palabra expresiva del Padre, sino el Redentor y, hoy, dicha Revelación y dicha Redención nos llegan únicamente a través del Registro inspirado por Dios: la Biblia. Porque la Escritura tiene como suprema finalidad dar testimonio de Cristo y conducir a los hombres a la salvación y la comunión que Dios les brinda en Jesucristo.

2. La Escritura es verdad de Dios

Creemos, pues, que *la Biblia es fidedigna* en todas sus partes porque es el producto del «soplo de Dios» (lo que nosotros llamamos *inspiración*) y, por consiguiente, su enseñanza es infalible.

239

La doctrina de la inerrancia de las Sagradas Escrituras ha sido la creencia oficial de todas las grandes Iglesias hasta el siglo XIX; ha sido confesada por las grandes decisiones doctrinales de la Iglesia Romana, la llamada Ortodoxa y las Iglesias Protestantes. Los más grandes cristianos la creyeron y la enseñaron. Siendo lógicamente sostenible, es útil para la apologética, y en este sentido ha sido empleada por los más grandes teólogos, exegetas y apologistas del Cristianismo.

3. La postura bíblico-histórica

A lo largo de los siglos, esta doctrina ha tenido que luchar contra todas las tentativas de «añadir» o «quitar» algo de valor, o del texto, de la Revelación escrita. Ha tenido que enfrentarse contra todos los que han yuxtapuesto la tradición, las experiencias personales o la autoridad de alguna Iglesia por encima de la autoridad única de la Palabra de Dios. Y también ha tenido que pugnar contra los que han menoscabado la Revelación mediante el endiosamiento de la razón incrédula y soberbia. El peligro de «añadir» lo vemos hoy en ciertos grupos pretendidamente carismáticos (pentecostales apostólicos) y en las sectas (Adventistas, Testigos de Jehová, etc.), siendo ya tradicional en la Iglesia romana. El peligro de «sustraer» a la verdad Revelada su autoridad se halla latente en mucha de la moderna teología «modernista» y en la más reciente llamada de «la muerte de Dios»; este tipo de corriente (más filosófica que teológica, en el fondo) está hallando cabida, más y más, en el sector más contestatario del moderno catolicismo romano y en la mayoría de grupos adheridos al Consejo Mundial de Iglesias.

Frente a esta confusión, la Cristiandad Evangélica refrenda la postura de la «Asociación Evangélica Mundial» —expresada en las múltiples «Alianzas» nacionales y continentales— que sigue fiel a las convicciones del Cristianismo bíblico e histórico.

240

Incluso un modernista —Kirsop Lake, de Chicago— tiene que reconocer que muy pocos dudaban de la infalibilidad de la Biblia hasta el siglo pasado, y añade: «el cristiano evangélico puede estar equivocado; yo creo que lo está. Pero somos nosotros los que nos hemos apartado de la convicción tradicional de la Iglesia, no él. La Biblia y el *corpus theologicum* de la Iglesia se hallan a su favor, están de su parte».

No negamos que existen problemas relacionados con el texto bíblico, pero la crítica textual y el progreso en el conocimiento de la antigüedad han solucionado muchos de estos problemas. Por otra parte, suelen ser periféricos, es decir: que afectan únicamente a cuestiones de detalle, incidentales, no teológicos ni éticos. Lo que entendemos se apoya en bases demasiado sólidas para dudar frente a pequeños problemas suscitados por lo que *todavía* no comprendemos.

Negar la inerrancia de las Escrituras es negar, en último término, el fundamento sobre el cual se apoyan todas las demás verdades cristianas.

El uso apologético de los temas estudiados gira en torno de una pregunta que nos formulan muchas gentes, a menudo: *¿Cómo sabemos que la Biblia es la Palabra de Dios?*

4. Evidencias

A) *Dice ser Palabra de Dios*
   No todos los «libros sagrados» de las demás religiones pretenden tal cosa, como hemos comprobado en lecciones anteriores.
   1. *El Antiguo Testamento*
      Una historia de salvación a lo largo de los siglos narrada en cerca de cuarenta escritos, y mediante las personas más dispares, apuntando al Mesías que ha de venir:
      a) *El testimonio de los profetas.*
      b) *El testimonio de la historia.*
      c) *El testimonio de las profecías.*

2. *El Nuevo Testamento*

El cumplimiento de las profecías y el testimonio único de Jesucristo:
a) *El testimonio de Cristo.*
b) *El testimonio de los apóstoles.*
c) *La unidad de los dos Testamentos.*
   1) Unidad estructural.
   2) Unidad histórica.
   3) Unidad profética.
   4) Unidad doctrinal.
   5) Unidad moral.
   6) Unidad espiritual.

B) *La Biblia demuestra ser Palabra de Dios*

Si lo dicho en el anterior punto no fuera suficiente:

1. *La Biblia transforma a los individuos*
   a) Su poder salvador.
   b) Su poder edificador.
2. *La Biblia transforma a los pueblos*
   a) Ejemplos en la historia de Israel.
   b) Ejemplos en la historia de Europa y América.
      i — su influencia en la vida pública;
      ii — su influencia cultural (artes, letras, etc.).
3. *La Biblia, único medio de renovación de las Iglesias y del mundo.*[18]

---

18. Cf. *Actualidad y catolicidad de la Reforma*, por varios autores. Ediciones Evangélicas Europeas, Barcelona, 1967. La segunda edición —aumentada y revisada— lleva el título de *Protestantismo y cultura.*

E. Leonard, *Historia general del Protestantismo*, Edic. Península, Madrid, 1968.

En ambas obras se puede estudiar la aportación rica y compleja del cristianismo —especialmente el cristianismo reformado— a la civilización moderna.

242

C) *Conclusión:*

— La Biblia es Palabra de Dios.

— Palabra de Dios a través de las palabras de los hombres (humana y divina).

— La Biblia es varia y compleja y, sin embargo, es una.

— La Biblia ha sido preservada por Dios, a través de los siglos.

SI LA BIBLIA ES LO QUE DICE SER, ENTONCES HEMOS DE LEERLA, MEDITARLA Y APROPIARNOS SU CONTENIDO.

«Bienaventurados los que oyen la Palabra de Dios y la ponen por obra» (Lucas 11:28).

CUESTIONARIO:

1. ¿Ha hablado Dios, además de haber obrado para salvar al hombre? — 2. ¿Por qué era necesario que la Revelación divina fuera preservada? — 3. ¿Cuál es la postura básica del Cristianismo histórico a lo largo de los siglos? — 4. ¿Cree usted que es muy importante la doctrina de la inspiración y la autoridad de las Escrituras para las demás doctrinas cristianas? — 5. Ofrezca un resumen de evidencias que conduzcan al reconocimiento de la Biblia como Palabra de Dios.

LECCION 46.ª

EL TESTIMONIO DEL ESPIRITU SANTO (1)

El mismo mensaje del Evangelio es anunciado a muchas personas, pero no todas le dan igual acogida (Hechos 13:44-52; 14:4; 17:32-34): hay quien permanece indiferente; hay el que admite la verdad del mensaje cristiano pero sin dejar que la misma penetre hasta su corazón y su voluntad, confinándolo al rincón de las meras opiniones; hay también el que se siente impresionado al leer la Biblia «por la santidad de la materia, la grandeza de la doctrina, la majestad del estilo, la armonía de todas sus partes, el propósito único del conjunto, la exposición del plan de la salvación» y por muchas otras excelencias de las Escrituras y, sin embargo, éstas no logran perforar el muro de la incredulidad o la impiedad.

No basta, pues, un mero conocimiento intelectual, ni una simple emoción sentimental, para aprehender la verdad de la Revelación y ser transformados por la eficacia de la redención. Se precisa algo más.

La Confesión de fe de Westminster asevera:

«Nuestra plena persuasión y seguridad de la verdad infalible y la autoridad divina de la Biblia se producen como resultado de la obra interna del Espíritu Santo, el cual testifica por, y con, la Palabra en nuestros corazones.» O, como dice Pablo: «Para que vuestra fe no esté fundada en sabiduría de hombres, mas en el poder de Dios» (1.ª Cor. 2:5).

Todas las «pruebas» que aportemos sobre la veracidad de la Biblia serán útiles en tanto que demostrarán que nuestra fe descansa sobre hechos y no sobre «fábulas por arte compuestas» (2.ª Pedro 1:16). Con todo, su valor es secundario: confirman muchas cosas, pero no siempre pueden imponerse a la conciencia cauterizada por el error y el pecado para la cual no basta esa confirmación mental. Así, las «pruebas» pueden cerrar la boca del incrédulo, pero no alcanzan a abrírsela de nuevo para confesar la divinidad del Señor y de su Palabra en un himno de fe salvadora; acaso consigan convencer de que la Biblia es el único mapa adecuado para adentrarnos con seguridad en el ámbito de las realidades espirituales. Pero una persona puede llegar a la conclusión de que el mapa de Francia que tiene en casa es perfecto, sin que sienta el menor deseo de hacer el viaje que le conduciría al país vecino.

¿Por qué es así? A causa del estado del «hombre natural», caído y apartado de Dios (1.ª Cor. 2:14).

1. El estado del hombre hace necesaria la obra iluminadora de Dios

«De acuerdo con la Escritura, es posible ver y oír con los sentidos, ver y oír con la mente, y al mismo tiempo ser ciego y sordo en lo que atañe al espíritu (Marcos 8:18; Isa. 6:9-10; Jer. 5:21; Ez. 12:2)» dice B. Ramm.

Esta tercera dimensión espiritual del ser humano viene representada de diversas maneras en la Biblia: los ojos del entendimiento espiritual (Ef. 1:18), el ver a Dios espiritualmente (Mat. 5:8; 1.ª Juan 3:6), el ver el Reino de Dios (Juan 3:3) y el oído espiritual (Juan 5:24; 10:3; Rom. 10:17). Las Escrituras hablan también del «corazón», el «alma», el «espíritu» y «la mente» como funciones espirituales propias. De ahí que la Escritura mencione a los que «oyendo no oyen» y «viendo no ven»; y haga alusión a la habilidad o facultad espiritual del hombre que es más profunda que todos sus otros poderes cognoscitivos. Esta facultad espiritual es la única que alcanza a reconocer a Dios plenamente, su verdad y su salvación.

Que existe una percepción espiritual más profunda que el conocimiento ordinario es un hecho evidente por todo lo que la Biblia enseña acerca del don que Dios hace de dicha habilidad espiritual. Los oídos del hombre son sordos para las cosas del Señor (Mat. 13:15); los ojos están ciegos (Rom. 11:10); las mentes oscurecidas (Rom. 1:21) y los ojos «viendo no ven» mientras que los oídos «oyendo no oyen» (Mat. 13:13-15).

Pero el Señor hace una obra de restauración: iluminando los ojos de nuestro corazón para que entienda [19] (Ef. 1:18); haciendo puros los corazones que habrán de ver a Dios (Mat. 5:8); abriendo los corazones (Hechos 16:14) o circuncidándolos espiritualmente (Rom. 2:29); removiendo el velo (2.ª Cor. 3:15 y ss.); dando comprensión espiritual (Col. 1:9); dando el entendimiento necesario para conocer a Cristo (1.ª Juan 5:20) y abriendo los oídos para poder escuchar la voz del Hijo de Dios (Juan 10:3). Pablo, pues, se refiere a gente espiritual que discierne las cosas espirituales (1.ª Cor. 2:13), con la totalidad de sus capacidades cognoscitivas.

Tenemos explicado en este conjunto de textos el porqué de la incredulidad de tantas gentes. El hombre no regenerado considera como «locura» las cosas espirituales (1.ª Cor. 1:18; 2:14) y aun como tropezadero (1.ª Corintios 1:23). Ahora bien, estas mismas «cosas espirituales» son para todos aquellos cuya percepción espiritual ha sido restaurada nada menos que «poder de Dios» (1.ª Corintios 1:23) y «sabiduría de Dios» (1.ª Cor. 1:24; 2:7); porque nos revelan «la mente de Cristo» (1.ª Cor. 2:16).

Llegamos a la conclusión de que esta perceptividad espiritual formaba parte de la primitiva «imago Dei» (imagen de Dios) destrozada por el pecado. Actualmente, existen diferentes grados de perceptividad entre los seres

---

19. Ya hemos indicado que Efesios 1:18 habla de la iluminación de *los ojos del corazón,* según los mejores manuscritos. La palabra «*kardías*» es «*corazón*» en griego.

humanos. Y esto ocurre a todos los niveles. Una persona culta disfruta con la visita a un museo en tanto que el inculto se aburre; unos saben percibir la belleza de un cuadro y otros la de una sinfonía, mientras que hay el que se ve presa del tedio frente a ambas realidades artísticas; tenemos el discernimiento literario que capta en seguida la fuerza de la sátira, o la ironía de una frase, y sabe ver el encanto de la poesía, mientras que otros no se dan cuenta de ninguna de estas realidades. Situado a un nivel mucho más elevado, el hombre tiene «ojos del corazón» u «ojos del entendimiento» que el día de la creación eran limpios y claros, pero que hoy se hallan velados y oscurecidos. «Existen ojos que saben contemplar las obras maestras de la pintura; existen ojos que saben ver las relaciones entre conceptos y sentencias; existen ojos lógicos, analíticos, brillantes; existen ojos que saben captar la belleza; existen ojos que saben captar los puntos sublimes de la experiencia; existen ojos que saben arrancar lo trascendente de lo vulgar de la vida cotidiana; y *existen ojos que saben ver a Dios*», como asevera Bernard Ramm.

«Bienaventurados vuestros ojos, porque ven; y vuestros oídos, porque oyen» (Mat. 13:16).

Esta doctrina bíblica de la perceptividad espiritual disgusta a los filósofos que quieren tener todas las «pruebas» a su disposición, manipulables a su antojo; disgusta igualmente al psicólogo porque no admite ningún arcano al que no pueda penetrar (la resistencia de muchos psicólogos a la «parapsicología» ilustra este disgusto); e irrita al racionalista porque tiene que habérselas con algo que contradice su punto de vista fundamental, es decir: que hay facultades cognoscitivas que trascienden lo meramente racional.

Lo maravilloso de esta doctrina es que los ojos pueden ser abiertos, los corazones enternecidos y las mentes iluminadas por la acción del Espíritu y la Palabra de Dios. En esta *restauración*, nada nuevo se le añade al ser humano; no se le otorga ningún poder o facultad nueva. Más bien se le restaura aquello que estaba en ruinas; no de manera totalmente perfecta, desde el principio de la acción divina, sino de modo que pueda percibir la verdad de Dios como verdad verdaderamente divina.

CUESTIONARIO:

1. ¿Por qué se produce resistencia a aceptar el mensaje del Evangelio? — 2. ¿Cómo podemos llegar a la plena persuasión de la verdad infalible de la Escritura? — 3. ¿Es necesaria la obra iluminadora del Espíritu Santo para que el hombre reconozca la verdad de la Escritura? — 4. ¿Es únicamente con la cabeza que aprehendemos las verdades espirituales? — 5. ¿Cómo explicaría Efesios 1:18?

LECCION 47.ª

EL TESTIMONIO DEL ESPIRITU SANTO (2)

2. La obra iluminadora y redentora de Dios

A) *Es una obra llevada a cabo por la instrumentalidad de la Palabra*

«El (Dios) de su voluntad, nos hizo nacer *por la Palabra* de verdad» (Sant. 1:18).

Observemos: 1.º que Dios es el que obra;

2.º que, como resultado de esta acción, se produce el nuevo nacimiento, y

3.º que el medio que Dios usa para producir la regeneración es la Palabra de verdad (la Palabra que, por su misma naturaleza, es verdad). Cf. 1.ª Pedro 1:23.

No hay, pues, regeneración sin la obra de la Palabra en el corazón, por medio de la cual el Evangelio queda sellado en el alma. De ahí que Juan pueda escribir acerca de la Palabra como estando en nosotros, morando y *habitando dentro* de nuestro ser (1.ª Juan 1:10; 2:14).

B) *Es una obra que el Padre lleva a cabo con el Hijo*
Examinemos algunos textos bíblicos:

249

«Nadie conoce al Hijo, sino el Padre, *ni al Padre conoce alguno, sino el Hijo, y aquel a quien el Hijo lo quiera revelar*» (Mat. 11:27).

Este texto nos introduce en el lugar santísimo de la vida trinitaria. Y lo hace para decirnos que la totalidad del conocimiento de Dios necesario para la salvación ha sido dado al Hijo. El es el Mediador. El sólo conoce al Padre, ya que es el «Unigénito Hijo (o «Dios» como afirman los más antiguos manuscritos) en el seno del Padre» y así es el único que puede «exegetarlo» (cf. artículo de Derek Bigg en *Portavoz*, febr. 1972). De manera que el que cree en Cristo cree, de hecho, en aquel que le envió. «Y el que le ve a él, ve al que le envió» (Juan 12:44-45).

«*Mis ovejas oyen mi voz*» (Juan 10, texto paralelo en muchos sentidos al de Mat. 11).

¿Qué significa el «oír» de estas ovejas (Juan 10:3,4,16, 27 y Juan 8:37,47)? No simplemente la escucha de los sonidos que emiten las palabras, ni siquiera la aprehensión del significado de las mismas. Se trata de algo más; es la obra iluminadora, que en una acción reveladora hace distinguir esa voz de todas las demás voces y lo hace de tal manera que las ovejas «*siguen*», no sólo escuchan.

Afirma B. Ramm que *1.ª Juan 5:20* es uno de los más claros textos sobre el tema de nuestro estudio. En este pasaje hallamos un compendio completísimo del Evangelio, pues ofrece una visión radical de la doctrina de la *revelación*, con una *cristología* igualmente radical y una no menos radical *soteriología* (doctrina de la salvación):

1.º Sin Revelación no hay conocimiento de Dios;

2.º y no hay conocimiento de Dios que no sea cristológico;

3.º como no hay tampoco salvación sin este doble conocimiento de Dios y de Cristo.

1.ª Juan 5:20 es revelador en todos los sentidos:

a) *Encarnación:* el Hijo de Dios ha venido.

b) *Iluminación:* el Hijo de Dios nos ha dado entendimiento (para que no sea vana su venida) para que sepamos quién es en verdad: *Dios* el Hijo.

c) *Vida eterna:* conocer a Cristo y estar en él, es conocer a Dios y tener la vida eterna.

Se trata, pues, de un *conocimiento* salvador de la verdad. La Biblia no conoce ninguna otra clase de conocimiento (Isa. 43:1-13; 44:7-11). El texto de 1.ª Juan 5:20 repite con otras palabras lo mismo que enseña Mateo 11:27 en otro contexto; se trata de la misma verdad: por medio de un acto revelador, el Hijo introduce al Padre ante los hombres; el espíritu de los creyentes se percata entonces de que el conocimiento de Dios es cristológico y, al mismo tiempo, de que el conocimiento de Cristo es teocéntrico. Y tan íntima es la relación del Padre con el Hijo que la última frase del v. 20 los identifica a ambos, pues de ambos puede afirmarse, por separado, o juntos: «Este es el verdadero Dios y la vida eterna.»

C) *Es una obra que el Padre y el Hijo llevan a cabo por el Espíritu Santo*

Juan 3:1-16. Aquí tenemos:

1.º *El nuevo nacimiento* mediante la sola fe —y nada más que la fe— en Cristo (y Cristo crucificado recibido con la totalidad de su significado redentor); asimismo,

2.º *El nuevo nacimiento* facilitado por Cristo es obra del Espíritu Santo. Cf. Mateo 3:11, en donde se nos informa que, en contraste con el bautismo de agua de Juan, vendría luego un bautismo del Espíritu por medio de Cristo.

Gálatas 3:3 afirma igualmente que la vida cristiana da comienzo gracias a la actividad del Espíritu Santo, en virtud de la obra de la cruz (3:1).

2.ª Corintios 3:1-13 también nos dice que todo comienza por el Espíritu del Trino Dios. En este pasaje el Espíritu Santo aparece como la pluma y la tinta que al mismo tiempo escriben en los co-

razones. ¿Y qué es lo que escriben? ¡JESUCRIS-
TO!

2.ª *Tesalonicenses 2:13* coloca estrechamente unidas las operaciones del Espíritu Santo y las de
la verdad del Evangelio. Cf. Efesios 2:18.

EL TESTIMONIO DEL ESPIRITU SANTO, que forma
parte de la obra completa que la Trinidad lleva a cabo
para iluminar y salvar a los hombres, NO SIGNIFICA
DAR PIE AL SUBJETIVISMO. EL TESTIMONIO NO SE
PRODUCE SIMPLEMENTE POR MEDIO DE ALGUNAS
EXPERIENCIAS, NI TIENE NADA QUE VER CON LAS
INTUICIONES MERAMENTE RELIGIOSAS DE LA TEO-
LOGIA LIBERAL.

En la próxima lección discutiremos este punto, al considerar la relación entre EL ESPIRITU y LA PALABRA.

CUESTIONARIO:

*1. ¿Cómo lleva a cabo Dios su obra iluminadora? — 2. ¿Qué
enseña 1.ª Juan 5:20 sobre la Revelación? — 3. ¿Cómo definiría usted el conocimiento que Dios nos otorga por su
Palabra y por su Espíritu?*

LECCION 48.ª

EL TESTIMONIO DEL ESPIRITU Y LA PALABRA (1)

«Nuestro Evangelio no llegó a vosotros en palabras solamente, sino también en poder, en el Espíritu Santo y en plena certidumbre» (1.ª Tesalonicenses 1:5).

«Amados, no creáis a todo espíritu, sino probad los espíritus si son de Dios; porque muchos falsos profetas han salido por el mundo» (1.ª Juan 4:1).

1. **La "plena certidumbre" de la verdad es por el Espíritu Santo**

Textos bíblicos: 1.ª Tesalonicenses 2:2; 2.ª Tesalonicenses 2:13.

1.º El Espíritu Santo obra para que conozcamos la verdad.

2.º Nosotros, si creemos, llegamos al conocimiento redentor de dicha verdad.

Algunos ejemplos:

1) Nadie dice Señor a Cristo si no es por el Espíritu (1.ª Corintios 12:3).

2) Somos sellados con el Espíritu Santo para el día de la redención (2.ª Corintios 1:22). (Cf. Efesios 4:30 desarrolla el aspecto escatológico.)

253

3) La unción del Santo nos da conocimiento de la verdad (1.ª Juan 2:20 y ss.).

Este testimonio del Espíritu es, no obstante, un testimonio trinitario:

1.º El Padre y el Hijo envían al ESPIRITU SANTO.
2.º Nosotros recibimos a este Espíritu Santo.
3.º El Espíritu Santo es el Espíritu del Hijo y es enviado para testificar de la obra salvadora y santificadora del Hijo.
4.º La respuesta definitiva del creyente a este testimonio trinitario es «¡Abba! (Papá)».

2. La plena certidumbre de la verdad es por, y para, la piedad

Esta «certidumbre» no tiene que ver con «asignaturas de religión», ni siquiera con el cristianismo como sistema religioso, ni aun con las «pruebas» sobre la existencia de Dios. Se trata de un testimonio —el del Espíritu Santo— que es dado al creyente para que tenga la plena *persuasión* juntamente con la plena *participación* de la obra salvadora obrada por el Trino Dios a favor suyo.

El conocimiento que Dios da de sí mismo es con el fin de que el hombre llegue a tener comunión con él (de ahí que gracia y conocimiento vayan siempre juntos: 2.ª Pedro 3:18) y por consiguiente es un «conocimiento de la verdad que es según la piedad» por parte del hombre (Tito 1:1). Donde no exista este mínimo de actitud piadosa o reverente, no hay conocimiento verdadero de Dios. Podrá haber religión, pero no conocimiento de Dios.

Mediante este conocimiento impartido por *el testimonio del Espíritu Santo*, el creyente se sabe, y se siente, hijo de Dios por adopción. De ahí su exclamación: «Abba».

Este clamor filial es susurrado primero por el Espíritu (Gálatas 4:6) y luego nosotros llamamos a Dios «Padre nuestro (¡Abba!)» (Romanos 8:15-16). El testimonio del Espíritu llega a ser algo nuestro y así tenemos el testimonio permanente en nosotros mismos (1.ª Juan 5:10).

A) *¿Qué significa el clamor filial «¡Abba!»?*

Su sentido más llano es «papá» —la exclamación balbuciente que hace el niño cuando comienza a hablar—; se trata de un vocablo arameo.

Había sido revelado ya en el Antiguo Testamento (Deuteronomio 32:6), pero ocurrió como en el caso del nombre divino «Jehová», que se remonta a época patriarcal pero que no recibió su pleno sentido y explicitación sino hasta Moisés. Así, Padre como palabra aplicada a Dios, se encuentra en el Antiguo Testamento, pero no es hasta Cristo que adquiere su pleno significado y empleo.

Ejemplos: «Vosotros oraréis así: Padre nuestro....»
«Subo a mi Padre y a vuestro Padre....»
«Habéis recibido el Espíritu de adopción, por el cual clamamos: ¡Abba, Padre!» (Romanos 8:15).

«El Espíritu mismo da testimonio a nuestro Espíritu de que somos hijos de Dios....» (Romanos 8:16).

Advertencia: Debemos subrayar que lo recibido es la *adopción* de hijos (Romanos 8:15) al haber aceptado a Jesucristo como Salvador y Señor (Juan 1:12). Jesús es Hijo de Dios por naturaleza, nosotros lo somos por adopción («*Vosotros* oraréis: Padre nuestro....»; «Subo a mi Padre y a *vuestro* Padre....»; el Señor estableció siempre una diferencia fundamental entre nuestra filiación y la suya).

B) *¿Qué dimensiones tiene nuestra relación filial?*

Una personal y otra comunitaria, unidas inseparablemente.

Cierto que es el testimonio de Dios dado al corazón creyente, pero su dimensión es corporativa, no individualista

(«Habéis recibido.... clamamos....»). La fe bíblica es algo personal, no individualista (el sectarismo es individualista).

Se trata de algo objetivo (la «unción» que nos sella es tan real como la cruz o la resurrección) y subjetiva al mismo tiempo («el Espíritu da testimonio a nuestros espíritus....»). Sólo los puros de corazón verán a Dios y las cosas del Espíritu son para los espirituales; no nos extraña, pues, que todas estas realidades escapen al control del psicólogo o del filósofo. Se trata de cosas comunes a todos los cristianos, pero no a todos los hombres.

3. La plena certidumbre de la verdad es por la Palabra

Es la certidumbre del que guarda la Palabra objetiva de Dios (1.ª Juan 3:24).

Sólo quien retiene la Palabra revelada es el que puede afirmar que Dios permanece en él y él en Dios.

Estudiemos, detenidamente, el texto de 1.ª Juan 3:23-24:

1) Juan menciona unos mandamientos (aquí mandamiento es sinónimo de Palabra de Dios; v. 23 lo hace evidente); mandamientos (Palabra de Dios) que encontramos en el Nuevo Testamento y no en ninguna otra parte.

2) Cierto que Cristo envió a su Espíritu para darnos testimonio y plena certidumbre de la verdad (1.ª Tesalonicenses 1:5) y por el mismo Espíritu, Dios mora en nosotros y nos unge con esta verdad (1.ª Juan 2:20). Ahora bien, la piedra de toque para saber si no nos engañamos, si no sufrimos una ilusión, es examinar si realmente retenemos la Palabra de verdad, si guardamos esta Palabra (1.ª Juan 3:23-24).

3) El énfasis de Juan aquí (1.ª Juan 3:23-24) es distinto al de Pablo en 1.ª Tesalonicenses 1:5. El examen de ambos pasajes nos enseña que el Evangelio está constituido a base de *palabras* (el mensaje revelado) y *Espíritu Santo* (el poder divino que

ilumina y regenera). La Palabra sin el Espíritu sería mera letra (éste es el argumento de Pablo), pero un pretendido «espíritu» sin la Palabra (éste es el argumento de Juan) sería simple ilusión y fantasía. Ni la Palabra sin el Espíritu, ni el Espíritu sin Palabra. De ahí que podamos denominar la Palabra como la «espada del Espíritu Santo» (Efesios 6:17).

4) La conclusión es, pues, doble:

   a) El Espíritu obra por la Palabra.

   b) La Palabra es eficaz sólo por el Espíritu.

CUESTIONARIO:

1. ¿Cómo es posible alcanzar «la plena certidumbre de la verdad»? — 2. ¿Qué significa la expresión aramea «¡Abba!»? — 3. ¿Es individualista la fe cristiana? — 4. ¿Cuál es el mensaje sobre la acción del Espíritu y la Palabra que nos ofrecen 1.ª Tesal. 1:5 y 1.ª Juan 3:23-24?

LECCION 49.ª

EL TESTIMONIO DEL ESPIRITU Y LA PALABRA (2)

4. La plena certidumbre por la acción conjunta de la Palabra y el Espíritu

La certidumbre del que recibe el testimonio de Dios es la plena certidumbre de que hablan las Escrituras (1.ª Juan 5:6-12).

Esa doble acción del Espíritu y la Palabra es presentada aquí mediante otra perspectiva igualmente iluminadora:

A) *El Hijo vino* (v. 6):

1.º Por agua (en el bautismo).

2.º Por sangre (en su muerte en la cruz).

Se trata de los dos acontecimientos que enmarcan el ministerio público del Mesías. Se hace alusión así a la totalidad de dicho ministerio.

B) *El Espíritu da testimonio* (v. 6):

A la luz del comienzo del v. 6, hemos de entender que la vida pública de Jesucristo constituye *un testimonio* y el Espíritu Santo representa *el segundo testimonio* de que se nos habla aquí.

El *primer testimonio* consta de dos partes (agua y sangre) y así tenemos una doble acción: la llevada a cabo por Cristo y la del Espíritu Santo. El primer testimonio se halla hoy guardado en la Sagrada Escritura y a partir de ella es proclamado al mundo. El Espíritu Santo se sirve de él para llevar a cabo su obra.

C) *Tres son los que dan testimonio* (v. 8) y «los tres concuerdan». Es así porque tienen un mismo objetivo y proceden de Dios. Esta finalidad del triple testimonio se explica en los versículos 9-12: Jesucristo, Hijo de Dios, vino para darnos vida eterna. Volvemos a encontrarnos con el elemento salvífico que constituye el centro del testimonio siempre.

D) *Estamos obligados* a aceptar este testimonio porque es de Dios (v. 9). Si aceptamos el testimonio de los hombres, ¡cuánto más debemos aceptar el de Dios! Pero no es cosa fácil para el hombre el aceptar dicho testimonio divino, más bien prefiere recibir cualquier opinión humana (cf. Juan 5:42-44).

E) *Cuando aceptamos* el testimonio de Dios, se convierte en algo muy nuestro (v. 10): el testimonio pasa a ser, de externo, interno; lo tenemos dentro, metido en las entrañas del espíritu regenerado.

F) Negar el significado revelador y redentor de la vida de Cristo (que a esto equivale rechazar el triple testimonio de que se habla en esta porción) es hacer embustero al mismo Dios (v. 10).

G) *¿Cómo viene a nosotros* este triple testimonio de que nos habla Juan? Por la Palabra apostólica (1.ª Juan 1:1-4), registrada hoy en el Nuevo Testamento.

Una vez más, nos encontramos con la misma combinación: la PALABRA y el ESPIRITU, indisolublemente unidos para producir la convicción en el hombre, tocante a las verdades divinas.

5. La certidumbre de la Iglesia

La certidumbre de la Iglesia estriba en su escucha obediente de la Palabra de Dios (Apocalipsis 2 y 3).

«*El que tiene oído, oiga lo que el Espíritu dice a las Iglesias*» (Apocalipsis 2:7,11,17,29; 3:6,13,22).

¿Cómo habla el Espíritu Santo a la Iglesia y en dónde puede ésta encontrar dicha voz divina?

El testimonio de Juan es evidente, sin sombra de dudas. Recibió de Cristo órdenes para que escribiera a cada una de las siete Iglesias de que se nos habla en el Apocalipsis, caps. 2 y 3: «Escribe al ángel de la iglesia en Efeso.... en Esmirna.... en Pérgamo, etc.» (Apocalipsis 2:1,8,12,18; 3:1,7,14).

De manera que el mensaje del Espíritu se contiene en cada una de estas cartas apostólicas, como antaño el mensaje de Dios venía por medio del ministerio de los profetas (cf. todo el Antiguo Testamento). Así que el Espíritu Santo habla *por* y *en* cada carta, si bien sólo los que tienen ojos y oídos abiertos podrán ver y leer con espiritual inteligencia. Y esto constituye la Iglesia, la comunión de los que tienen oído para oír lo que el Espíritu —por su Palabra— dice a las Iglesias.

El mismo Espíritu que abrió los oídos fue el que inspiró las cartas a Juan.

La verdad objetiva —y concreta— de la Revelación de Dios, entregada por medio de profetas y apóstoles (Ef. 2:20) es oída con oídos espirituales abiertos por el mismo Espíritu, quien es el autor de aquella Revelación y de la subsiguiente obra de iluminación y regeneración.

La Iglesia no puede, por consiguiente, escuchar la voz del Espíritu si no presta atención obediente a la Palabra. El ESPIRITU habló por la PALABRA a las siete Iglesias del Apocalipsis y, hoy, sigue haciendo lo mismo. Por consiguiente, la Iglesia tiene el deber de «probar los espíritus».

6. La palabra escrita es el "test" final e inapelable

Un buen número de pasajes hablan del «examen de espíritus» por medio de la Palabra. Estos pasajes dan el más rotundo mentís a cuantos exaltados pretenden ser guiados por el Espíritu sin la Palabra (cuáqueros, pentecostales extremos, sectarios, iluministas, etc., y, en cierto sentido, las decisiones «ex-cathedra» del Pontífice romano).

No podemos aceptar cualquier mensaje que no se ajuste a la Palabra revelada (1.ª Corintios 12:3).

«Hay diversidad de dones, pero el Espíritu es el mismo. Y hay diversidad de ministerios, pero el Señor es el mismo. Y hay diversidad de operaciones, pero Dios, que hace todas las cosas en todos, es el mismo» (1.ª Corintios 12: 4-6). No puede darse contradicción en el *obrar* de Dios, como tampoco es posible que se produzca en su *hablar;* por consiguiente «nadie que hable por el Espíritu de Dios» llamará a Jesús anatema porque la Escritura —inspirada por este mismo Espíritu— le llama Señor; de manera que «nadie puede llamar a Jesús Señor, sino por el Espíritu Santo» (1.ª Corintios 12:3).

Así que:

A)   Este texto enseña que no podemos aceptar *cualquier* mensaje como voz del Espíritu de Dios.

B)   Estos textos nos recuerdan que el Espíritu de Dios no hablará de manera distinta a como se expresó en las Sagradas Escrituras. Estas presentan a Jesús como Señor, ¿podría el Espíritu negarse a sí mismo y rebajar la persona de Cristo luego, mediante una pretendida manifestación posterior? Dios es Dios de orden, en su obrar y en su hablar. De lo primero tenemos pruebas en el Universo natural y de lo segundo en la maravillosa armonía de todas las partes que constituyen la Escritura, convirtiéndola en *el libro:* la BIBLIA.

CUESTIONARIO:

1. ¿En dónde tenemos nosotros, hoy, el testimonio de que habla el apóstol en 1.ª Juan 5:6? — 2. ¿Cómo puede la Iglesia —las iglesias— escuchar lo que le dice el Espíritu según Apocalipsis, caps. 2 y 3? — 3. ¿Se contradicen el Espíritu y la Palabra? — 4. Si hay conflicto entre la «experiencia» y la Palabra, entre la supuesta «voz interior» (¿del Espíritu?) y la Palabra, ¿a cuál hemos de prestar atención?

LECCION 50.ª

EL TESTIMONIO DEL ESPIRITU Y LA PALABRA (3)

7. Cómo probar los espíritus

Hemos de probar los espíritus por la norma bíblico-cristológica (1.ª Juan 4:1-6).

«Amados, no creáis a todo espíritu, sino probad los espíritus si son de Dios; porque muchos falsos profetas han salido por el mundo» (1.ª Juan 4:1-2).

El test, la prueba suprema (dokimazo) que presenta Juan corrobora cuanto llevamos dicho. La exhortación que el apóstol dirigió a los creyentes de su tiempo es de gran actualidad para nosotros también, pues, como entonces, en nuestra época «muchos falsos profetas han salido» y a ellos debemos oponernos con las mismas armas que los apóstoles suministraron a la Iglesia primitiva.

En este pasaje de 1.ª Juan 4:1-6, Juan presenta la norma cristológica como piedra de toque. La encarnación es un hecho histórico —revelado— de tal importancia que no puede ser negado por nadie que crea verdaderamente el Evangelio. Es el anti-cristo el que niega la encarnación. De alguna manera, el Maligno trata de pervertir la verdad sobre Cristo. En tiempos del Apóstol, había el peligro de exaltar tanto la divinidad del Mesías que, de hecho, se le relegaba al más allá lejano e inasequible, negando así toda su obra mediadora. Frente a esta perversión, había que proclamar la plena humanidad del Redentor para vindicar su perfecta mediación y el valor vicario de su muerte como hombre en lugar de los hombres que venía a redimir (cf. Hebreos 2:14-18). Hoy día, el peligro es de signo opuesto, pero no menos grave: se tiende a negar la divinidad del Salvador, con lo que también se invalida su obra salvadora y su eficacia medianera. Las lecciones del pasaje son evidentes.

Cualquier confesión de fe, cualquier entusiasmo religioso, cualquier pretendida «revelación personal», o «voz interior», debe ser probada por el Nuevo Testamento. Dado que el Espíritu concuerda siempre con la Palabra, sólo los espíritus de error se niegan a someterse al examen de la misma y, o bien niegan su autoridad, o bien la disminuyen, erigiéndose así por encima de ella, con lo cual ellos mismos se delatan.

«En esto conoced el Espíritu de Dios...» —advierte Juan— y, seguidamente, expone una *verdad revelada:* «Todo espíritu que confiesa que Jesucristo ha venido en carne, es de Dios...» (v. 2).

Aquí la norma cristológica se confunde con la bíblica. No es de extrañar, pues constituyen de hecho una sola y misma cosa. Descubrimos idéntica realidad al examinar 1.ª Juan 5:6-12; todo lo tocante a la verdad bíblica es cristológico, y todo lo tocante a Cristo es bíblico. No puede haber divorcio entre ambos aspectos de una misma verdad.

¿Quiénes se oponen a este armónico fundamento bíblico-cristológico? ¿Quiénes se oponen al doble y único testimonio del Espíritu y la Palabra (bíblico-cristológica)?

A) El biblicismo de la letra sin el Espíritu; la ortodoxia fría, sin alma, y la teología racionalista.

B) Los iluminados de toda especie, los fanáticos, los que defienden su «voz interior» en contra de la Palabra o identificándola con la misma; los que interpretan la Palabra a la luz de sus experiencias, en lugar de tratar de comprender sus vivencias a la luz de la Palabra; la iglesia católico-romana, la mal llamada ortodoxa, de Oriente, y otras que adoptan doctrinas contrarias al testimonio del Espíritu y la Palabra.

8. Conclusión:

Para Juan el testimonio de la verdad bíblica giraba en torno a la doctrina de la *encarnación*.

Para Pablo este testimonio se centra más bien en la confesión de Jesús como *Señor* (la más primitiva confesión de fe de la Iglesia).

En ambos casos se trata de verdades bíblico-cristológicas. Se refieren a Cristo y se encuentran explicadas en la Biblia. ¿Qué nos enseña todo esto a nosotros?

La Biblia no ofrece una lista detallada de todos los errores posibles en los cuales el hombre puede caer (¡sería infinita dicha lista!), sino que presenta a Aquel que es el corazón, el meollo, la entraña misma, del testimonio y de la verdad de Dios: JESUCRISTO, HIJO DE DIOS Y SEÑOR, DIOS MANIFESTADO EN CARNE.

Podemos equivocarnos en algún punto de la doctrina; podemos tener algunas ideas incorrectas sobre tal o cual aspecto de la verdad revelada, debido, o bien a nuestra poca dedicación al estudio, o al hecho de ser todavía neófitos. Sin embargo, *el error más peligroso,* el que puede ser trágicamente fatal, es el cristológico. Es decir: aquel que tiene que ver con la persona y *la obra de Jesucristo* nuestro *Señor* y *Salvador*. Es así porque —tal como decíamos en nuestro estudio anterior—:

a) Sin *Revelación* no hay conocimiento de Dios.

b) No hay Revelación que no sea *cristológica* en esencia, y

c) No hay tampoco *salvación* sin este doble conocimiento de Dios y de Cristo, por el *Espíritu* y la instrumentalidad de la *Palabra*.

CUESTIONARIO:

1. ¿Cómo es posible, hoy, probar los «espíritus»? —
2. ¿Quiénes se oponen al fundamento bíblico-cristológico de la verdad revelada para seguir sus propios caminos?
3. ¿Por qué el error más peligroso es el cristológico?

LECCION 51.ª

EL ESPIRITU, LA BIBLIA Y LA IGLESIA (1)

La doctrina que entrelaza indisolublemente el *Espíritu* y la *Palabra* fue el golpe de gracia asestado por la Reforma del siglo xvi al Catolicismo Romano. Fue también un duro golpe en contra del iluminismo, el individualismo y otras tendencias teológicas.

1. El Espíritu usa la Palabra

La Biblia es *un instrumento* en manos de Dios. Como documento literario, puede o no puede persuadir exactamente como cualquier otro tipo de literatura. La Biblia como libro no posee poderes mágicos intrínsecos; se trata simplemente de un libro. Y sin el Espíritu Santo es letra muerta, pero cuando el Espíritu del Señor la utiliza, entonces se convierte en algo eficaz. El mensaje bíblico es Palabra de Dios siempre, pero no nos percatamos de ello hasta que el Espíritu ilumina la letra —e ilumina nuestra mente— y nos hace ver la verdad de la Escritura en su sentido doble: 1.º) que la Biblia es verdad; 2.º) que el mensaje que nos comunica es verdad para nosotros. No se trata de dos testimonios, sino de *uno solo*. Cuando el Espíritu nos habla por la Palabra adquirimos una certeza única y múltiple en su rico contenido; *a*) certeza sobre la Escritura; *b*) certeza sobre la salvación; *c*) certeza de nuestra adopción como hijos de Dios. Es la convicción sobre *la verdad* de Dios revelada por el Espíritu con la instrumentalidad de la Palabra.

Quien clama «¡Abba! Padre», dirá también: «Este libro es la Palabra de Dios», porque el que ha captado una parte de la verdad no tardará en discernir la totalidad de la misma. El creyente desea vivir de toda Palabra que sale de la boca de Dios (Mateo 4:4); anhela la leche espiritual de la Palabra (1.ª Pedro 2:2) y a medida que crece está listo para ingerir el alimento sólido de la Palabra (Hebreos 5:12). Con el salmista, testifica que su delicia se halla en la ley de Dios (Salmo 1:2) y en ella medita de día y de noche.

2. El Espíritu se apoya en la Palabra

«Y el Espíritu es el que da testimonio; porque el Espíritu es la verdad» (1.ª Juan 5:6). Sólo es capaz de persuadirnos con eficacia el Espíritu Santo, porque el Espíritu es el único absolutamente veraz y puede, por lo tanto, ser creído. Ahora bien, la persuasión del Espíritu se apoya en el testimonio del agua y la sangre (1.ª Juan 5:6a), es decir: la verdad ya revelada objetivamente en Cristo y puesta por escrito en la Escritura. La convicción del Espíritu no tiene, pues, como misión revelarnos algo nuevo, sino corroborar en el corazón la revelación «soplada» con anterioridad (2.ª Pedro 1:21) a profetas y apóstoles.

La plena certidumbre que imparte el Espíritu Santo nos lleva a aceptar:

a) que Jesucristo es el Hijo de Dios (1.ª Juan 5:20);

b) que Jesucristo es el Señor (1.ª Corintios 12:3);

c) que el Nuevo Pacto es la verdad de Dios (2.ª Corintios 3).

d) que yo soy un hijo de Dios y que Dios es mi Padre (Gálatas 4:6).

Todas estas verdades no las fabrica mi razón —aunque apelan a mi razón iluminada—; no se apoyan en mis sentidos, aunque el Evangelio lo leo y lo oigo con mis sentidos; no se trata tampoco de un arranque emocional, aunque podemos estar profundamente emocionados cuando exclamamos: «¡Abba! Padre». Todo es obra divina; es la persuasión del Espíritu Santo usando la Palabra (porque detrás del folleto, del sermón, del libro, de la conversación con el amigo creyente, etc., detrás de todo ello está la Palabra que ha usado el Espíritu).

3. La posición Católico-romana

Una doble polémica es la que nos enfrenta con el Catolicismo romano: 1) La relación de la Escritura con la Iglesia, y 2) La fuente de nuestra certeza sobre la Biblia como Palabra de Dios.

Respecto al primer punto, hace cuatro siglos ya dijo Lutero: «No es la Iglesia la que determina lo que enseña la Biblia, sino la Biblia la que determina lo que la Iglesia tiene que enseñar.» El Cristianismo Evangélico coloca la Biblia por encima de la Iglesia, mientras que Roma sitúa la Biblia por debajo de la Iglesia; al menos, prácticamente.

En cuanto al segundo punto, Roma sostiene que es la autoridad de la Iglesia la que nos mueve a creer que la Biblia es la Palabra de Dios, mientras que nosotros afirmamos que la Escritura encierra en sí misma sus propias evidencias, las cuales nos mueven a aceptarla como Palabra de Dios por el testimonio interno del Espíritu Santo.

4. El Espíritu, la Biblia y la Iglesia

El Espíritu no es solamente el Espíritu que habla con, y por, la Palabra; es también *el Espíritu de la Iglesia*. El hecho de colocar la Sagrada Escritura por encima de la Iglesia no significa que minimizamos la función de ésta; simplemente, le asignamos su debido lugar.[20]

La Iglesia es la Asamblea de los redimidos sellados por el Espíritu Santo (Efesios 1:13). Quien no tiene el Espíritu no es de Cristo (Romanos 8:9). Hemos sido bautizados en un mismo Espíritu todos los que constituímos

---

20. Véase Francisco Lacueva, *Catolicismo Romano*, vol. VIII de este Curso de Formación Teológica Evangélica, espec. pp. 56-58.

la Iglesia (1.ª Corintios 12:13); así el Espíritu no sólo es nuestro como individuos, sino que es el Espíritu de la Iglesia de Cristo. Se nos exhorta a mantener la unidad del Espíritu (Efesios 4:3). Somos un templo que sirve de morada al Espíritu (Efesios 2:22). Siendo así, no podemos aislar *el testimonio* de la Iglesia. Dicho testimonio del Espíritu es dado, normalmente, dentro de la acción y la irradiación de la Iglesia, entendiendo por Iglesia su concepto bíblico. El testimonio del Espíritu es la posesión de cada creyente. Es el mismo para un creyente de Corinto, el siglo I, que para un cristiano de Sevilla en el siglo XX. A base de «piedras vivas» constituye el Señor el edificio de su Iglesia. Pero, como ya señalamos con anterioridad, la fe es algo personal pero no individualista; privada, pero no anárquica; invisible, pero nos conduce a la comunión visible de la iglesia local donde encontramos a nuestros hermanos de fe y de testimonio. Es una experiencia subjetiva (como todo lo que es espiritual, personal y vital), pero dado que el testimonio del Espíritu se lleva a cabo con un instrumento objetivo —la Palabra de Dios— y es, asimismo, el testimonio del Espíritu de la Iglesia, dado por la Iglesia y en la comunidad de creyentes, el testimonio del Espíritu no es subjetivismo. «Eliminar totalmente la función de la Iglesia, en favor de la Escritura, no ha sido nunca doctrina protestante; como no lo es tampoco eliminar el Espíritu», ha escrito Pannier.

Donde está el Espíritu del Señor, allí está la Iglesia. Pero ¿cómo podemos saber dónde se encuentra dicho Espíritu? Por la Palabra de Dios. *De ahí que la señal de la verdadera Iglesia es la fidelidad que mantiene respecto a la Palabra.*

Roma afirma: Creo en la Biblia porque me lo indica la verdadera Iglesia. Y nosotros preguntamos: ¿Y cómo sabes que la tuya es la verdadera Iglesia si no la sometes al examen de la Palabra de Dios?

La convicción sobre la que descansa un cristiano evangélico se funda en la doble y mutua acción de la Palabra y el Espíritu que, juntas, graban en su corazón el sello de la verdad divina.

CUESTIONARIO:

1. ¿Cómo usa el Espíritu la Palabra que inspiró? — 2. ¿Cuál es la postura católico-romana por lo que se refiere a la relación entre la Biblia y la Iglesia? — 3. ¿De dónde dice Roma que hemos de sacar nuestra certeza sobre las cosas divinas y sobre la autoridad de la Biblia como Palabra de Dios? — 4. ¿Qué es la Iglesia, en términos bíblicos? — 5. ¿Cuál es la señal de la verdadera Iglesia?

LECCION 52.ª

EL ESPIRITU, LA BIBLIA Y LA IGLESIA (2)

5. El origen último de nuestra certeza

Según Roma, la certeza en cuestiones religiosas es un regalo que ella —la Madre Iglesia— ofrece a sus fieles.

Según los iluminados, los fanáticos, los sectarios, etcétera, la certeza se apoya en alguna supuesta revelación directa del Espíritu Santo, sin necesidad de la comprobación de la Escritura.

Y, *según algunos sistemas apologéticos,* la certeza puede adquirirse puramente a base de evidencias racionales.

La doctrina del testimonio del Espíritu y la Palabra rechaza las tres alternativas. Sobre cuestiones divinas se precisa certeza divina. Ni los profetas ni los apóstoles usaron argumentos filosóficos o racionalistas, aunque hicieran uso de la razón y la lógica; ellos apelaban al testimonio de Dios. Por otra parte, las tinieblas del hombre natural le incapacitan para el recto uso de sus facultades naturales y para comprender la verdad del Evangelio. En cuanto a los iluminados, sirven todas estas consideraciones y, además, no podemos olvidar que la fantasía no es buena maestra en el orden de las realidades espirituales, pues da pie a toda clase de supersticiones y fanatismos. El iluminismo conduce además a la contradicción y a la confusión.

6. La controversia con el Catolicismo romano

La postura de la Iglesia romana es la siguiente: la razón «pura» —o natural—, sin ayuda de la gracia divina, puede demostrar con certeza la existencia de Dios, la espiritualidad y la inmortalidad del alma, el origen divino y la autoridad suprema de la Iglesia Católica Romana. En cambio, las evidencias sobre la inspiración de las Escrituras son imperfectas e incompletas, de manera que precisan de algo más que su propio testimonio; este «algo más» es la enseñanza, el *magisterium*, de la Iglesia romana.[21]

Cualquier principiante de la asignatura de filosofía sabe que, desde Kant y Hume, los temas de la existencia de Dios y la inmortalidad del alma se hallan entre los más discutidos de la controversia filosófica. Cuando un católico-romano defiende la postura arriba indicada, lo que hace, en realidad, es simplemente apoyar un sistema filosófico (el aristotélico-tomista, la filosofía escolástica) en contra de otros.

Los autores católico-romanos se esfuerzan por acumular dificultades y problemas sobre el texto bíblico. Son corrientes afirmaciones como ésta: «cualquier erudito bíblico sabe perfectamente que no hay en el mundo un libro más difícil que la Biblia». Ofrecen, como muestra, un amplio temario sobre cuestiones críticas que sólo tienen que ver con la periferia, con la historia de algún fragmento, etc., pero olvidan la claridad de la palabra bíblica en las cuestiones básicas de la salvación y la santificación. Por otra parte, incurren en la inconsecuencia de pretender que, por un lado, la razón humana es capaz de resolver intrincados problemas de filosofía (y la jerarquía de Roma puede también ofrecer garantías sobre las cuestiones espirituales), mientras que, por otro lado, el

---

21. Cf. *Decretos del Concilio de Trento y del Vaticano I*; Karl Adam, *El Espíritu del Catolicismo*.

Espíritu Santo es incapaz de haber investido a la Palabra que inspiró de aquellas características que, con la ayuda del mismo Espíritu, pudieran hacer ver su inspiración y su autoridad divina. No, la Biblia es imperfecta e incapaz de demostrar por sí misma la verdad de su mensaje, hasta que no venga en nuestra ayuda el *magisterium* de Roma. ¡Trágica inconsecuencia!

A) *Roma, el Espíritu Santo y la Biblia*

¡Cuán distinto a todo esto es el testimonio de la verdad bíblica! Que nos hace sospechar de los «poderes» de la mente humana para alcanzar lo espiritual sin la ayuda de la Revelación bíblica y la iluminación del Espíritu Santo. Y que nos enseña la luminosidad de las Escrituras para autogarantizarse y para hacer vibrar el corazón que las lee bajo la luz del Espíritu Santo.

El católico romano tiene que «ayudar» al Espíritu Santo y tiene que ensombrecer la claridad de la Escritura para así hacer sitio —¡y un sitio prominente!— a la jerarquía eclesiástica identificada con la voz magisterial de la Iglesia. Roma tiene que añadir la medida de luz y certidumbre que el Espíritu no alcanza a dar en su testimonio y tiene también que aportar su propia «claridad» al Evangelio que las Escrituras no aciertan a comunicar con suficiente evidencia.

El teólogo católico Karl Adam ha declarado clara y francamente que la Biblia no es suficiente en sí misma, que la «tradición oral» de la Iglesia romana es totalmente indispensable. Su conclusión es fantástica: lo que nos conduce a la exclamación, que surge del fondo del alma, «Abba Padre», es la dirección espiritual y la ayuda de la Iglesia.[22] Roma admite, pues, que ella sustituye al Espíritu Santo en el *testimonium*. No es de extrañar, como han observado muchos autores, que la teología católica sea extremadamente pobre por lo que respecta a la

---

22. *Op. cit.*, pp. 156-157.

doctrina del Espíritu Santo, pese a tener un árbol tan frondoso en sus formulaciones doctrinales.

¿Qué hace, pues, Roma con el Espíritu Santo? Lo convierte en monopolio de la jerarquía, *institucionalizando* «el carisma de la verdad» (cf. Vaticano II, *C. D. sobre la Divina Revelación*, puntos 8, 9 y 10). El Concilio de Trento aceptó que no puede haber fe sin la gracia del Espíritu Santo; sin embargo, luego, queda relegado única y casi exclusivamente a los actos solemnes de la jerarquía cuando actúa como *maestra*. Cosa extraña, pues, como vimos en anterior estudio, el Espíritu obra con la Palabra y por la Palabra. La verdad histórica, escueta, es que Roma ha tenido que levantar toda su estructura jerárquica y magisterial para así justificar toda una serie de doctrinas que no se hallan en la Revelación bíblica. ¿En cuántas ocasiones una decisión papal, o conciliar, ha versado sobre temas exclusivamente bíblicos? La historia es inequívoca al respecto.[23]

Concluimos, pues, que la señal de la verdadera Iglesia estriba en que se deja gobernar por la Palabra de Dios. Para el católico romano esta señal es el *magisterium* de la propia Iglesia Católica Romana, que queda identificada con Jesucristo y con su Espíritu Santo. De ahí que los teólogos católicos hablen de Roma como del «alter Christus», el otro Cristo en la tierra. El resultado de esta actitud es que Roma conversa con ella misma y, en lugar de dialogar con la Palabra, lo que hace es tener un simple monólogo. No hay lugar para que el Espíritu, por la Palabra, pueda pronunciar una frase de corrección, de juicio o de reforma.

---

23. Cf. J. Gonzaga, *Concilios*, International Publications, Grand Rapids, 1966.

CUESTIONARIO:

1. La apologética católica tradicional ¿defiende la Biblia o el escolasticismo? — 2. ¿Sustituye Roma al Espíritu Santo según las conclusiones de su doctrina sobre el testimonium? — 3. ¿Emplea Roma el magisterio de la Iglesia para explicitar los textos bíblicos o para justificar doctrinas previamente acariciadas? — 4. ¿Cómo puede la Iglesia corregirse y reformarse incesantemente?

BIBLIOGRAFIA

A. Hopkins Strong, Systematic Theology, Pickering & Inglis, Ltd., Londres, 1958. Vol. I.

Charles Hodge, Systematic Theology, James Clark & Co. Ltd., Londres, 1960. Vol. I.

L. Berkhof, Teología Sistemática, T.E.L.L., Grand Rapids, 1970. Parte Primera, Sección II.

B. B. Warfield, The inspiration and authority of the Bible, Baker, Grand Rapids. 1960.

B. B. Warfield, Biblical Foundations, The Tyndale Press, Londres, 1958. Caps. I y II.

Revelation and the Bible, varios autores, edit. por Carl F. Henry, Baker, Grand Rapids, 1958.

James Orr, Revelation and Inspiration, Duckworth & Co., Londres, 1910.

Edward J. Young, Thy Word is Truth, The Banner of Truth Trust, Londres, 1963.

Bernard Ramm, Special Revelation and the Word of God, Eerdmans, Grand Rapids, 1961. (Existe traducción castellana de Editorial La Aurora de Buenos Aires con el título de La Revelación Especial y la Palabra de Dios.)

Bernard Ramm, The Witness of the Spirit, Eerdmans, Gran Rapids, 1960.

Bernard Ramm, The Pattern of Religious Authority, Eerdmans, Grand Rapids, 1959.

Karl Barth, «The Doctrine of the Word of God» (Church Dogmatics), T. And T. Clark, Edimburgo, 1949.

José Grau, *El fundamento Apostólico*, Ediciones Evangélicas Europeas, Barcelona, 1966.

Oscar Cullmann, *La Tradition*, Delachaux & Niestlé, Neuchatel, 1953.

El debate contemporáneo sobre la Biblia, varios autores, Ediciones Evangélicas Europeas, Barcelona, 1972.

Pierre Courthial, *Autorité de l'Ecriture Sainte et ministère de l'Eglise*, en «La Revue Réformée», n.° 58, 1964/2.

Pierre Courthial, *La Conception barthienne de l'Ecriture Sainte examinée du point de vue réformée*, en «La Revue Réformée», n.° 66, 1966/2.

Klaas Runia, *Karl Barth's doctrine of the Holy Scripture*, Eerdmans, Grand Rapids, 1963.

Vittorio Subilia, *Le Mystère de l'Esprit*, en La «Revue Réformée», n.° 69, 1967/1.

Vittorio Subilia, *La Contestation Evangélique*, en «La Revue Réformée», n.° 89, 1972/1.

Francisco Lacueva, *Catolicismo Romano*, vol. VIII del «Curso de Formación Teológica Evangélica», C.L.I.E., Tarrasa, 1972.

El diálogo Católico - Protestante, varios autores, Fomento Cultura Ed., Valencia, 1960.

John Murray, *The Attestation of Scripture*, «The Infallible Word», The Presbyterian Guardian Publishing Co., Filadelfia, 1956.

Bernard Ramm, *Types of Apologetic Systems*, Kampen, Grand Rapids, 1953.

Javier Gonzaga, *Concilios*, 2 vols., International Publications, Grand Rapids, 1966.

The New Bible Dictionary, The Inter-Varsity Fellowship, Londres, 1962.

The New Bible Commentary, The Inter-Varsity Fellowship, Londres, 1970.

APENDICE

LA APOLOGETICA EVANGELICA, HOY

Decía Spurgeon que la Biblia —y por ende el cristianismo—, como el león, no tiene necesidad de defensores, pues sabe defenderse bien ella misma. Contrariamente a lo que una impresión superficial de esta afirmación del célebre predicador inglés pudiera hacer suponer, no se trata tanto de descartar la necesidad de la apologética cristiana como de entender su verdadero carácter y discernir su naturaleza, según veremos más adelante.

Una de las mayores desgracias que pueden acontecerle a la apologética cristiana es el olvido de que el Evangelio contiene ya en sí mismo todos los elementos que le son necesarios, pasando por alto que la Palabra de Dios no necesita de nuestra apologética pero que, en cambio, nuestra apologética sí que necesita de la Palabra de Dios. Aún más, que fuera de esta Palabra divina no debería haber apologética cristiana, propiamente dicha. Como vamos a considerar seguidamente, ha habido —y hay— muchas clases de apologética, pero ni desde un punto de vista bíblico, ni desde las exigencias de nuestra situación y problemática, como evangélicos y como españoles, podemos esperar mucho de las apologéticas que no están fundadas sólida y profundamente en la Sagrada Escritura.

El *Diccionario ideológico de la lengua* de Julio Casares, luego de decirnos que «apologético» es lo «perteneciente o relativo a la apología», pasa a definir ésta afirmando que se trata del «discurso en defensa o alabanza de personas o cosas».

¿No existe el peligro de hacer apología que sólo sea «defensa»? Y lo que es peor, ¿no es traicionar la esencia del cristianismo el defenderlo de manera impersonal, como si hiciéramos más la apología de «cosas» que de la realidad personal de Dios y su revelación? Cuando hemos caído en este error, nuestra apologética se ha resentido de la falta del tono laudatorio; ha faltado la nota de la «alabanza» que es signo positivo. Y esto es tanto más grave cuanto que la más auténtica de las apologías es la que se limita a ser, ante todo, una alabanza, una proclamación y una presentación de la realidad de la Revelación de Dios hecha a los hombres.

Podríamos dividir la apologética en *defensiva* y *ofensiva*. La primera siente su máxima preocupación por encontrar respuesta a los ataques concretos que se le hacen al cristianismo. Estos ataques varían según los tiempos. Primero fueron Porfirio y Celso, luego el deísmo, el panteísmo, el positivismo, etc. En un sentido, sin embargo, toda apología *defensiva* está condenada a envejecer, a pasar de moda, en la misma medida en que el ataque del que quiso defenderse deja de producirse o aun existir.

La apologética *ofensiva* se ocupa de la tensión y la problemática que se le plantean en el plano intelectual al cristianismo al tratar de responderse a sí mismo, y a los demás también, el problema fundamental de la Teología que es el de saber si el cristianismo es la verdad; si el lenguaje, si el contenido y el hecho de la pretendida Revelación de Dios a los hombres es un hecho digno de crédito. Una apologética ofensiva bien trazada contiene en sí misma todos los elementos defensivos también y, por consiguiente, es más positiva y eficaz. Es una apologética con fundamentos, es decir: con teología.

Y yo me pregunto si no debiéramos hacer revisión y autocrítica nosotros para confesar que, movidos por un afán defensivo (muy explicable, por otra parte, y plenamente justificado), a veces, le ha faltado a nuestra apologética esta coherencia, esta trabazón y esta armonía del sistema ofensivo que, bien pertrechado, sale a librar las batallas de Dios con el equipo completo. Es decir, me pregunto si no le ha faltado a nuestra tarea apologética un fundamento teológico más consistente. Y al hablar de teología no estamos pensando en ningún sistema sino en el sentido estricto de la palabra: Ciencia de Dios. Y como que de Dios sólo sabemos lo que a él mismo le ha placido revelarnos, esta ciencia de Dios nuestra, esta teología deberá ser —debiera haber sido siempre— teología bíblica.

A título de ejemplo de lo que debiera ser nuestra revisión en este sentido, tomemos algunos de los elementos apologéticos que hemos venido usando en la controversia con el Catolicismo romano, para discernir que, en ocasiones, nos hemos guiado más por la pasión del prejuicio anti-romano (muy justificado, repito, en nuestras latitudes, si bien digno de ser superado) que por el sabio consejo de la exégesis objetiva y serena.

Veamos algunos de estos «tropiezos» que se repiten, una y otra vez, en nuestras revistas, folletos y libros —tomando carácter de tópico— al enfrentarnos con el sistema religioso oficial mayoritario en nuestra patria:

1) Se ha perdido muchas veces el tiempo, y el esfuerzo intelectual, al habérnoslas con el tan aireado texto de Mateo 16, tratando de oponer —en lugar de complementar como nos exige una sana hermenéutica— los textos que presentan distintamente a Cristo, a los apóstoles, a Pedro y a su fe, como el fundamento de la Iglesia. La cuestión no estriba en saber si la Iglesia está fundada sobre Cristo o sobre Pedro, o sobre la persona o la fe de Pedro. Porque la verdad es que hay base bíblica para apoyar cada uno de estos extremos. El problema primordial, una vez planteado desde una base teológica, y exegética por lo tanto, suficientemente amplia y atenta a la plenitud del testimonio bíblico, una vez hemos descubierto la complejidad divina y humana (Cristo y los 12 apóstoles) del fundamento de la Iglesia, el problema primordial estriba en aclarar, para explicarle luego a Roma, los siguientes interrogantes: ¿En qué sentido está la Iglesia fundada sobre Pedro? ¿Indistintamente de su condición de creyente y de apóstol, o precisamente por estas condiciones que le califican para ser fundamento? ¿Cómo escucha hoy la Iglesia la voz de Pedro y la de los demás testigos de la revelación redentora de Dios en Cristo? ¿De qué manera la Iglesia de nuestros días —la Iglesia posapostólica— puede sujetarse a la autoridad apostólica, o dicho de otra manera: de qué manera consigue su apostolicidad hoy? [1]

2) En Gálatas 2:11 y todo su contexto se encuentra uno de los pasajes más usados —y del que también podríamos decir: más abusados— para salir al paso de las pretensiones vaticanas. Si con él tratamos de demostrar que entre los apóstoles había igualdad absoluta, hasta el punto que un advenedizo al apostolado (Pablo) podía censurar a Pedro, habremos hecho un buen uso del texto en cuestión. Pero si, como hemos venido haciendo muchas veces, queremos probar que Pedro erró en una cuestión doctrinal y que, en realidad, estuvo muy por debajo de Pablo como apóstol inspirado de la verdad revelada, entonces nos hallaremos haciendo un torpe empleo de Gálatas 2:11. Porque la exégesis serena tiene que convencernos de que Pedro no cayó en herejía. ¡Ni mucho menos! Fue culpable de inconsistencia, por cuanto no obró según creía. Precisamente por esto, porque creía lo que creía, Pablo pudo amonestarle como lo hizo (Gálatas 2:14-16): «Sabiendo...» (v. 16) el mismo mensaje que proclamaban los apóstoles todos, pero que Pedro no acertó, por una

---

1. Véase J. Grau, *El fundamento apostólico*, Ediciones Evangélicas Europeas, Barcelona, 1966.

debilidad e indecisión lamentables, a vivir a la altura de lo que las circunstancias especiales exigían en aquella hora decisiva de la Iglesia primitiva. También Pablo anduvo un poco desacertado cuando la disputa con Bernabé por causa de Juan Marcos. Pero ello no colocó al apóstol de los gentiles por debajo de Bernabé. De igual modo, Gálatas 2:11 nada dice en contra del carácter apostólico de Pedro, pese al baldón que deja sobre el ejercicio del mismo.

Entre los autores de polémica facilona y superficial, existe la tendencia de rebajar la figura de Pedro hasta extremos inverosímiles. Pierden de vista que, al fin y al cabo, también Pedro era apóstol y que, como tal, fue usado por el Espíritu Santo para dejarnos Palabra de Dios en sus dos cartas, amén de la influencia que ejerció en la redacción del Evangelio de Marcos. Si tan poco caso hay que hacer de Pedro, como parecería desprenderse de las aseveraciones de algunos polemistas, ¿por qué tenemos sus escritos en nuestras Biblias y les prestamos acatamiento?

Evitemos los prejuicios. Sirvámonos con preferencia de los materiales que nos facilita la teología bíblica y no tan sólo de aquellos que son fruto del mero afán de controversia, que es afán de vencer más que de convencer y a nada grande, ni provechoso, puede conducirnos.

3) Se nos ha propuesto muchas veces Hechos 15 para enfrentarnos con las tesis romanas. Este capítulo prueba para nosotros, desde luego, que Pedro no fue un «Sumo Pontífice», ni un jefe de obispos, al estilo como lo concibe la doctrina católico-romana. En Hechos 15 tenemos una evidencia contundente de la diferencia que hubo, en la Iglesia primitiva, entre apóstoles y obispos (o ancianos, presbíteros o pastores), entre el ministerio especial de aquéllos (los apóstoles) y el ordinario de los pastores de las asambleas cristianas. En el llamado sínodo de Jerusalén presidió Santiago y actuaron como «testigos» Pedro y Pablo. El cuadro de normas eclesiásticas que revela este capítulo, así como la historia de los primeros siete concilios ecuménicos, desmiente ciertamente la idea de que éstos tenían que estar presididos y confirmados, además de convocados, por el romano Pontífice, pretendido sucesor de Pedro.[2]

Pero no hemos de ir a parar al otro extremo y pensar que, porque presidía Santiago, Pedro fue su inferior. Tal concepto, en el fon-

---

2. Javier Gonzaga, *Concilios*, International Publications, Grand Rapids, 1966.

do, sería un tributo que haríamos —aunque fuese inconscientemente— a las teorías católicas que ven en el gobierno jerárquico de la Iglesia, en la dirección de lo institucional, la ocupación más alta en el ámbito eclesial, la ocupación desempeñada por los apóstoles en general y por Pedro en particular. La sana exégesis bíblica nos obliga a dejar estas ideas y volver al terreno escriturístico que nos presenta a los apóstoles con una misión distinta, única y superior: ser testigos autorizados de la revelación de Dios en Jesucristo, desde su ministerio terreno hasta su resurrección y ascensión a la diestra del Padre. De ahí que no presidieran en la asamblea de Jerusalén. Ello fue así, no porque se sintieran inferiores a los ancianos, o a Santiago, sino por razones muy distintas: porque el suyo fue un ministerio que trascendió todo episcopado y todo pastorado; el suyo fue, por la virtud del Espíritu Santo prometido por Jesús, el más autorizado y, juntamente con el de los profetas del Antiguo Testamento, decidió la cuestión que allí se debatía bajo la presidencia de Santiago.

4) Los impugnadores de las tesis católico-romanas que se apoyan en métodos excesivamente *defensivos*, suelen apelar sin demasiado miramiento a Lucas 22:23-30 para denunciar las pretensiones jerárquicas del Papado. Pero, a fuer de honestidad y sinceridad, hemos de decir que este pasaje nada prueba, ni en contra ni a favor de la autoridad papal. Se trata de un texto que nada tiene que ver con la cuestión que se plantea la polémica. Es, además, un pasaje que nada dice tampoco contra ningún otro sistema de gobierno eclesiástico. Llevado a sus últimas consecuencias lógicas, el razonamiento que se intenta deducir de este texto excluiría toda autoridad y todo ministerio rector en la Iglesia de Cristo, lo cual nos colocaría en una postura antibíblica cien por cien.

Lucas 22:23-30 no ataca a la jerarquía en sí, ni tampoco la autoridad de gobierno en la Iglesia se ve menoscabada por este pasaje. Los versículos 29 y 30 afirman, precisamente, la autoridad —en este caso la autoridad apostólica— de manera inconfundible. Encontraríamos, además, muchos otros pasajes (baste recordar las epístolas pastorales a Timoteo y Tito) que establecen la autoridad de quienes han sido puestos por el Señor para pastorear su rebaño. Lucas 22:23-30 no desmiente la realidad novotestamentaria de una preeminencia cierta de algunos siervos de Dios (ya que fue el Señor mismo quien puso en la Iglesia, a «unos doctores, a otros pastores y evangelistas...»). Lo que sí hace este texto es establecer el *carácter* de esta preeminencia y enseñar el *espíritu* con que la misma debe ser ejercitada.

A lo sumo, Lucas podría servirnos aquí para indicar que entre los apóstoles no hubo ninguno que estuviera jerárquicamente por encima de los demás, como suele darse entre los poderosos de este mundo y sus instituciones.

Todo *totalitarismo* eclesiástico, aunque no toda *autoridad*, es descartado en el gobierno de la comunidad cristiana peregrina.

Estos ejemplos (que podríamos multiplicar) bastarán para prevenirnos de pasiones y actitudes meramente defensivas frente al error de otras religiones o de la incredulidad. Permitamos que sea la teología bíblica la que nos ofrezca los medios y los métodos para oponernos al desafío de toda apologética rival. De lo contrario, nuestro testimonio de la verdad evangélica será muy deficiente y no estará servido de la manera que ésta quiere, y debe, ser anunciada. Para muchas personas, Protestantismo es señal de anarquía y subjetivismo, y a las tales poco bien les podrá hacer la presentación defensiva que acabamos de criticar. Convendrá precisar siempre la autoridad soberana de la norma en la Iglesia, es decir: la función de la Palabra en la comunidad creyente y la relación que la Iglesia tiene, y debe tomar, con respecto a ella, para desvanecer malentendidos y ofrecer una imagen veraz y completa de todo el mensaje del Evangelio.

¿Qué clase de apologética, pues, debemos desear?

Una apologética que presente la defensa de los postulados básicos de la Cristiandad Evangélica sobre la base de la hermenéutica y la exégesis bíblicas.

Aunque hablemos de la apologética evangélica hoy, es obvio que nadie puede improvisar en este terreno y que lo que se hace en la actualidad es el resultado de lo que se vino haciendo hasta ayer. No será superfluo, por consiguiente, considerar los grandes sistemas que la apología cristiana ha producido a lo largo de los siglos para oponer a sistemas rivales o para afirmar lo fundado de sus pretensiones y su verdad.

LOS GRANDES SISTEMAS APOLOGETICOS

Los varios sistemas de apología que la Iglesia cristiana ha producido permiten diversas clasificaciones. El profesor Bernard Ramm —siguiendo a De Wolf, *The Religious Revolt Against Reason*, y a

A. E. Burtt, *Types of Religious Philosophy*— agrupa estos sistemas en tres grandes clasificaciones:

   I. Sistemas que enfatizan la singularidad de la *experiencia* de la gracia, o la salvación.

   II. Sistemas que enfatizan la *teología natural*.

   III. Sistemas que enfatizan la primacía de la *Revelación* divina.

                (Cf. Bernard Ramm, *Types of Apologetic Systems*, 1953.)

Este bosquejo no pretende ser exhaustivo, ni rigurosamente delimitado, pero, con todo, representa fielmente los principales caminos que la apologética cristiana ha intentado recorrer.

I. *Sistemas que enfatizan la singularidad de la experiencia de la gracia.*

Ramm propone como ejemplos de este sistema (o mejor dicho: sistemas) a Pascal, a Kierkegaard y a Brunner. A estos nombres podríamos añadir los que propugnan un existencialismo más o menos cristiano: Berdiaev, Marcel, etc.

Estos hombres argumentan que la experiencia religiosa es algo tan profundo, tan real y único, que *la misma experiencia constituye su propia demostración.* ¿Qué prueba ha de aportar el enamorado de su amor? ¿Un análisis racional? La percepción intelectual de la estructura emocional del amor no es la experiencia del «enamoramiento». La experiencia íntima del amor es de tal calidad en sí misma que basta para probar su misma realidad. La experiencia contiene en sí misma su propia demostración. Y esto que vale para el amor humano sirve igualmente para explicar el amor divino que siente el creyente.

En términos populares, ésta es la apologética de las «reuniones de testimonio». Es la de las conversiones famosas, y aun la de la gente sencilla, al experimentar la obra de la gracia de Dios en lo profundo del corazón. Es la apología del ciego de Juan 9:25: «Una cosa sé, que habiendo yo sido ciego, ahora veo.»

Para estos sistemas, la verdad religiosa es algo básicamente subjetivo, es decir: íntimo, personal y vital. En efecto, veamos sus características más acusadas:

   1) La verdad del cristianismo se presenta, ante todo, como una experiencia, y una experiencia *subjetiva*, que en términos vulgares se denomina *del corazón*. Es, sobre todo, un hecho *existencial*.

Los abogados de esta escuela no niegan la validez del método «científico» para las rutinas de la vida diaria: educación, industria, medicina, etc. Pero la religión, argumentan, es algo que tiene que ver con el espíritu. Y la verdad del espíritu difiere de la verdad de la ciencia, o de la ingeniería, o del arte. La verdad religiosa no está sujeta a comprobación lógica o matemática, por cuanto su realidad es única, singular y propia. Y su comprobación es personal, subjetiva e intensamente experimental.

2) Esta apologética se distingue por su marcada hostilidad contra la filosofía especulativa que trata de átomos, o ideas, o categorías, o universales, o sustancias, etc. A estas nociones opone una filosofía de la existencia que afirma su preocupación por las personas, por sus esperanzas, sus problemas, sus decisiones, etc. Se trata, pues, de un enfoque eminentemente *personal y existencial*.

3) Las apologías de esta clase raramente sienten simpatía por la teología natural. La teología natural es aquel conocimiento de Dios que puede obtenerse por el examen de la naturaleza. Este grupo de apologistas hace a la teología natural las siguientes objeciones: *a)* dicha teología natural asume incorrectamente que la mente humana, en su estado actual, puede descubrir a Dios por sí misma; *b)* como consecuencia, supone que no ha habido ninguna ruptura trágica entre Dios y el hombre; y *c)* no parece darse cuenta de que cuando pretende haber descubierto a Dios, sin embargo, el descubrimiento deja al hombre *frío* e idéntico a como estaba antes del pretendido descubrimiento. Y es que el estudio de la fisiología del gozo no engendra gozo. Ni la observación de la creación lleva al pecador a adorar al Creador.

4) Todas estas apologéticas tienen un carácter y una inspiración netamente «reformados». Si lo racional por sí mismo no es capaz de engendrar la experiencia religiosa, ¿cuál es el motor que la produce? Prácticamente, todos los subjetivistas afirman, en la línea de la mejor tradición «reformada», que la fe es un don de Dios. Es decir: que «la revelación engendra su propia respuesta». Este énfasis es evidente en toda la obra de Pascal y también en Kierkegaard, pese a que ninguno de los dos pertenecía a la confesión reformada, estrictamente hablando.

5) Estas escuelas creen que la *imago Dei* (la imagen de Dios en el hombre) ha sido seriamente afectada por el pecado. Y este dato debe ser tenido muy en cuenta por toda apologética que pretenda ser cristiana y bíblica. En la medida en que se pierde de vista

esto, en la misma medida un sistema deja de ser eficaz desde el punto de vista evangélico, porque pierde valores bíblicos fundamentales e inestimables a trueque de aportaciones «paganas». En contraste con el optimismo de las ideas semi-panteístas del liberalismo teológico, el discernimiento bíblico coloca al hombre bajo el signo del pecado: el hombre es profunda y radicalmente pecador. Esto significa que está perdido y que no puede hallar por sí mismo el camino de su liberación espiritual. Todas sus facultades se hallan sumidas bajo el dominio del pecado y sólo un sistema sobrenatural, es decir: supra-racional, podrá sacarle de ese dominio y levantar el velo de su ignorancia pecaminosa. De manera que el cristianismo no puede ser enfocado desde perspectivas puramente racionalistas. Hay que dar lugar a la gracia de Dios.

6) Finalmente, observamos que todos estos apologetas aspiran a una *gran seguridad*. La religión, según su modo de ver, no puede vivir en una atmósfera de relatividad y probabilidad. Es una apologética que exige lo *absoluto*, y lo encuentra en la realidad del Cristo encarnado y, sobre todo, resucitado que por su Espíritu vive en el creyente. Esto explica el énfasis en la experiencia personal, que sirve de marco a la fe y la explica en términos existenciales.

Resumiendo este grupo apologético y haciendo uso de una imagen de Bergson, podríamos decir que el error capital de la «ciencia», o la lógica racionalista, cuando ha querido meterse a apologista del cristianismo (y no menos cuando ha hecho de detractora del mismo), estriba en no haber sabido discernir la diferencia que media entre una rana viva y una rana disecada.

II. *Sistemas que enfatizan la teología natural*

Estos sistemas se hallan en el polo opuesto de la perspectiva que orienta y dirige a las escuelas del primer grupo que acabamos de considerar.

Se trata de unas tendencias que profesan fe inmensa en los poderes del ser humano y en las capacidades del hombre en el plano espiritual. Si al primer grupo lo caracteriza su subjetivismo, al segundo lo define su afán de objetividad. La verdad espiritual —argumenta— debe ser encontrada siguiendo el método de las ciencias, sus mismas hipótesis y generalizaciones. Con ello intenta encontrar el mismo tipo de certidumbres científicas. Por consiguiente, sus características son:

1) Una gran confianza en la validez de los logros humanos, su *capacidad racional* y su *aptitud natural* para las cosas de Dios.

El pensamiento racional, en su búsqueda y observación de los fenómenos naturales, puede alcanzar un alto grado de conclusiones teológicas (teología natural). Así, el apologista inglés Butler y Tomás de Aquino no abrigan el pesimismo intelectual de los apologistas del primer grupo.

2) Sobre la *imago Dei*, estos sistemas varían en su apreciación de las consecuencias de la caída, pero prácticamente todos coinciden en una actitud que parece ver intacta la imagen de Dios en el hombre actual, caído, incluso para ejercer sus habilidades espirituales. Se trata de una apologética afín al Pelagianismo, al Semi-pelagianismo y al Arminianismo. Hasta hoy, salvo algunas excepciones, ha sido la preferida del catolicismo.

3) Para este grupo, la *demostración* lógica es la suprema prueba de la verdad. Esta demostración podrá ser de certeza lógica como en Tomás de Aquino, o de probabilidad razonable como en Butler. En general, busca aquel tipo de convicción que caracteriza a toda teoría científica válida.

De manera que la misma clase de «certidumbre científica» que rechazan los subjetivistas, reprochándole su «probabilismo» y su naturalismo, esta misma clase de certidumbre es la que vindica este grupo.

III. *Sistemas que enfatizan la Revelación divina*

En general, este grupo admite lo esencial y valioso de las dos escuelas precedentes —aunque con marcada inclinación por la primera de ellas—, pero ofrece al mismo tiempo agudas críticas tanto del subjetivismo en que puede caer la primera como del naturalismo antibíblico de la segunda.

En términos generales, pertenecen a este grupo Agustín, los Reformadores, Warfield y en nuestros días acaso sean Van Til y Edward J. Carnell sus más importantes representantes.

A la pregunta del incrédulo o del que duda: ¿Existe Dios?, los abogados del segundo grupo responden con su bien elaborada serie de «pruebas de la existencia de Dios». Pruebas que, como se ha venido observando, sólo convencen a los ya convencidos y que, en el mejor de los casos, tienen un valor intelectual para los creyentes pero muy escasa eficacia para traer al indiferente, o incrédulo, a la fe. Estas demostraciones pueden ser útiles para corroborar la fe, no para engendrarla. Por el contrario, los sistemas que enfatizan la Revelación divina responderán a la pregunta «¿Existe Dios?» con otra pregunta: ¿Ha hablado Dios?, y seguidamente darán testimonio de la revelación bíblica. Aunque a la mente natural este método pueda parecer el más disparatado, ha sido sin embargo el más eficaz según el testimonio de la historia. Nadie sabe si Butler llegó a convertir a nadie, pero, en cambio, la predicación del mensaje bíblico (la Revelación) que llevaron a cabo hombres como Wesley y Jonathan Edwards en el mismo siglo fue coronada con la salvación de muchos pecadores.

La fe en una autoridad digna de crédito (y no hay otra mayor que la de la Sagrada Escritura) es fe en una autoridad a la que si no creyéramos demostraríamos ser muy poco razonables. En efecto, los racionalistas suelen ser bien poco razonables al colocar la razón por encima de la Revelación. Por consiguiente, y toda vez que la historia de la filosofía es un catálogo de errores, o a lo sumo de tenues luces en medio de tinieblas infinitas, el dicho de Agustín conserva toda su vigencia y su valor evangélico: «No busques entender para creer, antes cree para comprender.»

Porque si la filosofía de la religión omite la Revelación se aparta de su principal fuente de conocimiento; mas si admite la Revelación, cesa, al instante, de ser filosofía para convertirse en teología.

Y teología, digna de este nombre, sólo hay una: la teología que se funda en la Revelación de Dios. La teología de la Palabra. Hemos de querer, pues, también una apologética de la Palabra, es decir: un sistema en el que la Palabra sea su misma apología y justificación. Porque, a la postre, nuestra fe y nuestro cristianismo solamente en la Palabra encuentran su razón de ser. Y nuestra razón de ser como cristianos evangélicos, en España, hoy, no creo que debamos buscarla en ninguna otra parte.

Una apologética de la Palabra —aun dentro de la diversidad de expresiones que pueda tomar (pensamos en las perspectivas diversas de Agustín, Occam, Van Til y Carnell, por citar tan sólo unos nombres)— tiene ciertas características comunes:

1) Estará de acuerdo con los postulados básicos del primer grupo: la Verdad puede llegar a nosotros solamente cuando Dios ilumina nuestras mentes y nuestros corazones. Porque sólo Dios es Verdad, sólo él es Luz y sólo él es Eternidad. Según Agustín, estos tres elementos se entrecruzan y entrelazan mutuamente (Agustín, *Confesiones*, X, 10): la Verdad es Luz y la Luz es Eterna como conocimiento inmutable. Mas hay que añadir lo que el intelectual puro acaso olvidaría: el Amor, porque Dios es también Amor. La alabanza (¿por qué no llamarla, también, la apologética?) de Agus-

tín proclama: «El Amor conoce la Verdad. ¡Oh eterna Verdad y verdadero Amor y amada Eternidad!» Dios es el sol del alma y el alma sólo puede ver en la medida que recibe la luz. Cristo es la Luz verdadera que ilumina (Juan 1:9). Se deduce que el hombre no puede ver por sí mismo, por su propia luz, sino que tiene que ser iluminado por otra luz ajena, la verdadera Luz. El hombre depende constantemente de la Luz y sólo es sabio cuando participa de la Luz suprema. Para comprender la Verdad, el hombre ha de ser iluminado por la Revelación divina, toda vez que la naturaleza de la Verdad no la hallaremos jamás dentro de nuestro propio corazón, porque el corazón humano está depravado.

2) La corrupción de la *imago Dei* es un hecho que debe ser tomado muy en serio. Aunque el hombre posee todavía vestigios de la imagen divina original con la que fue creado, sin embargo se halla sumido en tinieblas, ya que esos vestigios no son capaces de elevarle hasta la verdad de Dios y menos todavía de transformarle a la medida de la santidad que Dios exige. El hombre necesita una Revelación. Y una Revelación de gracia. Rebelde de espíritu, contumaz, no puede siquiera juzgar adecuadamente los datos de la teología natural; toda reconstrucción «natural» es vana.

La depravación espiritual del hombre caído tiene consecuencias para su mente, para su pensamiento y su raciocinio, así como para sus afectos y su voluntad. Por consiguiente, no podemos basar la «prueba» del cristianismo en la lógica racionalista o en las inferencias supuestamente «científicas». Si el hombre es pecador, todo el problema de la verdad, especialmente la verdad religiosa, se complica con implicaciones éticas. La apologética no puede ignorar el hecho del pecado. El hombre depende de la iniciativa divina para su iluminación y su transformación. De ahí que el creyente exclame: «Nosotros le amamos a él (Dios) porque él nos amó primero» (1 Juan 4:19).

No significa esto que el Evangelio sea algo irrazonable, pero sí que debemos distinguir entre razón y Revelación. Aún más, aquélla debe configurarse de acuerdo con ésta. Hemos de ir a la Revelación para adquirir información tanto sobre las capacidades de nuestra razón como acerca de todo el resto de la problemática religiosa.

Así reconocemos el origen de la razón en la creación, su depravación en la caída y su restauración en la iluminación y regeneración por el Espíritu Santo. Es, pues, imposible postular una razón divorciada de lo que la Biblia dice sobre las capacidades del hombre —que incluyen la razón—; no podemos consentir en este divorcio típico de los apologistas católico-romanos y arminianos. Solamente con «la razón de Dios» y la doctrina bíblica del estado de la naturaleza humana podemos enfrentarnos apologéticamente con la razón del hombre caído.

Porque sólo el camino de Dios hasta nosotros es, asimismo, nuestro camino para llegar a él. Y este camino es Cristo, el Mediador perfecto y único que nos revela la voluntad del Padre y nos eleva hasta él.

3) Por consiguiente, una apologética de la Palabra se pondrá en guardia contra los peligros de un excesivo subjetivismo cuya experiencia religiosa pudiera no ser más que superstición o sectarismo iluso. Van Til, siguiendo a Calvino, afirma que el hombre pecador necesita una revelación de gracia que sea al mismo tiempo una revelación incorruptible, porque el pecado lo corrompe todo y el hombre es pecador: «La Escritura, como revelación externa, se hizo necesaria por causa del pecado. Esta revelación tuvo que venir de manera *externa*, tanto como de manera interna, toda vez que sólo una revelación externa puede contrarrestar las influencias corruptoras del hombre caído. La Escritura es la voz de Dios, del Dios absoluto y soberano, el Dios de la palabra redentora, en un mundo de pecado» (Van Til, *Ethics*, p. 19).

Sólo si[^1] mantenemos un alto concepto de la Escritura, nuestra apologética será bíblica y reformada. Si los apologistas del primer grupo, según hemos visto, pueden presentar al hombre ciego de Juan 9 como su paradigma, si pueden considerarse de alguna manera «reformados», con mucha más razón la escuela que enfatiza la Revelación bíblica puede apropiarse ambas cosas. Porque el hombre ciego de nacimiento que apela a su experiencia, a su conversión, al hecho existencial y vital de haber recobrado la vista, no lo hace, sin embargo, apoyado en un mero subjetivismo. Este hombre coloca su experiencia en dependencia directa del hecho de que Dios ha intervenido en su vida, es decir: funda su fe no solamente en su experiencia, en su subjetivismo, sino en la revelación que por Cristo ha irrumpido en su vida. Por lo tanto, este hombre testifica de la Revelación, una revelación de gracia que le ha sido hecha. Esta es la apologética bíblica que estamos llamados a desarrollar, una apología de la gracia y la Revelación. Pero, para ello, repetimos, hemos de tener un concepto muy alto de la Palabra de Dios, de la inspiración de la Biblia y de su inerrancia (cf. B. Warfield, *The*

Inspiration and Authority of the Bible; Carl F. Henry edit., *Revelation and the Bible*; E. T. Young, *Thy Word is Truth*). Nada más fatal para la apologética evangélica que flirtear con escuelas tipo Bultmann, pues ello significaría la vindicación de la crítica humana (pecadora) por encima de la Revelación divina. Dejaría de ser apologética, porque perdería su soporte teológico-bíblico para quedarse en simple moda filosófica. En este caso, cesa el principio bíblico y reformado y se abre campo al subjetivismo más sectario y anticristiano, mucho peor que el naturalismo católico-romano.

La Sagrada Escritura, como registro de la Revelación divina, es al mismo tiempo la máxima prueba de la existencia de Dios. Sólo en la Biblia encontramos Revelación digna de este nombre: Revelación de Dios y, por consiguiente, absoluta, libre e investida de toda autoridad.

La apologética debe ser, sobre todo, presentación de un hecho sobrenatural, la proclamación de una buena nueva: la revelación de Dios en Jesucristo para salvación, y el registro inspirado de esta revelación en la palabra escrita de la Biblia, la cual utiliza el Espíritu Santo para iluminación y regeneración.

Por supuesto que este enfoque nos planteará nuevos problemas. O mejor dicho: nos capacitará para enfrentarnos con viejas cuestiones de una manera renovada. Muchas religiones —y en el despertar de algunas de las más importantes: Budismo, Islamismo, Hinduísmo, etc.— pretenden insistentemente que ellas también poseen «revelación». Frente a estas plurales solicitudes, ¿qué decisión debe tomar el hombre? Es la convicción de Carnell (*Philosophy of the Christian Religion*) que la Biblia supera victoriosamente la prueba de competencia que le presentan los demás «libros sagrados». Y es que las religiones no tienen otra luz que la humana, por cuanto constituyen el esfuerzo del hombre por descubrir a Dios y llegar hasta él. Pero solamente el cristianismo proclama una Revelación (la única que merece este nombre) recibida de lo Alto. No halla el hombre en el Evangelio *su* esfuerzo, *su* aportación, sino que se encuentra hecho beneficiario de la aportación y el esfuerzo divinos desplegados en su favor. El Evangelio descubre al hombre que Dios nos ha buscado antes de que nosotros le buscásemos a él. No es el hombre tratando de elevarse hasta el cielo (como lo hacen todas las religiones), sino el cielo descendiendo hasta él. Y ahí radica la singularidad de la apologética evangélica, cuando trata de ser bíblica, porque su razonamiento estriba no tanto en la propia meditación como en el pensar los pensamientos de Dios llegados hasta nosotros, no tanto en buscar a Dios como en ser hallados por él.

La apologética evangélica no debiera permitir que le sea arrebatada esta gloria, ni por falsos ecumenismos, ni por corruptos racionalismos. No buscará su soporte en lo natural, sino en lo sobrenatural. No se fundará en componendas, ni sincretismos a la moda para evitar el escándalo del Evangelio, sino que buscará apoyarse principalmente en la Palabra revelada.

¿Es ésta la apologética que nos conviene, la apologética de la Palabra?

UNA APOLOGETICA PARA NUESTRO TIEMPO

La apologética que nos conviene hoy (como ayer), la apologética para nuestro tiempo no puede ser otra que la eterna apología de la Revelación de Dios. Si la experiencia y la memoria nos han de ser de alguna utilidad, y si sabemos discernir el momento presente y no queremos tropezar en escollos recientes, haremos bien en atenernos a la apologética de la Palabra.

Por varias razones:

1) El catolicismo-romano (y también el español) está prestando atención creciente al estudio de la Biblia y, al mismo tiempo, parece querer abandonar algunas de sus clásicas premisas. Nuestra mejor aportación, nuestro mejor testimonio, será el que se apoye firmemente en la apologética de la Palabra para proclamar que no basta con ir a la Biblia para hallar apoyo en ella a nuestros deseos de renovación, sino que la Escritura misma debe ser la que dicte esta renovación. Que no es suficiente el uso de la Escritura como texto de prueba, sino que de ella debe surgir toda teología, toda reforma y toda piedad cristianas. Creo que esta es nuestra vocación frente al catolicismo romano, hoy.

2) Una apologética de la Palabra (es decir: que tiene en cuenta todos sus datos; que se toma en serio lo revelado) será asimismo el mejor antídoto contra el naturalismo y el optimismo de las ideas, tan en boga, de Teilhard de Chardin, quien parece olvidar el hecho de la caída y el no menos importante de la pasión de Cristo. Las hipótesis de Teilhard de Chardin están animadas de un lamentable desconocimiento del Antiguo Testamento, así como de una «lectura incompleta del Nuevo» (cf. padre Rideau, S.J., *La pensée du Père Teilhard de Chardin*, 1965). No nos concierne inmiscuirnos en las ideas que sobre antropología, biología, astronomía, etc., pueda sus-

tentar este o aquel otro movimiento, pero sí es nuestro deber puntualizar todos aquellos puntos que pretenden tener consecuencias espirituales y que mezclan los datos de la Revelación con las suposiciones humanas, por más respetables que éstas sean.[3]

3) Las ciencias se han desarrollado de tal manera en los últimos años que sólo unos pocos hombres —y aun cada uno dentro de su especialidad— conocen algo de las mismas con seriedad y profundidad. Hoy, más que nunca, sería pretensión vana y ridícula el seguir practicando una apologética que pretendiera vincularse con la marcha científica. Ni fuimos llamados a esto jamás, ni tampoco tal método es ya posible hoy. De nuevo, el principio «Sola Scriptura», con dimensiones nuevas, pone a prueba nuestra fidelidad y lealtad cristianas.

4) El hombre español medio conoce ya los enfoques naturalistas que del cristianismo le ha venido haciendo el catolicismo romano. Lo que ignora mayormente es la apologética de la Palabra, como ignora, en su mayoría, esta misma Palabra.

5) No debemos olvidar el anti-clericalismo (fruto del clericalismo católico que le dio nacimiento y le ha prestado sus mismas armas y actitudes), y ello no porque debamos compartirlo, pero sí tenerlo en cuenta como una realidad muy española —¡estamos en España, no lo olvidemos!— y cualquier aspecto demasiado católico-romano de nuestra fe o nuestro testimonio (¡máxime nuestra apologética!), cualquier aparente «ir del brazo», o ecumenismo mal entendido, no lograría más que apartar a estas masas de nuestro mensaje y con este apartamiento perderían, sin duda, su última oportunidad de escuchar un mensaje bíblico.

Nuestra misión es que muchos puedan decir, como Agustín: «Llagasteis mi corazón con la Palabra de Dios.»

---

3. Cf. los dos estudios de Henri Blocher sobre *Teilhard de Chardin* en «Certeza», núms. 36 y 37.

INTRODUCCION A LA TEOLOGIA

ESTIMADO LECTOR:

La DIRECCION de la Editorial CLIE, agradece sinceramente el que usted haya adquirido este libro, deseando que sea de su entera satisfacción.

Si desea recibir mas información remítanos este volante con su nombre y dirección y le enviaremos gratuitamente nuestro Boletín de Novedades.

Cualquiera observación que desee hacernos puede escribirla al dorso.

Desprenda esta hoja tirando hacia afuera y de arriba a abajo y envíela a su Librería o a:

EDITORIAL CLIE
Galvani, 113
08224 TERRASSA (Barcelona) España

Nombre: ⎯⎯⎯⎯⎯⎯⎯⎯⎯⎯⎯⎯⎯⎯⎯⎯⎯

Calle: ⎯⎯⎯⎯⎯⎯⎯⎯⎯⎯⎯⎯⎯⎯⎯⎯⎯⎯

Ciudad: ⎯⎯⎯⎯⎯⎯⎯⎯⎯⎯⎯⎯⎯⎯⎯⎯⎯

Estado: ⎯⎯⎯⎯⎯⎯⎯⎯⎯⎯⎯⎯⎯⎯⎯⎯⎯

Edad: ⎯⎯⎯ Profesión: ⎯⎯⎯⎯⎯Fecha: ⎯⎯⎯

Nota:
Este libro ha sido adquirido en: